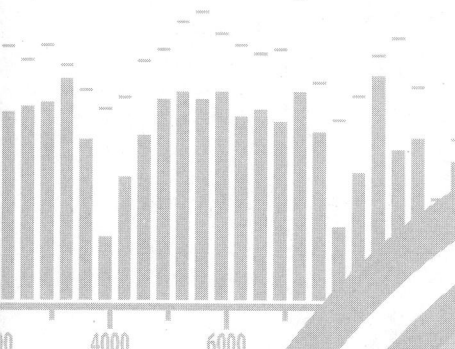

播音与主持艺术专业
考前辅导丛书
BOYIN YU ZHUCHI
YISHU ZHUANYE KAOQIAN
FUDAO CONGSHU

播音主持艺考培训教程 第2版

BOYIN ZHUCHI YIKAO
PEIXUN JIAOCHENG
(DI-ER BAN)

贾 毅　张 琦　田 丰
叔翼健　钟 妍 ◉ 编著

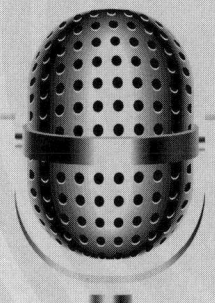

中国传媒大学 出版社
·北京·

第 2 版修订说明

《播音主持艺考培训教程》自 2013 年 1 月出版后,受到广大播音与主持艺术专业考生的好评。近年来,广播电视及新媒体行业发生了巨大的变化,对播音主持专业人才的素质和能力提出了新的要求,部分播音与主持艺术专业的招生因此做了一些调整。本书的修订工作正是在这一背景下展开的。

此次修订做了以下工作:一是调整部分示例和训练方法。在即兴评述和模拟主持训练中,更新了部分示例,在内容上更贴近当前的社会热点,在形式上更贴近媒体应用实践。二是增加了部分训练材料。例如,在语音发声训练中,增加了四字词和片段播读的素材;在稿件播读训练中,更新了部分新闻片段与文稿素材,使之更具时代气息;在即兴评述与模拟主持训练中,增加了大量对新近社会热点现象的评述。三是示范录音由 CD 改为在线音频,用手机扫描二维码即可收听,保证了学习的便捷高效。

播音与主持艺术专业考试是人才选拔和培养的重要一环。虽然媒介环境日新月异,但是在播音主持艺术人才选拔中,对语音语调、情感表达、思维逻辑、主持风貌等的考核没有根本性的变革。所以本书的框架和体系没有大的改变。

期盼此次修订能为广大读者带来有效的的训练和指导,祝愿播音与主持艺术专业的考生们掌握方法,勤奋练习,跨进梦想的艺术殿堂!

编者

2017 年 12 月 10 日

前　言

近年来，我国广播电视播音主持事业蓬勃发展，它以其特有的文明传播和文化普及的功能，以及播音员主持人在广播电视工作中展现的独特魅力，越来越引起人们的普遍关注和重视，也越来越成为众多考生追逐的梦想——他们期望通过播音与主持艺术专业艺术考试进入大学，继而成为广播电视传媒行业的工作者。

然而，播音学是一门专业性很强的学科，它具有自身的规律。考生要实现自己心中的梦想，就必须了解播音与主持艺术专业艺术考试的内容，并掌握解答的方法和技巧，才有可能在考试中脱颖而出。因此，编写一本理论性和实践性兼备的播音与主持艺术专业艺考辅导教材，满足考生艺术考试复习的需要，已成为助力考试成功的重要途径。

本教材就是专门为广大有志于参加播音与主持艺术专业艺术考试的考生们量身定做的。执笔人都是高校播音与主持艺术专业教学一线的教师，专业功底扎实，教学经验丰富。作为考官每年参与播音与主持艺术专业艺术考试，既熟悉本专业面试的考察内容、考试形式、评选标准，又熟悉考生复习中的困惑和考试时的各种问题。执笔人将多年的教学经验、艺术考试经验和研究成果汇编成教材，目的是希望能助播音主持艺术考生一臂之力。

本书涵盖了当前播音与主持艺术专业艺术考试的主要考核内容，包括语音发声训练、稿件播读训练、即兴评述训练、模拟主持训练、才艺展示、形象设计与形体要求，既有系统的讲解与训练，又有与考试相关的其他重要信息，如报考条件、应试指南等。教材结构科学合理，观点鲜明生动，表述简明扼要，内容系统全面，讲解翔实细致，

可用于考生自学和考前辅导教学。本教材与同类教材相比,具有如下鲜明的特色:

原创性强。在本书撰写前,我们阅读了大量同类的辅导教材,在学习借鉴的同时也发现了一些问题。不少艺术考试辅导书籍为了图省事,直接摘抄《普通话水平测试实施纲要》中的篇目,凑数现象严重,缺乏新意和原创性。还有一些艺术考试辅导书籍为了图简单,将语音发声和稿件播读用大量篇幅做重点介绍,而将其他十分重要的考试环节匆匆带过。本教材针对这些问题,致力于原创性写作,每一章节的解析与实例、训练材料与讲解都经过缜密推敲,并将即兴评述和模拟主持作为教材的重要板块,详细讲解备考的方方面面,同时附有大量模拟练习和参考答案,提供应试思路和方法,力求为考生复习提供最直接有效的帮助和指导。

实用性强。本教材的实用性体现在实例多、内容新两个方面。考生对艺术考试复习用书的主要要求集中在实用性上,期待一本书既能有理论、有实例、有训练题,还能配有分析讲解和参考答案。针对考生的这些需求,编者们精选了很多实用性材料,这些材料内容新,时效性强,涵盖了近几年社会生活的热点、焦点,既能帮助考生增加阅读兴趣、拓展视野,更能帮助考生从容应对考试涉及的新闻热点、焦点问题。

针对性强。本教材的目标读者群主要是准备参加播音与主持艺术专业艺术考试的高中生。鉴于高考复习时间寸时寸金的情况,教材的编写力求简明扼要、重点突出,内容全面而不庞杂,解释问题直击要害,以便为考生节省宝贵的复习时间。考虑到高中生的理解能力及考试的实际需要,教材对理论的讲解注意做到深浅适度、繁简适宜,不涉及太深的专业理论层面,内容尽量深入浅出,语言尽量浅显易懂,尽量避免使用过于专业的术语,以免造成考生对教材的理解障碍,影响复习的效果。

考生使用本教材时,可以按照"是什么——考什么——怎么备考"的思路进行复习。教材中供考生复习巩固使用的训练题,是教材内容的重要组成部分,考生应按照"先做题,后看答案,再总结提高"的程序练习。这样反复多次,考生们一定能从中获得教益。

本教材虽然主要针对艺术考生备考复习使用,但其训练方法和实例也可作为播音与主持艺术专业教师和学生的训练参考材料,也可供语言艺术爱好者阅读。

编者

2012 年 7 月

目 录

第一章　播音主持艺考概述　/ 1
第一节　解读播音与主持艺术专业　/ 1
第二节　报考介绍　/ 7
第三节　择校标准　/ 9

第二章　语音发声训练　/ 11
第一节　解读语音发声训练　/ 11
第二节　声母发音　/ 12
第三节　韵母发音　/ 24
第四节　声调与语流音变　/ 46
第五节　发声训练　/ 57
第六节　综合训练　/ 62

第三章　稿件播读训练　/ 73
第一节　解读稿件播读　/ 73
第二节　实战技巧　/ 75
第三节　文体分类解析　/ 97
第四节　示例与解答　/ 112
第五节　练习与提示　/ 117

第四章　即兴评述训练　/ 145

第一节　解读即兴评述　/ 145

第二节　实战技巧　/ 149

第三节　示例与解答　/ 160

第四节　练习与提示　/ 167

第五章　模拟主持训练　/ 180

第一节　解读模拟主持　/ 180

第二节　实战技巧　/ 187

第三节　节目分类解析　/ 191

第四节　示例与解答　/ 202

第五节　练习与提示　/ 214

第六章　才艺展示　/ 226

第一节　解读才艺展示　/ 226

第二节　实战技巧　/ 227

第三节　问题与解答　/ 229

第七章　形象设计与形体要求　/ 232

第一节　解读形象设计与形体要求　/ 232

第二节　实战技巧　/ 233

主要参考书目　/ 241

音频目录

扫码畅听全书音频

第一部分　声母发音分析及练习

1. b/14
2. p/14
3. m/14
4. f/15
5. d/15
6. t/16
7. n/16
8. l/16
9. g/17
10. k/17
11. h/17
12. j/18
13. q/18
14. x/19
15. zh/19
16. ch/19
17. sh/20
18. r/20
19. z/20
20. c/21
21. s/21

第二部分　韵母发音分析及练习

1. a/26
2. o/27
3. e/27
4. i/28
5. u/28
6. ü/28
7. -i(前)/29
8. -i(后)/29
9. er/ 30
10. ai/31
11. ao/31
12. ei/32
13. ou/32
14. ia/33
15. ie/33
16. ua/33
17. uo/34
18. üe/34
19. iao/35
20. iou/35
21. uai/36

22. uei/36
23. an/37
24. en/38
25. in/38
26. ün/39
27. ian/39
28. uan/39
29. üan/40
30. uen/40
31. ang/41
32. eng/41
33. ing/42
34. ong/42
35. iang/43
36. uang/43
37. ueng/44
38. iong/44

第三部分　声调练习

1. 阴平/48
2. 阳平/48
3. 上声/48
4. 去声/49
5. 四字词/49
6. 上声变调/50
7. "一"的变调/51
8. "不"的变调/51
9. 轻声/52
10. 儿化/54
11. "啊"的音变/55

第四部分　稿件播读

1. 雪/75
2. 想北平(节选)/80
3. 荷花淀(节选)/82
4. 寄小读者(节选)/84
5. 人民的好干部才哇(节选)/89
6. 一个人的双人舞/92
7. 遇难者的第三个电话/94
8. 猪肉价格飙升/97
9. 王彦生/99
10. 地铁安全/100
11. 太空/102
12. 相信未来/104
13. 小马过河/108
14. 狼图腾(节选)/110
15. 哈姆雷特独白/112

第一章　播音主持艺考概述

第一节　解读播音与主持艺术专业

参加高考,进入大学学习,是人生的一个重要转折和机遇。每个备战高考的同学都要面临一个很关键的选择:报考什么专业？尤其对于艺术类的考生而言,需要比其他考生更早地做出专业选择——艺术类专业面试一般在当年的一二月举行,远在六月开始的高考之前,因此,艺考生必须尽早明确专业要求、确定报考方向。

播音与主持艺术专业是近年非常受艺术类考生青睐的热门专业。然而,很多想要报考播音与主持艺术专业的同学和他们的家长对于该专业到底是什么,考什么,入学之后学什么,毕业之后做什么却并不十分明确。在这种情况下盲目报考,不仅仅浪费考生宝贵的高考复习时间,更可能造成"选错专业入错行"的烦恼和痛苦。

因此,我们就从播音与主持艺术专业的就业前景入手,为大家介绍一下本专业的简要情况和培养方向,让同学们在了解"学了这个专业以后能做什么"的基础上,结合个人兴趣和自身条件,做好报考前的充分准备。

一、就业前景

播音与主持艺术专业是为适应我国社会经济建设和文化事业发展的需要,培养国家急需的高素质播音与主持专业人才而设置的。进入中央、省、市、区等各级广播电视台担任播音员或节目主持人是最直接的就业渠道。要特别说明的是,该专业的毕业生绝不仅仅限于去电台、电视台做播音员、主持人,其就业前景还是相当广阔的。

1.做播音员主持人

(1)进入电视台或电台做播音员、主持人

电视的数字化和频道细分的加速,使电视频道数量不断增加,这为播音与主持艺术专业的毕业生提供了更多的工作岗位。

目前,全国有千余座市(区)级广播电视台,这些电视台普遍面临人才短缺的情况。这些电视台的播音员或主持人一般都是面向社会招聘的人员,多为大中专毕业生,基本没有受过正规的专业训练,学历水平偏低,可持续发展能力较弱。科班出身的大学毕业生进入这些电视台有较大的施展空间,也容易受到重用,可以一展才华。

广播依然是不可替代的现代电子媒体之一。现在,用手机、网络都可以随时收听广播,各广播台也不断增加直播时间、增建系列台,发展势头强劲。尤其是中国私家车和出租车数量的增加,使流动收听人群数量激增,影响力不容小觑。同时,广播节目形式多样、灵活迅捷,音乐、交通、旅游等频率对年轻的媒体从业人员颇有吸引力。进入电台做个节目主持人对本专业的毕业生来讲也是个不错的选择。

(2)进入新兴现代媒体做播音员、主持人

随着广播影视数字技术、网络技术以及视听新媒体业务的快速发展,在网络媒体、手机电视以及汽车、铁路、地铁电视上,我们也越来越多地见到播音员、主持人的身影。新华社以及不少实力雄厚的报业集团也纷纷涉足数字媒体,推出网络电视节目或手机电视新闻,这些都为播音与主持艺术专业的毕业生就业拓展了空间。可以说,科学技术走多远,传媒的发展就有多远,播音与主持艺术专业毕业生的生命就有多远。

2.做出镜记者或编导

除了培养具有专业水准的播音员、主持人外,播音与主持艺术专业还特别重视培养学生作为传媒人的其他业务素质。"以播为主,一专多能"是我们对本专业学生的要求。毕业生不但要能播,还要会采访、写稿、拍摄、使用编辑机器和软件。所以,播音与主持艺术专业的毕业生还可以在广播电视台做记者或节目编导。

这里特别要说说出镜记者。播音与主持艺术专业的学生做出镜记者特别有优势。一方面普通话标准清晰、语言表达流畅,另一方面在镜头前大方自然、表现力强,加之形象气质较好,很快就能从众多记者中脱颖而出。目前的电视新闻越来越注重现场报道,急需大量优秀的出镜记者,不少开设播音与主持艺术专业的院校也把出镜记者现场报道作为课程教学的重要部分。一档新闻节目只能有一两个播音员,可是出镜记者却远不止一两个,其需求量不言自明。

3.做和语言艺术相关的其他工作

除了进入主流的媒体行业,播音与主持艺术专业的毕业生还可以从事和语言艺术与传播相关的其他工作,由于具备了新闻、中文、艺术等多学科的综合能力,其就业选择面也是较宽的。

(1)教师

高校中,多数专业只允许博士、硕士担任教师工作,播音与主持艺术专业属于艺类专业,任教的门槛相对较低。本科毕业生就可以进入三本院校、独立学院、民办高校担任教师工作。同时,各市区少年宫、艺术类学校也需要大量的语言艺术老师。

(2)企事业宣传

进入大型企事业单位、文化团体、影视传媒机构做宣传、策划人员,做各类庆典的主持,也成为不少毕业生的就业渠道。有些毕业生还通过公务员考试进入各级政府文化宣传机构,也得到了很好的职业发展。

(3)配音

进入文化传媒机构做影视配音、广告配音,这些工作充满挑战和乐趣,也有丰厚的收入,亦可以成为该专业毕业生的就业方向。

总体而言,播音与主持艺术专业的毕业生专业性强,优势突出,普遍具有良好的口语表达能力和沟通能力,只要放宽视野、灵活选择,就业的前景还是比较被看好的。

(4)成为自媒体人

新媒体时代的来临,为人们提供了发出声音的新平台。新媒体也成为媒体人就业、创业的新选择。网络点击率极高的《晓松奇谈》《罗辑思维》等,是传统媒体人转向新媒体探索的典型范例。同时,还有年轻媒体人进行网络创业的成功尝试,如在喜马拉雅上高达860多万次点击量的自媒体音频课程"如何练就好声音",主讲人就是某高校播音与主持艺术专业的毕业生;还有以一系列短视频在90后、00后网民中受到追捧的papi酱,也在2016年获得1200万的投资。对于新媒体时代成长起来的网民,视频、音频信息无疑有更强的吸引力。受过专业训练的媒体人,由于具备语言、拍摄、编辑等方面的专业知识,在自媒体创业中展现出更大的优势。

二、热专业的冷思考

看了前面的介绍,可能许多同学已经开始心潮澎湃了。播音员、主持人,尤其是全国性媒体的播音员、主持人,知名度高、备受追捧,使播音主持行业变成令人艳羡的职业之一。但是,成为一名优秀的播音员或主持人并不容易,既需要专业的培养、个人的努力,也离不开良好的机遇。同时,所谓热门或抢手专业也是相对的。我们要把专业发展放在社会发展的大趋势下去衡量,同时也要量力而行,看清自己的条件再做决定。所以,在人们对这个大热的专业趋之若鹜时,准备报考的同学们更应冷静下来,理性地分析,我到底适合报考播音与主持艺术专业吗?

在回答这个问题前,我们先来做个选择题。

你为什么想报考播音与主持艺术专业?

A 分数低,容易考上大学。

B 想当明星。

C 别人说我适合,我就报了。

D 想当播音员或主持人,喜欢这个行业。

1. 选择 A 的同学

选择这个答案的同学应该在参加艺考的同学中占到了相当大的比例。根据公布的高考大纲,艺考考生文化课成绩仅需达到当地二本分数线的 65% 左右即可上线,相比普通高考生,艺考生上线有很大的优势。因此,一些考生和家长把艺考当成上大学的"捷径",并非考大学为了学艺术,而是"学艺术为了考大学"。

人生到底有没有捷径可以走呢,这个问题见仁见智。我们不想对选择这个答案的同学做评判,毕竟,想上大学并没有错。但是,如果是这样考入大学,所学非所爱,也很可能对个人未来的发展不利,因为职业规划绝不是一种短期行为。

所以,仅仅是为了考上大学吗?这样的选择到底是"捷径"还是让你离人生的航向越来越远了呢?请同学和家长们三思。

2. 选择 B 的同学

年轻人有理想、有追求是好事,为了"明星梦"而努力也值得鼓励。但是,播音员、主持人的工作从更广泛的角度看,不过就是一份普通的职业。有些媒体的播音员、主持人被观众熟悉甚至成为名人,这只是极个别的现象。不信你可以算算,你能叫上名字的播音员或主持人应该不超过 10 个吧,这其中能称为"明星"的又有几人?

在这个浮躁的年代,对一夜成名的追逐模糊了很多年轻人的视线。播音员、主持人不像演员往往一部戏就能成名,这个职业需要长期的积累,厚积薄发。所以,想做知名的播音员、主持人没有错,但在这之前,你要做好付出艰辛努力的准备,而不要仅仅看到知名播音员、主持人头顶的美丽光环。

3. 选择 C 的同学

选择这个选项的同学我们要特别提醒他们:这个别人到底是谁?他对这个专业是否非常了解,他对你的个人情况是否非常熟悉?他的建议是否只是随口说说或出于什么目的呢?我们接触过一些考生,告诉我们他们是被某考前培训班的招生人员拉住,说他们很有这方面的天分,应该报考,就稀里糊涂地交钱上课、参加面试了。这样的事例不用多做解释,大家应该能明白是怎么回事。可是有的同学面对这样的情况时往往会失去判断力。所以,同学们要对自身条件有清晰的判断和客观的认识,对自己的决定负责任。

4. 选择 D 的同学

选择这个答案的同学是不是应该得到一句热情洋溢的"恭喜你,答对了"呢?呵呵,其实这个问题并没有正确答案,但选择 D 的同学总算让我们松了一口气:你们选择这个专业，不是把它当成入学的捷径，不是把它当成成名的手段，不是漫无目的地跟风，也不是由于别人的"蛊惑"，而是出于自己的热爱。这很好！毕竟，兴趣才是最好的老师。我们相信，这样发自内心的热爱也能成为同学们前行道路上的不竭动力。

那么，是不是只要十分热爱这个专业就适合报考了呢？这还是不够的，你还需要满足以下的这些条件和要求。接下来，我们将为大家逐项展示。

三、专业素质

专业素质是考官衡量考生是否可以进入播音与主持艺术专业学习的重要指标，是艺考面试时考官侧重考查的重点内容。对考生的专业素质，概括起来有以下五个方面的要求。

1. 语音要求

播音与主持艺术专业主要培养的是汉语普通话播音员和节目主持人。因此，首要的专业素质就是考生的普通话应较为标准、规范。

《关于开展普通话水平测试工作的决定》规定"县级以上（含县级）广播电台和电视台的播音员、节目主持人应达到一级水平"，并逐步实行持普通话等级合格证上岗。一级水平分一级甲等和一级乙等两个等级。一级乙等的具体要求是："朗读和自由交谈时，语音标准，词汇、语法正确无误，语调自然，表达流畅。偶然有字音、字调失误。测试总失分率在8%以内。"对于高考学生，各学校虽没有普通话等级要求，但普通话越好越占优势。

2. 嗓音要求

播音员、主持人作为语言艺术工作者，声音需要具有美感，悦耳动听。因此，除了对普通话的要求外，考生还需要具备一定的嗓音条件。由于人们对声音的认可越来越多元化，所以不同类型的声音都可以试一试，但是要保证声音达到不干、不涩、不沙、不哑、不躁、不弱等基本要求。

同时，该专业还要求考生口齿清晰，包括唇、舌、齿等发声器官运用灵活有力，发音咬字不含混、不吐噜、不吃字等等。有些同学平时说话就和别人不太一样，这可能是因为发音习惯或发声方法、部位有问题，也可能本身存在先天缺陷，比如腭裂、大舌头各种发音缺陷等。报考该专业的考生发音器官必须正常、健康、有效。

3. 形象要求

播音与主持艺术专业对于考生的外在形象要求较高。就身高而言，一般要求男生170cm以上，女生160cm以上，个别学校放松至男生165cm，女生155cm，同时要求身材比例协调。当然，同学们也不必因为身高没有达到报考要求而放弃，因为身高只是众多考查标准中的一项，如果其他方面表现突出，考官也不会那么"教条"的。

对于容貌的要求是否一定要是俊男美女呢？这也是一种误解。播音与主持艺术专业招生对考生相貌的要求是五官端正、比例协调，整体形象落落大方、亲和力强。漂亮或帅气并不是考官看中的唯一标准。播音员、主持人的形象代表了所在广播电视机构的形象，不论男生女生，考官都更青睐大气端庄或自然亲和的类型。

4.表达要求

考生还应具备较强的语言表达能力。有稿播读的时候基调准确、声情并茂；无稿评述的时候语流顺畅、逻辑性强，有较好的语感，对重音的选择、语气节奏的变化都有一定的把握。

考生还应具备透过文字语言表面感悟其深层意韵的能力，对所播和所说的内容都应做到有感而发、情动于衷、声情并茂。朗读、朗诵、评述、主持都要求做到言之有物、言之有情、言之有序，具有较强的感染力。艺术感受力和审美情趣会直接影响到播音员、主持人对作品的感受、鉴赏以及对事物的看法和评价等等。

5.心理要求

通过面试还要考查考生的心理素质，包括思维能力与应变能力。比如，在短时间内迅速理解并驾驭文字语言的能力（指定稿件朗读）；在短时间内迅速组织语言、形成腹稿提纲，并状态自如地加以表达的能力（即兴评述）；在短时间内改编文字稿件并用口语加以生动表达的能力（改编主持）；在毫无准备的情况下回答考官随机提问时灵活应变的能力以及强行记忆的能力等。

应变能力的强弱也和心理素质有关。该专业的考生应该做到当众说话不紧张，举手投足落落大方。当然，面对这样重要的考试完全不紧张是不可能的，但同学们应当尽量克服紧张感，最起码做到虽然紧张但自己还能控制。

对考生素质的要求每个学校并不完全相同，但以上几点要求是最基础的。如果你已经下定决心报考播音与主持艺术专业，我们要说：欢迎你的加入！对于真正热爱播音与主持艺术专业的考生而言，这是一条虽然艰辛却充满快乐和收获的道路！

接下来，我们就可以一起开始准备报考了，报考时有很多需要注意的问题，我们会在下面的章节——为你解答。

第二节　报考介绍

一、报考流程

报考流程包括两部分：先参加播音与主持艺术专业的面试，再参加高考。具体流程如图 1-1 所示。在报考时要注意的问题非常多，下面我们将逐条为大家解释报考的流程和需要注意的问题。

1. 特别注意考试时间

各招生院校一般在 11 月左右会发布最新的招生简章。考生要特别注意的是考试的时间和内容。如果想尽早准备，而学校最新的招生简章还没有出来，可以参考上一年的招生简章，通常不会有太大变化。但是等新简章公布后还要仔细对照一下，以免发生疏漏。

参加播音与主持艺术专业面试的考生一般会选择至少两个以上的学校参加面试，这是比较稳妥的做法。在确定要报考的几所学校后，要看清这些学校的考试时间和地点，并做出行程表。大部分面试都集中在 1 月或 2 月，并以春节过后的居多。有些高校的考试时间是互相冲突的，考生需要在前期就做出选择；前往不止一个地方考试的考生还要规划好行程。

2. 不可忽视招生地区

每个学校招生的地区并不相同：有的学校全国招生，有的学校只在某几个省份招生。所以考生一定要确定自己要报考的学校在自己所在省份是否有招生指标。确认的方法

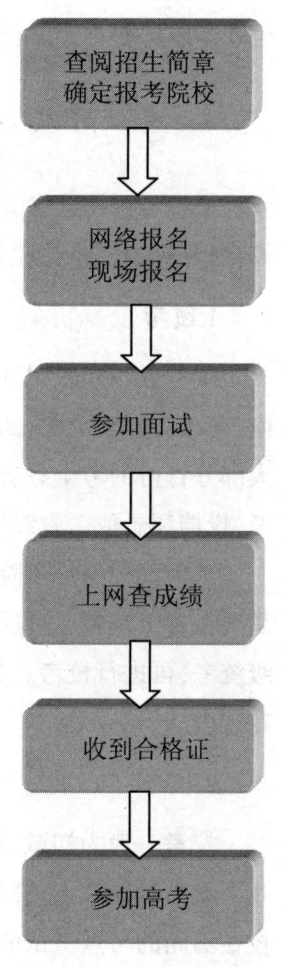

图 1-1　播音与主持艺术专业报考流程图

有两种：一种是看招生简章发布的信息；另一种是打电话咨询，如果简章上没有明确说明，可以打电话给该校的招生办公室予以确认。

不过一般来讲，各校招考的省份每年不会有太大变化，考生可以参考该校近两三年的招生省份：如果连续两三年都在某省有招生名额，那基本可以准备报考。如果真的十分中意某学校，但在艺考前又无法确定该校是否在自己的省份招生，也可以先参加艺考面试，不要犹豫不决错过机会。

3.拿到"文考证"才能获得高考填报资格

进入播音与主持艺术专业面试的最后一轮不代表一定就能拿到合格证。最后一轮面试结束后并不发布成绩,考生最终是否通过了面试需要在一段时间后上网查询结果。有些学校会将"准予文化考试通知单"直接寄到考生手中,这个合格证就是"文考证"。文考证是你可以在高考志愿中填报该学校的资格证,如果没有拿到文考证,考生就不能填报这个学校,即使填报也肯定无法被录取。

二、考试形式

播音与主持艺术专业考试有两种形式:统考(省级招办统一组织)和校考(招生院校自行组织)。不论哪种形式都采用面试的方式进行。

1.统考

统考也叫联考,是由各省招办统一组织的艺术类考试。目前实行统考的省份有河南、河北、湖南、山西、四川等。省级统考一般在高考当年的1月份进行,一般情况下,大部分省份的考生只有达到省级统考专业合格线,才能参加这些高校艺术类专业的校考、投档和录取。省级统考的专业成绩,高校可直接采用或在此基础上组织校考。

考生要根据报考院校的要求确认自己是需要参加统考还是学校的单独考试,或者是要在省级统考通过后再参加校考。省级统考和校考的时间一般是分开的,先进行省级统考,再进行校考。省级统考基本是一次进行三项或四项考试,全部是口试,地点设在省内。

2.校考

校考一般为初试、复试或只有一试,个别学校有一试、二试、三试。一般会在全国几个城市设置考点。同一位考生只能在某一考点参加一次同一学校的校考。同一学校在不同的考点考试的形式、内容、要求都是一样的。考生每通过一试都会在考试地点看到下一试的通知。这里要特别提醒大家的是,下一试的信息可能和招生简章上公布的信息偶有出入,比如有一些新增的或特别说明的内容,考生一定要仔细阅读。

三、录取方式

我们听到考生问得最多的一个问题就是:"高考成绩考多少分能够被录取啊?"和普通类高考一样,各个学校对文化分数的要求不同,但共同的要求是必须超过考生生源所在省份的艺术类投档分数线。可以将该校往年的分数线作为当年填报志愿的参考。录取方式大致分为三种。

1. 文化课通过，按专业排名进行录取

对于专业成绩十分突出，而文化课较弱的同学而言，报考这类学校优势明显。当然还需要指出的是，有些学校自己划定了一条文化录取线，一般会高出省艺术类投档线。

2. 专业通过后，按文化课分数由高到低录取

如果考生报考的是以这种方式进行录取的学校，则需在通过专业考试后将全部精力投入文化课的复习，以提高录取的成功率。

3. 对专业课和文化课按比例核算后进行排序录取

报考这样的学校，考生的文化课和专业课都不能太差，否则在按比例核算时，哪一方面的成绩不好都会拖后腿。

在填报志愿时，大多数学校只招收填报第一志愿的考生，因此，考生在填报志愿时要慎重选择。有些学校会在网站上公布面试成绩，并告诉考生专业名次，也有些学校的面试名次对考生保密。考生可以根据该学校在本省招生的名额和自己的成绩综合衡量。

有些考生和家长认为只要专业通过，文化课达到本省艺术类投档线，就一定会被录取，这是错误的认识。实际上，一般学校会按录取名额 3~4 倍的比例发放。可见，录取的人数和发专业合格证的人数存在很大差距，考生应参考拟报考学校招生网站上近两三年的录取分数线进行综合判断，并最终确定报考志愿。

第三节 择校标准

据不完全统计，目前全国开设播音与主持艺术专业的院校超过 300 所。面对如此多的高校，到底哪些学校办学规范、师资过硬，哪些学校真正适合自己，我们为大家提供两点建议，供同学们参考。

一、明确学校性质

目前国内高校的办学性质有公办和非公办两种。这里我们无意比较公办或非公办学校的优劣，只是提醒大家在报考前要先明确学校的性质。某些公办高校下设的学院在办学性质上和本校并不一致，是独立学院或民办性质，属于非公办类型。有些同学和家长对这些情况并不了解，等录取甚至报到后才发现和自己理解的不一样，则为时已晚。其实，只要上网输入学校和学院名，就能清楚地了解学校的性质。

关于师资情况，公立院校一般均要求教师的学历层次在硕士及以上，非公办院校一般要求在本科及以上。

除此之外，公办院校的招生数量一般较少，多数学校在30人左右；非公办院校的招生人数较多，一般在60人以上。由于播音与主持艺术专业教学的特殊性，学生越少，小班教学的效果越好。有些院校招生名额高达200人以上，甚至800人，如果教师数量难以保障，其教学效果是可想而知的。

二、明确培养目标

同样都是以"播音主持"的名义进行招生，可这背后却大有玄机。由于教育部对申报本专业的师资、硬件条件都有较高要求，独立申报"播音与主持艺术专业"具有相当的难度，所以，很多学校招收播音主持的学生是以"专业方向"的方式进行的。比如音乐专业（播音与主持艺术方向）、表演专业（节目主持方向）等等。

考生在报考时要考量本专业方向所隶属的系或学院，因为这一般会和本专业的培养目标有较大关联。比如在新闻传播学院下的播音主持方向，学生有机会更多地接触到新闻传播学的专业课程；而在表演系下的播音主持方向，学生就一定会上表演课、声乐课等。所以，报考前要先了解学院的情况和专业培养的侧重点。不要盲目报考，也不要道听途说，根据自己的情况做决定。只有适合自己的才是最好的！

第二章　语音发声训练

第一节　解读语音发声训练

普通话语音的标准、清晰程度以及声音条件是播音与主持艺术专业招生中考量的重要因素。普通话语音的标准以及声音的圆润集中并非天生，可以通过练习逐步加以改善。在这个过程中，首先需要掌握正确的方法和技巧，本章的重点就在于介绍这些方法和技巧。

一、普通话语音训练的重要性

普通话语音标准是播音员、主持人上岗的必备条件。《中华人民共和国国家通用语言文字法》第十二条规定，广播电台、电视台以普通话为基本的播音用语。国家语言文字工作委员会和国家教育委员会、广播电影电视部联合下发的《关于开展普通话水平测试工作的决定》要求，县级以上（含县级）广播电台和电视台播音员、节目主持人普通话水平测试应达到一级水平。《普通话水平测试实施办法》（试行）规定从事播音的专业人员应达到一级甲等或一级乙等水平（此要求已列入广播电影电视部颁布的播音员、主持人上岗暂行规定）。

什么是普通话？普通话是以北京语音为标准音、以北方话为基础方言、以典范的现代白话文著作为语法规范的现代汉民族共同语。

汉语有七大方言区，分别是北方方言区、吴方言区、湘方言区、赣方言区、客家方言区、闽方言区和粤方言区。很多方言离普通话的语音规范相差甚远，所以播音员、主持人往往要经过长期的专业训练才能使语音达到规范、标准、流利的要求。对于考生来说，各大院校在播音与主持艺术专业考试中不会像对专业的播音员、主持人要求那样严格，但是语音相对规范、口齿清晰仍然是判定一名考生专业素质的重要方面，也是专业评分中一项重要指标。

报考播音与主持艺术专业的考生需要注意的是,有些考生并不能认识到自己在说方言,以为自己说的就是普通话,甚至有的考生对于自己语音方面的问题毫无察觉;也有的考生意识到自己语音不够标准,但是不知道纠正的方法,或者知道正确发音的方法但不够熟练,这些都是专业技能欠缺的表现。要想达到普通话语音的规范和标准,必须掌握普通话语音的发音部位、发音方法和发音技巧。

二、发声训练的重要性

发声时,我们需要动用肺部、喉部、咽腔、口腔、鼻腔等多个发音器官共同来完成。我们可以通过对发音器官的控制来实现语音的规范和声音的美化。发声训练就是针对这些发音器官进行有针对性的练习和控制。

发声训练是播音与主持艺术专业的基本功训练,是语音规范清晰、声音圆润明朗、变化丰富自如的保证。发声训练的主要内容包括呼吸控制、口腔控制、喉部控制、共鸣控制、声音弹性的训练等。一般来说,每个播音员、主持人的声音条件不同,但是经过这些发声练习可以使音色得到改善,以便更好地进行播音主持艺术语言创作。

第二节　声母发音

一、声母概说

按汉语语音学的传统分析方法,把一个音节分为声、韵两部分。声母就是汉语音节开头的辅音部分,普通话共有21个辅音声母(见表2-1)。辅音的主要特点是发音时气流在口腔中受到阻碍,所以也可以说,声母发音的过程也就是气流受到阻碍和克服阻碍的过程。此外,还有一些音节仅由韵母构成,比如:安/an/、一/yi/等,被称为零声母音节。

我们可以根据不同的发音部位、发音方法,以及送气与否、清浊区分等不同的发音条件对普通话21个辅音声母进行分类。

1.按照发音部位,声母分为七类

(1)双唇音:上唇和下唇闭合构成阻碍。双唇音有3个,分别是b、p、m。
(2)唇齿音:下唇和上齿靠拢构成阻碍。唇齿音只有一个f。
(3)舌尖前音:舌尖与上门齿背接触或接近构成阻碍。舌尖前音有3个,分别是z、c、s。
(4)舌尖中音:舌尖与上齿龈(即上牙床)接触构成阻碍。舌尖中音有4个,分别是d、t、n、l。

表 2-1 声母表

b	p	m	f	d	t	n	l
ㄅ玻	ㄆ坡	ㄇ摸	ㄈ佛	ㄉ得	ㄊ特	ㄋ讷	ㄌ勒
g	k	h	j	q	x		
ㄍ哥	ㄎ科	ㄏ喝	ㄐ基	ㄑ欺	ㄒ希		
zh	ch	sh	r	z	c	s	
ㄓ知	ㄔ蚩	ㄕ诗	ㄖ日	ㄗ资	ㄘ雌	ㄙ思	

(5)舌尖后音:舌尖与硬腭前端接触或接近构成阻碍。舌尖后音有4个,分别是zh、ch、sh、r。

(6)舌面音:舌面前部与硬腭前部接触或接近构成阻碍。舌面音有3个,分别是j、q、x。

(7)舌根音:舌根与硬腭和软腭的交界处接触或接近形成阻碍。舌根音有3个,分别是g、k、h。

2.按照发音方法,声母分为五种

(1)塞音:又叫闭塞音,成阻、持阻时发音部位两部分紧紧靠拢,完全关闭气流通道,除阻时阻碍突然解除,气流透出,产生塞音。塞音有6个,分别是b、p、d、t、g、k。

(2)擦音:又叫摩擦音,成阻、持阻时发音部位两部分靠近而不能完全闭塞,留出间隙,让气流从间隙摩擦通过成声,产生擦音,除阻时发音结束。擦音有6个,分别是f、h、x、sh、s、r。

(3)塞擦音:成阻、持阻时发音部位两部分先闭塞,然后放松,闭塞部分形成间隙,让气流摩擦通过成声,产生塞擦音,除阻时发音结束。塞擦音的发音方法是塞音与擦音两种方法的结合。塞擦音有6个,分别是j、q、z、c、zh、ch。

(4)边音:成阻、持阻时舌尖上抬和上齿龈后部接触,口腔中部闭塞,气流从舌头两边空隙中流出的同时声带振动,产生边音,除阻时发音结束。边音只有一个l。

(5)鼻音:成阻时,发音部位两部分紧密关闭,关闭口腔气流通道;持阻时,声带振动,软腭下垂,气流通过鼻腔,声波经口腔和鼻腔形成双重共鸣;除阻时发音结束。鼻音有2个,分别是m、n。

此外,根据发音时气流的强弱,塞音和塞擦音可以分为送气音和不送气音:送气音发音时呼出气流较强,有6个,分别是p、t、k、q、ch、c;不送气音发音时呼出气流微弱,有6个,分别是b、d、g、j、zh、z。

根据发音时声带是否振动,声母分为浊音和清音:浊音发音时声带振动,有4个,分别是m、n、l、r;清音发音时声带不振动,有17个,分别是b、p、f、d、t、g、k、h、j、q、x、zh、ch、sh、z、c、s。

二、声母发音要领

1.双唇音 b、p、m

b[p]双唇不送气清塞音

【发音要领】 发音时,双唇闭拢,软腭上升,关闭鼻腔通道,声带不振动,让较弱的气流突然冲开双唇的阻碍成声。

【词语练习】

斑驳	辨别	把柄	爸爸	卑鄙	本部	表白	步兵
八宝	蚌埠	败笔	版本	冰雹	勃勃	背部	必备
八拜之交		百步穿杨		半信半疑		饱经风霜	
筚路蓝缕		兵荒马乱		卑躬屈膝		博古通今	
霸王别姬		拔刀相助		背道而驰		不慌不忙	

b

p[p']双唇送气清塞音

【发音要领】 发音的状况与 b 相近,不同的是发 p 时有一股较强的气流冲开双唇。

【词语练习】

婆婆	拼盘	品评	平抛	偏颇	批判	爬坡	澎湃
偏僻	乒乓	破皮	攀爬	飘萍	铺平	匹配	铺排
排山倒海		攀龙附凤		盘根错节		喷薄欲出	
鹏程万里		披星戴月		破釜沉舟		铺天盖地	
平起平坐		迫不及待		漂泊不定		旁门左道	

p

m[m]双唇浊鼻音

【发音要领】 发音时,双唇闭拢,软腭下降,打开鼻腔通道,气流从鼻腔出来,同时振动声带。

【词语练习】

埋没	美妙	茂密	蒙昧	弥漫	密码	迷茫	美满
牧马	眉毛	茂名	命名	麻木	盲目	门面	民盟
马革裹尸		卖官鬻爵		满面春风		茫然若失	
毛骨悚然		眉开眼笑		渺无人烟		明镜高悬	
目不斜视		莫名其妙		妙手回春		面目全非	

m

【绕口令练习】

炮兵和步兵(b、p、m)

炮兵攻打八面坡,炮兵排排炮弹齐发射,步兵逼近八面坡,歼敌八千八百八十多。

一平盆面(b、p)

一平盆面,烙一平盆饼,饼碰盆,盆碰饼,烙出一平盆平面饼。

2.唇齿音 f

f[f]唇齿清擦音

【发音要领】 发音时,下唇向上齿靠拢,形成间隙,软腭上升,关闭鼻腔通道,声带不振动,气流从唇齿之间的间隙摩擦通过成声。

【词语练习】

发放	繁复	非凡	肺腑	仿佛	纷飞	犯法	蜂房
佛法	夫妇	反复	风范	房费	分发	负分	芬芳
发扬光大	反腐倡廉	飞黄腾达	纷至沓来
愤世嫉俗	风卷残云	福如东海	附庸风雅
非同凡响	浮想联翩	峰回路转	沸沸扬扬

f

【绕口令练习】

画凤凰(f)

粉红墙上画凤凰,红凤凰,粉凤凰,粉红凤凰,花凤凰,全都仿佛活凤凰。

大佛山和大夫山(f)

大夫山前有个大佛山,大佛山后有个大夫山。翻过大佛山就是大夫山,绕过大夫山来到大佛山。

3.舌尖中音 d、t、n、l

d[t]舌尖中不送气清塞音

【发音要领】 发音时,舌尖抵住上齿龈,软腭上升,关闭鼻腔通道,声带不振动,较弱的气流冲破舌尖和上齿龈的阻碍成声。

【词语练习】

大豆	搭档	当地	等待	导弹	单独	弟弟	道德
抵挡	低调	达到	电灯	跌倒	读懂	抖动	动荡
大彻大悟	弹尽粮绝	刀光剑影	德高望重
登峰造极	滴水穿石	动人心弦	咄咄逼人
戴罪立功	当机立断	颠倒事非	调兵遣将

d

t[t'] 舌尖中送气清塞音

【发音要领】 发音状况和 d 相近,不同的是用较强的气流冲破阻碍。

【词语练习】

逃脱　体贴　天堂　探头　听筒　图腾　谈吐　坍塌
忐忑　淘汰　疼痛　梯田　团体　探讨　唐突　挑剔
泰山压顶　　天崩地裂　　堂堂正正　　投怀送抱
铁面无私　　同仇敌忾　　涂脂抹粉　　脱胎换骨
昙花一现　　土崩瓦解　　讨价还价　　提纲挈领

t

n[n] 舌尖中浊鼻音

【发音要领】 发音时,舌尖抵住上齿龈,软腭下降,打开鼻腔通道,气流从鼻腔出来,同时振动声带。

【词语练习】

男女　袅娜　扭捏　南宁　泥泞　恼怒　牛奶　能耐
拿捏　农奴　呢喃　年年　奶娘　难弄　忸怩　娘娘
南腔北调　　能言善辩　　逆水行舟　　牛鬼蛇神
蹑手蹑脚　　怒发冲冠　　鸟尽弓藏　　浓墨重彩
脑满肠肥　　年轻力壮　　袅袅婷婷　　难能可贵

n

l[l] 舌尖中浊边音

【发音要领】 发音时,舌尖抵住上齿龈后部,软腭上升,关闭鼻腔通道,声带振动,气流从舌头两边通过。

【词语练习】

留恋　淋漓　冷落　玲珑　勒令　联络　料理　劳累
拉拢　来临　蓝领　流量　林立　猎鹿　缭乱　靓丽
狼吞虎咽　　老奸巨猾　　乐不思蜀　　雷厉风行
愣头愣脑　　理直气壮　　伶牙俐齿　　龙飞凤舞
滥竽充数　　来龙去脉　　劳燕分飞　　朗朗上口

l

【绕口令练习】

白石塔(d、t)

白石塔,白石搭,白石搭白塔,白塔白石搭,搭好白石塔,白塔白又大。

新脑筋(n、l)

新脑筋,老脑筋,老脑筋可以改变新脑筋,新脑筋不学习就会变成老脑筋。

4. 舌根音 g、k、h

g[k]舌根不送气清塞音

【发音要领】 发音时,舌根隆起抵住硬腭和软腭交界处成阻,软腭上升,关闭鼻腔通道,声带不振动,较弱的气流冲破阻碍成声。

【词语练习】

钢轨	骨骼	梗概	沟谷	桂冠	瓜葛	光顾	改革
高干	尴尬	够格	感官	鬼怪	公公	拐棍	国歌
改头换面		肝脑涂地		高瞻远瞩		各抒己见	
耿耿于怀		觥筹交错		冠冕堂皇		鬼斧神工	
钩心斗角		古今中外		广开言路		寡不敌众	

g

k[k']舌根送气清塞音

【发音要领】 发音状况与g相近,不同在于用较强的气流冲破阻碍。

【词语练习】

可靠	宽阔	困苦	跨科	慷慨	苛刻	坎坷	空壳
扣款	科考	旷课	可控	矿坑	夸克	亏空	开垦
开天辟地		苛捐杂税		刻不容缓		空穴来风	
口若悬河		哭天抹泪		侃侃而谈		匡正时弊	
枯木逢春		脍炙人口		宽宏大量		坑坑洼洼	

k

h[x]舌根清擦音

【发音要领】 发音时,舌根隆起接近硬腭和软腭交界处成阻,形成间隙,软腭上升关闭鼻腔通道,声带不振动,让气流从间隙摩擦通过成声。

【词语练习】

黄河	好话	憨厚	辉煌	呼喊	荷花	互惠	混合
后悔	恍惚	缓缓	航海	淮河	洪湖	汉化	横祸
海枯石烂		含沙射影		浑浑一气		好高骛远	
哄堂大笑		花枝招展		恍如隔世		诲人不倦	
鹤立鸡群		恨之入骨		厚此薄彼		呼风唤雨	

h

【绕口令练习】

小郭与小葛(g、h)

小郭画了朵红花,小葛画了朵黄花,小郭想拿他的红花换小葛的黄花,小葛用他的黄花换了小郭的红花。

黄贺与王克(h、k)

一班有个黄贺,二班有个王克,黄贺、王克二人搞创作,黄贺搞木刻,王克写诗歌。黄贺帮助王克写诗歌,王克帮助黄贺搞木刻。由于二人搞协作,黄贺完成了木刻,王克写好了诗歌。

5.舌面音 j、q、x

j[tɕ]舌面不送气清塞擦音

【发音要领】 发音时,舌面前部抵住硬腭前部成阻,软腭上升,关闭鼻腔通道,声带不振动,然后把舌面放松一点儿,舌面前部离开硬腭前部形成间隙,气流从间隙中摩擦成声。

【词语练习】

焦急	肌腱	几经	境界	急遽	机警	简洁	结晶
嘉奖	倔强	将军	借鉴	涓涓	窘境	交警	纠结
鸡犬升天	疾恶如仇	见异思迁	矫枉过正
锦上添花	精雕细琢	居心叵测	举案齐眉
坚贞不屈	将功补过	娇生惯养	洁身自好

j

q[tɕ']舌面送气清塞擦音

【发音要领】 发音状况和 j 相近,不同的是透出的气流较强。

【词语练习】

崎岖	秋千	氢气	强求	亲切	欠缺	情趣	轻巧
气球	侵权	蹊跷	群起	前期	亲戚	全区	鹊桥
奇光异彩	千疮百孔	巧舌如簧	轻歌曼舞
穷途末路	秋高气爽	曲高和寡	群魔乱舞
前程似锦	全心全意	敲山震虎	枪林弹雨

q

x[ɕ]舌面清擦音

【发音要领】 发音时,舌面前部抬起,接近硬腭前部,形成间隙,软腭上升,关闭鼻腔通道,声带不振动,让气流从间隙中摩擦成声。

【词语练习】

现象	小心	休息	下旬	闲暇	纤细	唏嘘	遐想
嬉戏	鲜血	写信	学校	宣泄	循序	行星	喧嚣
熙熙攘攘	侠肝义胆	闲云野鹤	相濡以沫

小心翼翼　　心慌意乱　　行尸走肉　　胸襟广阔
先睹为快　　星罗棋布　　悬而未决　　雪中送炭

【绕口令练习】

x

你我勤(j、q、x)

你也勤来我也勤,生产同心土变金。工人农民亲兄弟,心心相印团结紧。

七加一(j、q)

七加一,再减一,加完减完等于几?七加一,再减一,加完减完还是七。

6.舌尖后音(翘舌音)zh、ch、sh、r

zh[tʂ]舌尖后不送气清塞擦音

【发音要领】　发音时,舌尖向上抵住硬腭前端成阻,软腭上升,关闭鼻腔通道,声带不振动,让较弱的气流冲破阻碍,从间隙中摩擦成声。

【词语练习】

主张　折中　争执　真正　茁壮　战争　斟酌　褶皱
注重　周转　着装　追逐　征兆　辗转　招展　住宅
瞻前顾后　　仗义疏财　　朝思暮想　　振振有词
争奇斗艳　　指桑骂槐　　钟灵毓秀　　装模作样
招兵买马　　正人君子　　中流砥柱　　诸子百家

zh

ch[tʂ']舌尖后送气清塞擦音

【发音要领】　发音状况和 zh 相近,不同的是从间隙里呼出的气流较强。

【词语练习】

车床　踟躇　惩处　惆怅　穿插　驰骋　抽查　赤诚
茶厂　充斥　产出　传承　抽搐　沉船　城池　拆除
长歌当哭　　沉鱼落雁　　诚惶诚恐　　痴人说梦
出神入化　　崇山峻岭　　川流不息　　唇亡齿寒
绰绰有余　　车水马龙　　吹毛求疵　　赤手空拳

ch

sh[ʂ]舌尖后清擦音

【发音要领】　发音时,舌尖向上翘起,舌尖向上接近硬腭前端成阻,留出间隙,软腭上升,关闭鼻腔通道,声带不振动,气流冲破阻碍,从间隙中摩擦成声。

【词语练习】

闪烁　上身　少数　射手　史诗　神圣　事实　杀伤
设施　审视　述说　硕士　摔伤　霎时　盛世　双双
杀身成仁　　赏心悦目　　舍生取义　　神出鬼没
诗情画意　　手忙脚乱　　水泄不通　　瞬息万变
山崩地裂　　少见多怪　　疏而不漏　　十年寒窗

sh

r[ʐ]舌尖后浊擦音

【发音要领】　发音状况和sh相近，不同的是声带振动。

【词语练习】

荣辱　如若　扰攘　仍然　软弱　柔韧　闰日　容忍
热容　荏苒　濡染　蓉蓉　柔软　嚷嚷　惹人　冉冉
燃眉之急　　热火朝天　　人声鼎沸　　忍辱负重
戎马生涯　　如泣如诉　　入木三分　　弱不禁风
锐不可当　　仁人志士　　软硬兼施　　日落西山

r

【绕口令练习】

日头、石头、舌头和指头(r、sh、zh)

天上有个日头，地下有块石头，嘴里有个舌头，手上有五个手指头。不管是天上的热日头，地下的硬石头，嘴里的软舌头，手上的手指头，还是热日头、硬石头、软舌头、手指头，反正都是练舌头。

叔叔除竹笋(zh、ch、sh)

朱家一株竹，竹笋初长出，朱叔处处锄，锄出笋来煮，锄完不再出，朱叔没笋煮，竹株干又枯。

7.舌尖前音(平舌音)

z[ts]舌尖前不送气清塞擦音

【发音要领】　发音时，舌尖向上轻轻抵住上齿背，软腭上升，关闭鼻腔通道，声带不振动，让较弱的气流冲开阻碍形成间隙，气流从间隙中摩擦成声。

【词语练习】

自尊　宗族　走卒　在座　总则　藏族　再造　粽子
咂嘴　簪子　遭罪　栽赃　做贼　崽子　祖宗　罪责
载歌载舞　　贼眉鼠眼　　赞不绝口　　自惭形秽
字斟句酌　　走南闯北　　足智多谋　　作茧自缚
杂乱无章　　责无旁贷　　造谣中伤　　咂嘴弄舌

z

c[ts']舌尖前送气清塞擦音

【发音要领】 发音状况和 z 相近,不同的是用较强的气流冲破阻碍。

【词语练习】

苍翠	匆匆	草丛	璀璨	粗糙	此次	措辞	猜测
层次	仓促	摧残	从此	葱葱	残存	催促	葱翠
财大气粗		残垣断壁		惨无人道		沧海一粟	
粗茶淡饭		摧眉折腰		寸草春晖		错落有致	
苍松翠柏		参差不齐		草木皆兵		层出不穷	

c

s[s]舌尖前清擦音

【发音要领】发音时,舌尖接近上齿背,形成间隙,软腭上升,关闭鼻腔通道,声带不振动,气流从间隙中摩擦成声。

【词语练习】

思索	洒扫	诉讼	琐碎	僧俗	飒飒	嫂嫂	色素
森森	三岁	所思	笋丝	酸涩	嗖嗖	松散	搜索
三足鼎立		丧权辱国		扫地出门		死灰复燃	
搜索引擎		素昧平生		所向披靡		随波逐流	
四通八达		散兵游勇		似曾相识		颂古非今	

s

【绕口令练习】

老曹和老崔(c)

老曹餐前买雌鸡,老崔餐后买瓷器,买来才知是次品,老曹退雌鸡,老崔退瓷器。

桑树和枣树(z、s)

枣厂前有三十三棵桑树,枣厂后有四十四棵枣树。三十三棵桑树下有三十三个紫伞,四十四棵枣树下有四十四头紫蒜。

8.零声母

有些音节开头部分没有声母,只有一个韵母独立成为音节,如哀 āi、宜 yí、五 wǔ、育 yù,这种情况我们称之为零声母。发音时,音节开头的元音部分轻微地带点摩擦,但控制好轻重,不要太浊。

开口呼零声母:恩爱　暗暗　偶尔　爱儿　皑皑　傲岸　昂昂　挨饿

　　　　　　　爱莫能助　　傲视万物　　恶贯满盈　　恩断义绝

　　　　　　　昂首阔步　　呕心沥血

齐齿呼零声母：夜游　医药　营业　意义　爷爷　隐隐　衙役　影音
　　　　　　睚眦必报　　耀武扬威　　衣冠楚楚　　饮水思源
　　　　　　揠苗助长　　言行不一

合口呼零声母：外围　慰问　万物　无误　嗡嗡　危亡　忘我　温婉
　　　　　　玩物丧志　　望穿秋水　　委曲求全　　乌合之众
　　　　　　挖空心思　　卧薪尝胆

撮口呼零声母：冤狱　孕育　云雨　余韵　玉宇　用语　源于　云涌
　　　　　　鱼目混珠　　冤家路窄　　越俎代庖　　云蒸霞蔚
　　　　　　郁郁葱葱　　源远流长

三、声母难点音对比训练

1. z、c、s 与 zh、ch、sh

z、zh

两词对比	资源—支援	栽花—摘花	宝藏—保障	小邹—小周
词内对比	自主　尊重	资质　组织	再植　佐证	遵照　总之
	渣滓　沼泽	郑总　赈灾	种族　长子	制造　重罪

c、ch

两词对比	粗布—初步	从来—重来	电磁—电池	不曾—不成
词内对比	操场　测查	财产　裁撤	促成　彩绸	裁处　采茶
	差错　陈醋	纯粹　尺寸	炒菜　场次	陈词　冲刺

s、sh

两词对比	死结—使节	丧生—上升	森森—深深	高三—高山
词内对比	宿舍　四时	桑葚　算数	私塾　随手	嵩山　死水
	山色　烧死	输送　哨所	深邃　上司	摔碎　受损

2. n 与 l

两词对比	女客—旅客	难住—拦住	无奈—无赖	大娘—大梁
词内对比	纳凉　能量	奶酪　嫩绿	女郎　内陆	耐劳　年轮
	辽宁　岭南	冷暖　烂泥	来年　流脑	留念　凌虐

3. f 与 h

两词对比	俯视—虎视	犯病—患病	开发—开花	西服—西湖
词内对比	发挥　凤凰	焚毁　发红	繁华　防护	分化　飞花
	恢复　伙房	会费　回访	黄蜂　花费	画舫　盒饭

4. zh、ch、sh 与 j、q、x

zh、j

两词对比	朝气—娇气	瞻顾—兼顾	驻扎—住家	杂志—杂技	
词内对比	战舰 章节	转嫁 折旧	诸暨 致敬	真迹 壮锦	
	价值 急诊	加重 兼职	狡诈 菌种	戒指 焦灼	

ch、q

两词对比	传世—诠释	阐明—浅明	高潮—高桥	白痴—白漆	
词内对比	插曲 初期	唱腔 垂青	重庆 春秋	拆迁 喘气	
	起程 翘楚	切齿 清澈	沏茶 汽车	青春 牵扯	

sh、x

两词对比	诗人—昔人	商业—香液	电扇—电线	通顺—通讯	
词内对比	实现 顺心	升学 砂洗	瘦削 属性	手续 摄像	
	驯兽 显示	学术 兴盛	先生 消逝	欣赏 瞎说	

5. z、c、s 与 j、q、x

z、j

两词对比	滋长—机长	资历—激励	脏水—江水	墓葬—木匠	
词内对比	自己 最近	租金 杂技	尊敬 总结	踪迹 增加	
	记载 节奏	集资 积攒	佳作 尽责	金子 及早	

c、q

两词对比	磁头—齐头	次贷—气袋	苍生—枪声	老曹—老乔	
词内对比	辞去 残缺	凑巧 瓷器	篡权 粗浅	从前 萃取	
	憔悴 其次	切磋 钱财	凄惨 起草	芹菜 情操	

s、x

两词对比	丝瓜—西瓜	三人—仙人	丧生—相声	桑蚕—相残	
词内对比	松懈 私心	三峡 思想	送行 索性	所需 搜寻	
	逊色 硝酸	虚岁 寻思	心死 血色	像素 潇洒	

6. r 和 y(i)

两词对比	日头—意头	肉眼—右眼	容易—用意	今人—金银	
词内对比	人烟 如一	任由 人影	乳液 荣耀	热饮 日益	
	有人 萦绕	依然 犹如	羊肉 炎热	妖娆 俨然	

第三节　韵母发音

一、韵母概说

韵母是汉字音节中声母后面的部分。韵母主要由元音构成,有些韵母由元音和鼻辅音构成,能够构成韵母的鼻辅音只有 n、ng 两个,并且只作为韵尾出现。

韵母可以分成三个部分,即韵头、韵腹和韵尾,也分别叫做介音(头音)、主要元音和尾音。构成韵母的元音中开口度最大、声音最响亮的那个元音叫韵腹,韵腹前面的元音是韵头,韵腹后面的元音或辅音是韵尾。一个韵母可以没有韵头或韵尾,但是不能没有韵腹。

普通话共有 39 个韵母(见表 2-2)。

表 2-2　韵母表

	i 丨　　衣	u ㄨ　　乌	ü ㄩ　　迂
a ㄚ　　啊	ia 丨ㄚ　　呀	ua ㄨㄚ　　蛙	
o ㄛ　　喔		uo ㄨㄛ　　窝	
e ㄜ　　鹅	ie 丨ㄝ　　耶		üe ㄩㄝ　　约
ai ㄞ　　哀		uai ㄨㄞ　　歪	
ei ㄟ　　欸		uei ㄨㄟ　　威	
ao ㄠ　　熬	iao 丨ㄠ　　腰		
ou ㄡ　　欧	iou 丨ㄡ　　忧		
an ㄢ　　安	ian 丨ㄢ　　烟	uan ㄨㄢ　　弯	üan ㄩㄢ　　冤
en ㄣ　　恩	in 丨ㄣ　　因	uen ㄨㄣ　　温	ün ㄩㄣ　　晕
ang ㄤ　　昂	iang 丨ㄤ　　央	uang ㄨㄤ　　汪	
eng ㄥ　　亨的韵母	ing 丨ㄥ　　英	ueng ㄨㄥ　　翁	
ong (ㄨㄥ)　轰的韵母	iong ㄩㄥ　　雍		

1.单韵母、复韵母、鼻韵母

根据韵母内部结构成分的不同,可以把韵母分为单韵母、复韵母、鼻韵母三类:

(1)单韵母,是由一个元音音素构成的韵母,共 10 个,分别是 a、o、e、ê、i、u、ü、-i(前)、-i(后)、er;

(2)复韵母,由两个或三个元音组成的韵母,共 13 个,分别是 ai、ei、ao、ou、ia、ie、ua、uo、üe、iao、iou、uai、uei;

(3)鼻韵母,元音音素后面附带一个鼻辅音作为韵尾的韵母,共 16 个,分别是 an、en、in、ün、ian、uan、üan、uen、ang、eng、ing、ong、iang、uang、ueng、iong。

2.四呼

根据韵母开头元音的发音口形,把韵母分为"四呼":

(1)开口呼:韵母不是 i、u、ü,或不以 i、u、ü 开头的韵母,有 15 个,包括 a、o、e、ai、ei、ao、ou、an、en、ang、eng、ê、-i(前)、-i(后)、er;

(2)齐齿呼:韵母是 i 和以 i 为韵头的韵母,有 9 个,包括 i、ia、ie、iao、iou、ian、in、iang、ing;

(3)合口呼:韵母是 u 和以 u 为韵头的韵母,有 10 个,包括 u、ua、uo、uai、uei、uan、uen、uang、ueng、ong(ong 中的 o 在发音时更接近 u,所以将其归入合口呼);

(4)撮口呼:韵母是 ü 和以 ü 为韵头的韵母,有 5 个,包括 ü、üe、üan、ün、iong(iong 的发音带有圆唇动作,所以将其归入撮口呼)。

二、韵母发音要领

1.单元音韵母

如上所述,单元音韵母包括 a、o、e、ê、i、u、ü、-i(前)、-i(后)、er 等 10 个。舌面元音韵母有 7 个,分别是 a、o、e、ê、i、u、ü;还有 3 个特殊元音韵母,即舌尖元音韵母-i(前)、-i(后)、卷舌元音韵母 er。舌面元音音色主要取决于舌位的高低、前后以及唇形的圆展。舌位即舌面隆起的最高点,也是最接近上腭的一点。我们可以通过舌位图(见图 2-1)来表示元音的发音特点。四边形的四个端点表示发音时口腔中的四个极端位置。四边形的横向从左往右表示舌位的前后,纵向右侧从上到下表示舌位的高低,左侧表示口腔的开度,舌位越低,口腔开度越大。同时纵向竖线的左侧标记不圆唇音,右侧标记圆唇音。

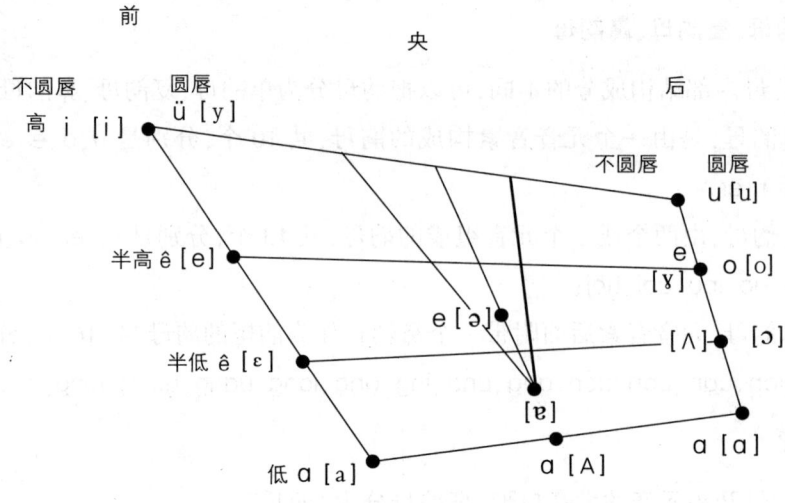

图 2-1　普通话舌面元音舌位图

（1）舌面单元音韵母

a[A]央低不圆唇元音

【发音要领】　口自然打开,舌自然放平,舌尖接触下齿龈,双唇展开。发音时,声带振动,软腭上升,关闭鼻腔通路。

【词语练习】

打靶	发麻	大厦	邋遢	发达	马达	喇叭	哪怕
耷拉	妈妈	沙发	刹那	哈达	砝码	爸爸	刹闸
八面春风		跋山涉水		插翅难逃		大发雷霆	
发人深省		拉帮结伙		马到成功		煞费苦心	
拿手好戏		他山之石		飒爽英姿		扎扎实实	

a

【绕口令练习】

胖娃和蛤蟆

一个胖娃娃,捉了三只大花活蛤蟆。三个胖娃娃,捉了一只大花活蛤蟆。捉了一只大花活蛤蟆的三个胖娃娃,真不如捉了三只大花活蛤蟆的一个胖娃娃。

o[o]后半高圆唇元音

【发音要领】　口半闭,唇自然拢圆,舌体后缩,舌面后部略隆起与软腭相对,舌面两边微卷,舌面中部稍凹,舌位后半高。发音时,声带振动,软腭上升,关闭鼻腔通路。

【词语练习】

| 伯伯 | 磨墨 | 饽饽 | 摸摸 | 婆婆 | 默默 | 泼墨 | 嬷嬷 |
| 薄膜 | 卧佛 | 磨破 | 脉脉 | 勃勃 | 婆娑 | 没落 | 剥夺 |

拨乱反正	波澜壮阔	博闻强识	佛口蛇心
墨守成规	莫测高深	破罐破摔	迫在眉睫
勃然大怒	摩拳擦掌	默默无闻	磨磨蹭蹭

【绕口令练习】

买饽饽

张伯伯,李伯伯,饽饽铺里买饽饽。张伯伯买了个饽饽大,李伯伯买了个大饽饽。拿回家里喂婆婆,婆婆又去比饽饽。也不知是张伯伯买的饽饽大,还是李伯伯买的大饽饽。

e[ɤ]后半高不圆唇元音

【发音要领】 口半闭,展唇,舌头后缩,舌面后部隆起与软腭相对,舌面两边微卷,舌面中部稍凹,舌位后半高。发音时,声带振动,软腭上升,关闭鼻腔通路。

【词语练习】

隔阂	合辙	塞责	合格	社科	客车	特色	可乐
折射	这个	舍得	苛刻	割舍	折合	隔热	色泽
车水马龙		得意忘形		歌舞升平		鹤发童颜	
科教兴国		乐极生悲		惹是生非		舍生忘死	
特立独行		遮人耳目		扼腕叹息		各尽所能	

【绕口令练习】

鹅和河

坡上立着一只鹅,坡下就是一条河。宽宽的河,肥肥的鹅,鹅要过河,河要渡鹅,不知是鹅过河,还是河渡鹅。

ê[ɛ]前半低不圆唇元音

【发音要领】 口半开,展唇,舌尖微触下齿背,舌面前部隆起和硬腭相对。发音时,声带振动,软腭上升,关闭鼻腔通路。

在普通话中,ê除了用于语气词"欸"外,一般不单用。ê不与任何辅音声母相拼,只出现在复韵母 ie、üe 中,并在书写时省去上面的附加符号"^"。

i[i]前高不圆唇元音

【发音要领】 口微开,唇扁平,嘴角向两边展,上下齿相对,舌尖接触下齿背,舌面前部隆起和硬腭前部相对。发音时,声带振动,软腭上升,关闭鼻腔通路。

【词语练习】

笔记	积极	地契	记忆	霹雳	洗涤	鄙弃	细腻
习题	厘米	汽笛	集体	奇迹	提议	比拟	披靡

比翼齐飞　　闭关锁国　　披坚执锐　　奇货可居
杞人忧天　　提心吊胆　　喜出望外　　抑扬顿挫
逆水行舟　　弥天大罪　　低声下气　　历历在目

【绕口令练习】

老黎和老李

老黎拉了一车梨，老李拉了一车栗。老黎人称大力黎，老李人称李大力。老黎拉梨做梨酒，老李拉栗去换梨。

i

u[u]后高圆唇元音

【发音要领】　口微开，双唇收拢成圆唇，稍向前突，舌头后缩，舌面后部高度隆起和软腭相对。发音时，声带振动，软腭上升，关闭鼻腔通路。

【词语练习】

补助　督促　辜负　瀑布　露珠　疏忽　侮辱　枯树
儒术　图谱　祝福　图书　初步　出租　数目　鼓舞
初露锋芒　　独断专行　　俯首帖耳　　顾影自怜
胡搅蛮缠　　苦口婆心　　暮鼓晨钟　　如雷贯耳
足不出户　　铺张浪费　　素不相识　　物竞天择

u

【绕口令练习】

布、醋、兔

一位爷爷他姓顾，上街打醋又买布，买了布，打了醋，回头看见鹰抓兔，上前去追鹰和兔，飞了鹰，跑了兔，打翻醋，醋湿布。

ü[y]前高圆唇元音

【发音要领】　口微开，双唇撮成扁圆，略微向前突，舌尖抵下齿背，舌面前部略隆起与硬腭前部相对。发音时，声带振动，软腭上升，关闭鼻腔通路。

【词语练习】

聚居　玉宇　序曲　区域　须臾　女婿　曲率　栩栩
屈居　絮语　渔具　旅居　徐徐　语序　蛐蛐　豫剧
鞠躬尽瘁　　举步维艰　　履险如夷　　趋之若鹜
取而代之　　虚无缥缈　　鱼死网破　　与时俱进

ü

屡败屡战　　语重心长　　女中豪杰　　栩栩如生

【绕口令练习】

老徐俩女婿

老徐俩女婿，于女婿喜欢看吕剧，吕女婿喜欢看豫剧，三人一起去看剧，看完吕剧看豫剧。

(2) 舌尖单元音韵母

-i(前)[ɿ] 舌尖前不圆唇元音

【发音要领】　口微开，嘴角向两边展开，舌尖和上齿背相对，保持适当距离。发音时，声带振动，软腭上升，关闭鼻腔通路。此韵母只出现在 z、c、s 声母的后面。

【词语练习】

| 私自 | 恣肆 | 字词 | 此次 | 四次 | 孜孜 | 子嗣 | 次子 |
| 自私 | 赐死 | 刺字 | 四字 | 刺丝 | 偲仔 | 自此 | 思子 |

此起彼伏　　司空见惯　　死不瞑目　　四面楚歌
肆无忌惮　　孜孜不倦　　自强不息　　字正腔圆
词不达意　　似曾相识　　刺骨悬梁　　紫气东来

-i(前)

【绕口令练习】

次子与四子

老四生四子，次子自私，四子恣肆，生此子嗣，愁死老四。

-i(后)[ʅ] 舌尖后不圆唇元音

【发音要领】　口微开，嘴角向两边展开，舌前端抬起和硬腭前部相对，保持适当距离。发音时，声带振动，软腭上升，关闭鼻腔通路。此韵母只出现在 zh、ch、sh 声母的后面。

【词语练习】

| 实施 | 咫尺 | 知识 | 食指 | 逝世 | 值日 | 制止 | 石狮 |
| 直至 | 试吃 | 支持 | 日食 | 实质 | 誓师 | 迟滞 | 适时 |

吃里爬外　　尺短寸长　　赤手空拳　　十万火急
势不可当　　知书达理　　纸上谈兵　　置若罔闻
时不我待　　直截了当　　日理万机　　驰名中外

-i(后)

【绕口令练习】

老施、老史和小石

老施支使小石读史诗，老史指示小石写日志，小石不听支使、指示咬食指。

（3）卷舌单元音韵母

er[ɚ] 卷舌元音

【发音要领】 口自然打开,舌位不前不后,不高不低,舌前部上抬,舌尖向后卷向硬腭,但不接触。发音时,声带振动,软腭上升,关闭鼻腔通路。

【词语练习】

而且	洱海	儿戏	鸸鹋	儿歌	耳朵	尔后	二胡
二十	耳目	而今	儿时	耳机	饵料	尔雅	儿男
儿女情长		儿孙满堂		而立之年		尔虞我诈	
耳聪目明		耳目一新		耳濡目染		耳熟能详	
耳提面命		二氧化碳		耳鬓厮磨		二龙戏珠	

er

【绕口令练习】

二胡与儿歌

二叔儿子拉二胡,二姨女儿练儿歌。儿歌练了十二天,二胡拉了二十年。二舅听了二胡拍拍手,二姑听了儿歌点点头。也不知道是儿歌练了十二天好听还是二胡拉了二十年悦耳？

2. 复合元音韵母

复合元音韵母,简称复韵母。复韵母由两个或三个元音组成,其中由两个元音组成的叫二合复韵母,三个元音组成的叫三合复韵母。复韵母中主要元音的发音口腔开度最大,声音最响亮,持续时间最长。二合复韵母中响度大的主要元音在前的,叫做前响复韵母；响度大的主要元音在后面的叫后响复韵母。三合复韵母中,响度大的元音一定是在中间,叫中响三合复韵母。

复合元音韵母的发音特点与单元音韵母不同,单元音发音舌位的前后、高低以及唇形的圆展没有明显的变化移动,但是复合元音发音整个过程是从一个元音滑向另一个元音,元音之间没有明显的界线,每个元音没有独立存在、展现的时间,舌位的前后、高低以及唇形的圆展要进行连续的变化移动。

（1）前响复韵母

前响复韵母有四个,分别是 ai、ao、ei、ou。前响复韵母的发音特点是元音舌位都是由低向高滑动,开头的元音因素响亮清晰,收尾的元音因素轻短模糊。

ai [ai]

【发音要领】 起点元音是"前 a",即前低不圆唇元音 a[a],比单元音 a[A]舌位靠前。发音时,口打开,舌尖抵住下齿背,舌面前部隆起,从"前 a"开始,舌位向 i 方向滑动,唇形转扁,终点元音舌位比单元音 i 略低。

【词语练习】

爱戴　晒台　采摘　海带　买卖　百态　海苔　拆开
菜牌　灾害　太太　带来　改派　晒菜　抬爱　赖债
百发百中　　财迷心窍　　盖棺论定　　海阔天空
耐人寻味　　泰然自若　　歪门邪道　　债台高筑
载歌载舞　　排山倒海　　塞翁失马　　来者不善

ai

【绕口令练习】

老蔡和老赖

老蔡受爱戴，老赖爱拆台。老蔡不让老赖拆台，老赖诬赖老蔡无赖。老蔡找老赖摊牌，到底谁爱拆台，谁是无赖。

ao[ɑu]

【发音要领】　起点元音是"后 a"，即后低不圆唇元音 a[ɑ]，比单元音 a[A]舌位靠后。发音时，口打开，舌体后缩，舌面后部隆起，从"后 a"开始，舌位向 u 方向滑动，唇形逐渐拢圆，终点元音舌位比单元音 u 略低。

【词语练习】

牢骚　祷告　敖包　绕道　糟糕　犒劳　早操　懊恼
号啕　抛锚　报道　牢靠　操劳　高潮　报告　毫毛
宝刀不老　　超然物外　　倒行逆施　　高谈阔论
浩如烟海　　老骥伏枥　　稍纵即逝　　早出晚归
嗷嗷待哺　　恼羞成怒　　朝三暮四　　搔首弄姿

ao

【绕口令练习】

牢骚和唠叨

发牢骚和爱唠叨，两个习惯真糟糕。牢骚使人烦躁，唠叨令人懊恼，如果加上吵闹，必定让人不堪烦扰。

ei[ei]

【发音要领】　起点元音不是单元音 e[ɤ]，而是前半高不圆唇元音 e[e]，发音时，舌尖抵住下齿背，舌位从 e[e]开始升高，向 i 的方向滑动，终点元音位置比单元音 i 略低。

【词语练习】

肥美　狒狒　蓓蕾　飞贼　妹妹　配备　黑煤　北非

违背　每每	贝类　非得	培肥　匪类	味蕾　美味
杯弓蛇影	背道而驰	飞蛾扑火	匪夷所思
废寝忘食	雷霆万钧	每况愈下	贼喊捉贼
眉飞色舞	卑躬屈膝	内外交困	黑灯瞎火

ei

【绕口令练习】

菲菲和佩佩

菲菲和佩佩，一个像黑煤，一个似蓓蕾，每每二人比对，都说差距百倍。不过自从佩佩去北非，再也不似蓓蕾倒像黑煤，活脱俩姐妹。

ou[ou]

【发音要领】　起点元音比单元音 o 的舌位略高、略前，接近央元音[ə]，唇形略圆。发音时，由起点元音开始，舌位向 u 的方向滑动，终点元音位置比单元音 u 略低。

【词语练习】

叩首　后头	筹谋　豆蔻	丑陋　喉头	兜售　佝偻
收购　漏斗	守候　走漏	抖擞　欧洲	露头　口臭
愁眉苦脸	豆蔻年华	狗血喷头	后生可畏
口蜜腹剑	偷天换日	手舞足蹈	走马观花
踌躇满志	钩心斗角	漏洞百出	呕心沥血

ou

【绕口令练习】

小偷和小丑

小偷年方豆蔻，精神抖擞；小丑背部佝偻，面貌奇丑。小偷偷了小丑来练手，小丑劝说小偷要收手，你说小偷小丑谁丑陋？

(2) 后响复韵母

后响复韵母有 5 个，分别是 ia、ie、ua、uɑ、üe。后响复韵母开头的元音都是高元音 i-、u-、ü-，舌位由高向低滑动，收尾的元音要较为响亮清晰。作为韵头的音 i-、u-、ü-，发音轻短，而这些韵头在音节中，特别是零声母的音节中常常会带有轻微摩擦。

ia[iA]

【发音要领】　起点元音是前高元音 i[i]，舌位滑向央低元音 ɑ[A]结束。发音时 i 的发音较短，ɑ 的发音响亮而且时间较长。

【词语练习】

家鸭　恰恰　押下　假牙　压价　下压　家家　下架

加价	贾家	下牙	丫丫	掐下	崖下	夏戛	加压
家喻户晓		戛然而止		假戏真做		驾轻就熟	
恰如其分		虾兵蟹将		狭路相逢		下笔成章	
鸦雀无声		佳人才子		掐头去尾		瑕不掩瑜	

ia

【绕口令练习】

贾庄和夏庄

贾庄每家养小鸭,夏庄家家养对虾。小鸭长成想涨价,对虾养成想加价。涨价不成反跌价,加价不成又减价。贾庄后悔都养鸭,夏庄后悔全养虾。

ie[iɛ]

【发音要领】 起点元音是前高元音 i[i],舌位滑向前半低元音 ê[ɛ],实际终点元音位置比 ê[ɛ]略高。i 发音较短,ê 发音响亮而且时间较长。

【词语练习】

节烈	趔趄	铁鞋	窃窃	结业	贴切	戒牒	爹爹
铁屑	谢谢	乜斜	接界	姐姐	斜街	冶铁	歇业
别有洞天		跌宕起伏		喋喋不休		节外生枝	
借题发挥		切肤之痛		铁案如山		叶落归根	
夜郎自大		蹑手蹑脚		烈火雄心		灭顶之灾	

ie

【绕口令练习】

老谢和小杰

老谢是爹爹,儿子是小杰。二人去逛斜街,鞋上沾满铁屑。老谢打了趔趄,小杰直喊爹爹。

ua[uA]

【发音要领】 起点元音是后高圆唇元音 u[u],舌位滑向央低元音 a[A]结束。唇形由圆变展。u 发音较短,a 的发音响亮而且时间较长。

【词语练习】

娃娃	画画	花袜	呱呱	耍滑	挂花	花褂	哗哗
挂画	画花	抓画	刷刷	夸夸	刮花	抓花	刷画
瓜熟蒂落		寡不敌众		花容月貌		滑头滑脑	
化险为夷		画龙点睛		挖肉补疮		抓耳挠腮	
夸夸其谈		哗众取宠		刮目相看		花容月貌	

ua

【绕口令练习】

花、袜、褂

妈妈挎着花篮去卖花,娃娃穿着花袜去买褂。不料街上流水哗哗直打滑,妈妈扔了花篮,娃娃湿了花袜,妈妈卖不了花,娃娃买不成褂。

uo[uo]

【发音要领】 起点元音是后高元音 u[u],舌位向下滑到后半高元音 o[o]结束。发音过程中,唇形始终保持圆唇,开头收缩较紧,结尾开度稍加大。u 发音较短,o 发音响亮而且时间较长。

【词语练习】

懦弱	哆嗦	硕果	骆驼	火锅	陀螺	堕落	做作
蹉跎	阔绰	罗锅	过活	脱落	国货	坐落	过错
绰绰有余	多愁善感	国泰民安	火树银花
锣鼓喧天	若隐若现	缩衣节食	卓尔不群
豁然开朗	措手不及	唾手可得	左邻右舍

uo

【绕口令练习】

小罗和小多

骆驼驮着菠萝,笸箩装着萝卜。小罗骑着骆驼数菠萝,小多拿着笸箩数萝卜。也不知道是小罗骑的骆驼驮着的菠萝多,还是小多拿的笸箩装着的萝卜多?

üe[yɛ]

【发音要领】 起点元音是前高元音 ü[y],舌位滑向前半低元音 ê[ɛ],实际终点元音位置比 ê[ɛ]略高。唇形由圆到不圆。ü 发音较短,ê 发音响亮而且时间较长。

【词语练习】

雪月	决绝	雀跃	绝学	约略	月缺	跃跃	缺略
略略	缺雪	学学	月月	略瘸	雪域	乐曲	粤语
绝处逢生	略识之无	却之不恭	鹊巢鸠占
学富五车	血海深仇	约定俗成	跃跃欲试
雪中送炭	缺一不可	越俎代疱	决战到底

üe

【绕口令练习】

瘸子和矬子

南面来了个瘸子,腰里别着个橛子。北边来了个矬子,肩上挑着担茄子。别橛子的瘸子要用橛子换挑茄子的矬子的茄子的茄子,挑茄子的矬子不给别橛子的瘸子茄子。别橛子的瘸子抽出腰里的橛子打了挑茄子的矬子一橛子,挑茄子的矬子拿起茄子打了别橛子的瘸子一茄子。

(3)中响复韵母

中响复韵母有4个:iao、iou、uai、uei。三合复韵母都是中响复韵母,主要元音处于中间。这一组韵母发音的特点是舌位由高向低滑动,再从低向高滑动。发音时,开头的元音较短促、不响亮,中间的元音清晰响亮,收尾的元音也较为轻短,不是很清晰。

另外三合复韵母 iou 和 uei 在拼写时简化为 iu 和 ui。拼写时省略掉的韵腹 o 和 e,发音时并不能省略。

iao[iɑu]

【发音要领】 起点元音为前高不圆唇元音 i[i],然后舌位向下向后降至后低元音 ɑ[ɑ]("后 ɑ"),再向后高圆唇元音 u[u]滑动,终止元音比 u[u]略低。唇形开始为不圆唇,从中间的元音 ɑ 开始逐渐变为圆唇。

【词语练习】

缥缈	吊销	脚镣	苗条	逍遥	叫嚣	巧妙	疗效
窈窕	吊桥	教条	渺小	小桥	迢迢	撂跤	娇俏
表里如一	娇生惯养	矫揉造作	寥若晨星
妙趣横生	巧取豪夺	挑三拣四	笑里藏刀
耀武扬威	料事如神	调虎离山	交头接耳

iao

【绕口令练习】

表和鸟

水上漂着一只表,表上落着一只鸟。鸟看表,表瞪鸟,鸟不认识表,表也不认识鸟。

iou[iou]

【发音要领】 起点音是前高不圆唇元音 i[i],然后舌位下降后移,降至比央元音[ə]稍后的位置,再向后高圆唇元音 u[u]滑动,终止元音比 u[u]略低。唇形开始为不圆唇,由[ə]开始逐渐圆唇。

【词语练习】

久留	悠久	绣球	舅舅	流油	幽幽	求救	酒友
优秀	牛油	琉球	秋游	妞妞	球友	悠游	旧友
酒囊饭袋	救亡图存	求贤若渴	囚首垢面
羞与为伍	秀色可餐	油腔滑调	有口皆碑

iou

悠然自得　　扭转乾坤　　牛鬼蛇神　　丢人现眼

【绕口令练习】

小牛和老刘

小牛放学去打球，踢倒老刘一瓶油。小牛回家取来油，向老刘道歉又赔油。老刘不要小牛还油，小牛硬要把油还给老刘。老刘夸小牛，小牛直摇头。你猜老刘让小牛还油，还是不让小牛还油？

uai[uai]

【发音要领】　起点元音为后高圆唇元音 u[u]，然后舌位向前滑降到前低不圆唇元音 a[a]（"前 a"），再向 i 方向滑升，终止元音位置比单元音 i 略低。唇形从圆唇开始，至发前低元音 a[a]始逐渐变为展唇。

【词语练习】

怀揣	外踝	乖乖	外快	摔坏	拽歪	踹坏	歪歪
外围	乖张	槐花	歪斜	率先	甩货	揣测	怀旧
拐弯抹角		怀才不遇		快步流星		脍炙人口	
率由旧章		歪打正着		外强中干		外交辞令	
外圆内方		怪石嶙峋		快人快语		揣合逢迎	

uai

【绕口令练习】

小乖和小怀

小乖卖了电脑赚外快，小怀买了电脑又摔坏。小乖拿着外快买了电脑送小怀，小怀不要小乖的电脑感谢小乖又释怀。

uei[uei]

【发音要领】　起点音是后高圆唇元音 u[u]，舌位向前向下滑到比前半高元音 e[e]稍微偏后偏低的位置，然后再向 i 的方向滑升，终止元音比单元音 i 略低。唇形从圆唇开始，至 e 逐渐变为展唇。

【词语练习】

推诿	归队	悔罪	翠微	荟萃	尾随	坠毁	魁伟
汇兑	罪魁	摧毁	鬼祟	回味	围追	回馈	畏罪
吹灯拔蜡		垂头丧气		鬼迷心窍		灰头土脸	
水乳交融		随心所欲		唯我独尊		醉生梦死	
委以重任		惴惴不安		吹毛求疵		愧不敢当	

uei

【绕口令练习】

接 水

威威、伟伟和卫卫,拿着水杯去接水。威威让伟伟,伟伟让卫卫,卫卫让威威,没人先接水。一二三,排好队,一个一个来接水。

3.鼻韵母

鼻韵母元音因素的后面附带一个鼻辅音作韵尾,普通话中带鼻尾音-n 的韵母简称为前鼻音韵母,带鼻尾音-ng 的韵母简称为后鼻音韵母。教学上尤其要注意前后鼻音的发音区别,在很多方言区并不能将两者相区分。前鼻音韵母有 8 个,分别是 an、en、in、ün、ian、uan、üan、uen;后鼻音韵母也是 8 个,分别是 ang、eng、ing、ong、iang、uang、ueng、iong。

(1)前鼻音韵母

an[an]

【发音要领】 起点元音是前低不圆唇元音 a[a]("前 a"),紧接着软腭逐渐降下来,增加鼻音色彩,舌尖往上齿龈移动,最后抵住上齿龈发 n,气流在口腔受到阻碍,从鼻腔流出。

【词语练习】

参赞	胆敢	泛滥	难堪	摊贩	坦然	烂漫	湛蓝
谈判	繁难	橄榄	漫谈	反感	翻版	贪婪	沾染
半途而废		惨不忍睹		胆战心惊		返璞归真	
肝肠寸断		漫山遍野		山清水秀		谈虎色变	
三心二意		判若两人		黯然失色		赞不绝口	

an

【绕口令练习】

南南有个篮篮

南南有个篮篮,篮篮装着盘盘,盘盘放着碗碗,碗碗盛着饭饭。南南翻了篮篮,篮篮扣了盘盘,盘盘打了碗碗,碗碗撒了饭饭。

en[ən]

【发音要领】 起点元音 e 的舌位比单发时偏低、偏前,是央元音[ə],舌位居中,然后将舌面抬高,软腭下降,打开鼻腔通路,舌尖抵住上齿龈发 n,气流在口腔受到阻碍,从鼻腔流出。

【词语练习】

本身　门诊　审慎　振奋　根本　愤恨　人参　认真
深沉　沉闷　深圳　本分　妊娠　人臣　珍本　瘟神
本末倒置　　笨手笨脚　　参差不齐　　趁火打劫
分庭抗礼　　闷声闷气　　神来之笔　　震耳欲聋
恩重如山　　喷薄欲出　　奋不顾身　　人才济济

en

【绕口令练习】

小陈和小沈

小陈去卖针,小沈去卖盆。俩人挑着担,一起出了门。小陈喊卖针,小沈喊卖盆。也不知是谁卖针,也不知是谁卖盆。

in[in]

【发音要领】　起点元音是前高不圆唇元音 i[i],然后将舌面抬高,舌面前部隆起贴向硬腭前部。两者将要接触时,软腭下降,打开鼻腔通路,紧接着舌尖上齿龈闭合,气流在口腔受到阻碍,从鼻腔流出。

【词语练习】

濒临　凛凛　音频　薪金　民心　辛勤　近邻　金印
拼音　引进　信心　近亲　隐隐　亲民　新品　秦晋
金碧辉煌　　紧锣密鼓　　琳琅满目　　民脂民膏
沁人心脾　　心旷神怡　　信马由缰　　引吭高歌
亲密无间　　阴差阳错　　彬彬有礼　　津津乐道

in

【绕口令练习】

小欣小琴学拼音

小欣小琴是近邻,二人一起学拼音。小欣民心写明星,小琴明星写民心。二人前后鼻不分,通过音频学发音。

ün[yn]

【发音要领】　起点元音是前高圆唇元音 ü[y]。与 in 的发音过程相似,唇形变化不同。ün 从 ü 开始,唇形从圆唇逐步稍展开,而 in 的唇形始终是展唇。

【词语练习】

军训　逡巡　芸芸　群运　均匀　循循　菌群　熏晕
云云　熏熏　军需　群居　允许　军区　循序　云雨

君主立宪	骏马奔腾	群龙无首	逡巡不前
寻根究底	晕头转向	云谲波诡	运动健将
云淡风轻	兵临城下	徇私枉法	训练有素

ün

【绕口令练习】

换裙子

军车运来一堆裙,一色军用绿色裙。军训女生一大群,换下花裙换绿裙。

ian[iɛn]

【发音要领】此韵母相当于在 an 的前面加 i 的动程。起点元音是前高不圆唇元音 i[i],舌位向前低元音 a[a]("前 a")方向滑降,但还没降到 a[a],在接近于前半低元音[ɛ]位置就开始升高,软腭降下来,鼻腔通路打开,舌尖住上齿龈移动,最后抵住上齿龈发 n。

【词语练习】

变脸	癫痫	检验	胼胝	翩跹	前言	天堑	浅显
眼帘	田间	鲜艳	前线	连绵	变迁	偏见	连天
鞭长莫及		颠三倒四		见微知著		勉为其难
年年有余		前赴后继		天涯海角		闲情逸致
言不由衷		千载难逢		连篇累牍		烟波浩渺

ian

【绕口令练习】

半边莲

半边莲,莲半边,半边莲长在山涧边。半边天路过山涧边,发现这片半边莲。半边天拿来一把镰,割了半筐半边莲。半筐半边莲,送给边防连。

uan[uan]

【发音要领】 此韵母相当于在 an 的前面加 u 的动程。起点元音是圆唇的后高元音 u[u],舌位向前滑降到不圆唇的前低元音 a[a]("前 a")开始升高,直到舌尖与抵住上齿龈发 n。唇形由圆变展。

【词语练习】

团圆	宦官	专断	贯穿	软缎	酸软	换算	婉转
乱窜	万贯	款款	转换	远端	弯管	圆环	管段
穿针引线		蹿房越脊		断章取义		鳏寡孤独
欢天喜地		宽宏大量		万籁俱寂		专心致志

uan

钻木取火　　湍流不息　　传世佳作　　转危为安

【绕口令练习】

宦官和官员

宦官穿软缎,官员贪万贯。官员不让宦官穿软缎,宦官不让官员贪万贯。皇上果断将二人传唤,官员、宦官双腿酸软慌忙逃窜。

üan[yan]

【发音要领】此韵母相当于在 an 的前面加 ü 的动程。起始元音为圆唇的后高元音 ü[y],向前低元音 a[a]("前 a")的方向滑降,舌位降至略高于"前 a"的位置开始升高,直到舌尖抵住上齿龈发 n。唇形由圆变展。

【词语练习】

全员	涓涓	轩辕	全院	圆圈	源泉	渊源	全权
远远	拳拳	全卷	圈选	劝劝	全选	泉源	媛媛
涓涓细流		卷土重来		权衡利弊		喧宾夺主	
悬崖勒马		冤冤相报		缘木求鱼		远程教育	
源远流长		犬牙交错		绚烂多姿		倦鸟知还	

üan

【绕口令练习】

画圆圈

圆圈圆,圈圆圈,圆圆娟娟画圆圈。圆圆画的圈连圈,娟娟画的圈套圈。圆圆娟娟比圆圈,看看谁的圆圈圆。

uen[uən]

【发音要领】　此韵母相当于在 en 的前面加 u 的动程。起点元音是圆唇的后高元音 u[u],滑降至央元音 e[ə]的位置,然后舌位升高,直到舌尖抵住上齿龈发 n。唇形由圆变展。

【词语练习】

昆仑	谆谆	馄饨	温存	春笋	论文	温顺	伦敦
混沌	困顿	春困	文论	雯雯	滚滚	孙文	稳稳
春风化雨		唇枪舌剑		滚瓜烂熟		魂飞魄散	
顺手牵羊		吞吞吐吐		问心无愧		尊师重教	
论功行赏		闻鸡起舞		寸土寸金		润物无声	

uen

【绕口令练习】

馄饨和论文

温温包馄饨,文文写论文。温温放下手中的馄饨帮温温写论文,文文放下手中的论文帮温温包馄饨。

(2)后鼻音韵母

ang[ɑŋ]

【发音要领】 起点元音是后低不圆唇元音 a[ɑ]("后 a"),口大开,舌尖离开下齿背,舌面后部抬起,向软腭移动并抵住软腭发 ng。

【词语练习】

帮忙	账房	浪荡	沧桑	盲肠	刚刚	苍茫	当场
烫伤	行当	商场	螳螂	上当	徜徉	方丈	长方
膀大腰圆		沧海桑田		长驱直入		荡气回肠	
放浪形骸		刚愎自用		狼烟四起		掌上明珠	
昂首阔步		庞然大物		堂堂正正		赏心悦目	

ang

【绕口令练习】

小道上

小王的姜撞翻老杨的缸,老杨的缸碰倒小王的姜。小王放下姜去扶老杨的缸,老杨放下缸去帮小王装姜。

eng[əŋ]

【发音要领】起点元音是央元音 e[ə],然后舌面后部抬起,向软腭移动并抵住软腭发 ng。

【词语练习】

承蒙	整风	升腾	萌生	逞能	丰盛	登程	风筝
更正	省城	乘风	征程	灯绳	哼哼	生成	奉承
程门立雪		惩前毖后		等闲视之		风花雪月	
冷嘲热讽		梦寐以求		声泪俱下		争先恐后	
鹏程万里		铿锵有力		腾云驾雾		能工巧匠	

eng

【绕口令练习】

陈庄城和程庄城

陈庄程庄都有城,陈庄城通程庄城。陈庄城和程庄城,两庄城墙都有门。陈庄城进程庄人,陈庄人进程庄城。请问陈程两庄城,两庄城门都进人,哪个城进陈庄人,程庄人进哪个城?

ing[iŋ]

【发音要领】 起点元音是前高不圆唇元音 i[i],发 i 时舌面前部隆起,然后舌体后移,舌尖离开下齿背,舌面后部抬起,向软腭移动并抵住软腭发 ng。

【词语练习】

秉性	叮咛	精灵	蜻蜓	瓶颈	伶仃	命令	清醒
酩酊	影星	情景	姓名	评定	倾听	警醒	平行
兵不血刃		顶天立地		惊心动魄		玲珑剔透	
明察秋毫		晴天霹雳		铤而走险		营私舞弊	
平步青云		宁缺毋滥		英姿飒爽		行云流水	

ing

【绕口令练习】

天上七颗星

天上七颗星,地上七块冰,树上七只莺,墙上七枚钉。吭唷吭唷拔脱七枚钉,喔嘘喔嘘赶走七只莺,乒乒乓乓踏坏七块冰,一片乌云遮掉七颗星。

ong[uŋ]

【发音要领】 起点元音舌位比后高圆唇元音 u[u]略低,然后舌体后缩,舌尖离开下齿背,舌面后部隆起,向软腭移动并抵住软腭发 ng。唇形始终拢圆。

【词语练习】

共同	脓肿	恐龙	瞳孔	空中	轰动	通融	空洞
隆冬	洪钟	隆重	笼统	龙宫	共荣	冲动	从容
宠辱不惊		从容不迫		动荡不安		功亏一篑	
耸人听闻		痛不欲生		庸人自扰		勇往直前	
龙腾虎跃		鸿篇巨制		忠于职守		弄巧成拙	

ong

【绕口令练习】

栽葱和栽松

冲冲栽了十畦葱,松松栽了十棵松。冲冲说栽松不如栽葱,松松说栽葱不如栽松。是栽松不如栽葱,还是栽葱不如栽松。

iang[iaŋ]

【发音要领】 此韵母相当于在 ang 的前面加一段 i 的动程。起点元音是前高不圆唇元音 i[i]，舌位向后滑降到后低元音 a[ɑ]（"后 a"），然后舌位升高，形成后鼻音的过程同 ang。

【词语练习】

粮饷　洋姜　想象　香江　踉跄　向阳　响亮　痒痒
相像　两样　洋相　亮相　奖项　襄阳　抢粮　强将
江郎才尽　　匠心独运　　良莠不齐　　量力而行
枪林弹雨　　强弩之末　　响彻云霄　　洋洋得意
降妖除魔　　详略得当　　阳春白雪　　将计就计

iang

【绕口令练习】

梁家和蒋家

梁家养了一群羊，蒋家竖起一面墙。梁家的羊撞倒了蒋家的墙，蒋家的墙压伤了梁家的羊。梁家让蒋家赔羊，蒋家让梁家垛墙。

uang[uaŋ]

【发音要领】　起点元音是圆唇的后高元音 u[u]，然后舌位滑降至后低元音 a[ɑ]（"后 a"）再升高，接下来形成后鼻音的过程同 ang。唇形开始为圆唇，在向元音 a 的滑动中渐变为展唇。

【词语练习】

狂妄　双簧　汪汪　窗框　网状　装潢　状况　往往
框框　逛逛　装框　旺旺　闯王　矿床　黄庄　双亡
疮痍满目　　光怪陆离　　荒诞不经　　黄道吉日
双料冠军　　枉费心机　　望洋兴叹　　装腔作势
旷世奇才　　狂风暴雨　　亡羊补牢　　壮志凌云

uang

【绕口令练习】

王庄和匡庄

王庄卖筐，匡庄卖网，王庄卖筐不卖网，匡庄卖网不卖筐，你要买筐别去匡庄去王庄，你要买网别去王庄去匡庄。

ueng[uəŋ]

【发音要领】　起点元音为后高圆唇元音 u[u]，舌位滑降到央元音 e[ə]位置，然后舌位升高，接下来形成后鼻音的过程同 eng。唇形开始为圆唇，在向 e 滑动过程中渐变为展唇。

【词语练习】

嗡嗡　翁仲　瓮城　蓊郁　蕹菜　齆鼻儿

嗡嗡作响　瓮声瓮气　瓮中之鳖　瓮中捉鳖

【绕口令练习】

渔翁和老翁

渔翁放鱼入水瓮，老翁放鱼出水瓮。渔翁老翁都放鱼，入出水瓮却不同。

ueng

iong [yŋ]

【发音要领】　iong 韵母所发元音为 ü[y]，接下来形成后鼻音的过程同 ong。

【词语练习】

炯炯	汹涌	熊熊	汹汹	喁喁	茕茕	穷凶	用心
胸臆	凶猛	雄姿	穷尽	琼脂	窘境	勇士	永存
炯炯有神	迥然不同	穷兵黩武	凶相毕露
熊熊烈火	雄才大略	臃肿不堪	永生永世
胸有成竹	雄心勃勃	庸人自扰	茕茕孑立

iong

【绕口令练习】

勇敢游泳

小永勇敢学游泳，勇敢游泳是英雄。

三、韵母难点音对比训练

1. 宽韵母与窄韵母

ai-ei

两词对比	来电—雷电	埋头—眉头	摆布—北部	安排—安培
词内对比	白匪　败类	栽培　暧昧	太妃　牌类	海内　代培
	悲哀　北海	内宅　胚胎	背带　黑白	佩戴　擂台

ao-ou

两词对比	考试—口试	号手—后手	套头—叩头	口号—口授
词内对比	高楼　扫帚	稿酬　操守	矛头　套购	招收　报仇
	口罩　手铐	柔道　构造	头脑　偷盗	投靠　逗号

ia-ie

| 两词对比 | 鸭子—叶子 | 出嫁—出借 | 红霞—红鞋 | 大牙—大爷 |
| 词内对比 | 嫁接　夏夜 | 假借　押解 | 家业　下跌 | 虾蟹　下野 |

		解压	叠加	腋下	铁甲	接洽	液压	结痂	铁架

ua-uo

两词对比	滑动—活动	画架—货架	夸大—扩大	进化—进货
词内对比	瓜果 花朵	跨国 挂果	滑过 华佗	话说 花果
	火花 多寡	活话 火化	说话 国花	活化 国画

iao-i(o)u

两词对比	药片—诱骗	铁桥—铁球	生效—生锈	求教—求救
词内对比	表舅 漂流	料酒 要求	娇羞 调酒	教友 票友
	牛角 幼苗	旧桥 邮票	柳条 幼小	酒标 遛鸟

uai-u(e)i

两词对比	外来—未来	怀想—回想	怪人—贵人	拐子—鬼子
词内对比	怪罪 快嘴	衰颓 外汇	怪味 快慰	外围 衰微
	对外 追怀	鬼怪 毁坏	最坏 嘴快	诡怪 嘴乖

2.前鼻音与后鼻音

an-ang

两词对比	赞颂—葬送	弹词—搪瓷	开饭—开放	鱼竿—鱼缸
词内对比	半张 难防	反抗 肝脏	擅长 安康	担当 满场
	长叹 账单	商贩 方案	港版 傍晚	当然 上班

en-eng

两词对比	陈旧—成就	粉刺—讽刺	人身—人生	木盆—木棚
词内对比	本能 神圣	门生 纷争	深层 真诚	奔腾 分封
	成分 城镇	生辰 缝纫	称臣 登门	憎恨 生根

in-ing

两词对比	银屏—荧屏	金文—经文	人民—人名	弹琴—谈情
词内对比	心境 聘请	新颖 民警	金鹰 隐形	品评 民情
	应聘 青筋	迎亲 平信	倾心 停薪	精进 省亲

ian-iang

两词对比	浅显—抢险	兼职 僵直	大连—大梁	老年—老娘
词内对比	艳阳 钱江	边疆 贤良	坚强 演讲	牵强 联想
	相片 乡间	镶嵌 抢险	象限 强健	抢钱 量变

uan-uang

两词对比	专车—装车	机关—激光	新欢—心慌	晚年—往年
词内对比	观光 宽广	换装 船王	管状 关窗	罐装 观望

| | 匡算 | 网管 | 皇冠 | 慌乱 | 壮观 | 往还 | 潢川 | 闯关 |

uen-ueng(ong)

两词对比	存钱—从前	轮子—聋子	吞并—通病	余温—渔翁
词内对比	昆虫 纯种	遵从 滚筒	稳重 蠢动	轮空 尊崇
	重温 仲春	公论 重婚	红润 通顺	中文 农村

ün-iong

两词对比	军前—胸前	群起—雄起	训词—用词	菌种—臃肿
词内对比	运用 群雄	云涌 军用	拥军	

3. 齐齿呼与撮口呼

i-ü

两词对比	移民—渔民	戏曲—序曲	雨季—雨具	分期—分区
词内对比	异于 急剧	起居 义举	戏剧 崎岖	洗浴 抑郁
	羽翼 狙击	曲艺 蓄意	续期 余悸	据悉 区级

ie-üe

两词对比	夜色—月色	茄子—瘸子	协会—学会	大写—大雪
词内对比	节略 协约	借阅 解决	喋血 鞋靴	灭绝 铁血
	越野 学写	爵爷 缺页	越界 血液	确切 决裂

ian-üan

两词对比	前部—全部	显出—选出	大雁—大院	宣言—轩辕
词内对比	限选 健全	前缘 脸圆	严选 烟卷	缱绻 演员
	院线 泉眼	怨言 悬剑	权限 捐献	选前 眷恋

第四节　声调与语流音变

　　声调和语流音变,是考查考生语音面貌的重要一环。尤其在北方地区,方言与普通话在声母和韵母上的差别不大,但为什么有人说的普通话有股"东北味儿""河南味儿"……除了有方言的语调习惯外,大多是声调出现了方言表现。如东北口音普遍阴平偏低,有些地区往往把非阴平的字音以阴平读出,等等。因此,学好声调,是克服方言色彩的有效途径。

一、声调概说

1.什么是声调

音节是听觉能感受到的最自然的语音单位,由一个或几个音素按一定规律组合而成。一般来说,汉语中一个汉字就是一个音节。

声调就是一个音节声音高低升降的变化,又叫字调。声调是汉语音节结构中不可缺少的一部分,对于区别汉字意义有重要作用,比如"小王"和"小汪"、"开始"和"开市"声调不同,意义也不同。

2.声调的分类

普通话有四个声调,通常用五度标记法标示调值,四个声调及调值分别是:

(1)阴平,高平调,调值为55。请注意:发音中一定保持高而平直,不要让结尾滑落,使调值下降,把55变成53。例:

八 擦 灯 敷 甘 黑 筋 坑 捞 咪
捏 鸥 篇 缺 孙 踢 微 星 伊 支

(2)阳平,高升调,调值为35。请注意:在阳平调值升高的过程中,不要拐弯,呈曲线上升。例:

鼻 词 答 鹅 佛 来 孩 频 扛 离
毛 您 彭 球 然 隋 田 维 翔 宅

(3)上声,降升调,调值为214。请注意:第一,上声声调要先降后升,避免降不下来,扬不上去;第二,上声声调降升的变化是平滑的弯曲变化,切忌把它生硬地处理为降下去之后忽然升高;第三,上声声调从1度升到4度的过程音高升高,而音量是逐渐降低的,不能随着音高将音量也加大。例:

百 尺 胆 否 广 很 举 渴 磊 秒
拟 绮 浅 忍 笋 艇 我 写 友 左

(4)去声,全降调,调值为51。请注意:发好的关键是起调高,迅速下降,不要拖沓。例:

被 刺 力 去 跪 害 静 扩 列 魅
闹 瀑 俏 热 帅 痛 万 戏 漾 拽

考生在练习时,可以用手指在面前按照调形图(如图2-2所示)进行空画。这对于声调的标准化有提示作用。

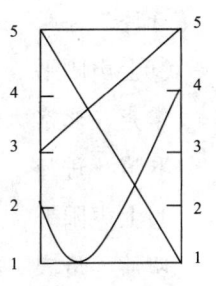

图2-2 调形图

3. 声调练习

（1）双音节词语练习

① 阴平阴平

播音	江山	咖啡	征婚	秋天	疏通	轻声	拼杀
帮凶	嚣张	唏嘘	工分	温馨	摔跤	督军	谦虚

② 阴平阳平

新闻	发言	中国	军团	签名	疤痕	碑文	消磨
湍急	丝绸	轻浮	哀嚎	均衡	飞扬	春节	温和

阴平

③ 阴平上声

包裹	编纂	樟脑	歇脚	秃顶	收缴	慷慨	蝌蚪
公允	生产	抓紧	嘉许	针灸	清口	青酒	攀比

④ 阴平去声

西夏	安顿	悲痛	绷带	污蔑	吞噬	声部	杀戮
说话	公汽	收受	拙劣	消瘦	医药	尊敬	天籁

⑤ 阳平阴平

图书	原封	流星	联欢	晴天	随心	船舱	农村
屠刀	停播	石膏	无猜	箩筐	芦笙	涟漪	级差

阳平

⑥ 阳平阳平

鼻梁	执勤	无垠	铜钱	神灵	儒学	葡萄	奴仆
角逐	结膜	喉舌	阳台	沿袭	闲谈	调停	坟头

⑦ 阳平上声

培土	农垦	模板	明了	麻疹	魁伟	狼狗	结尾
灵巧	图解	圆角	迷惘	游泳	裁剪	谜底	提醒

⑧ 阳平去声

植被	投奔	食物	蹂躏	脾脏	直率	牢狱	决赛
奇迹	浮躁	头痛	阁下	席位	格调	然后	悬念

⑨ 上声阴平

掌声	北京	广播	指标	统一	雨披	纺织	影星
取消	讲师	卡通	本身	早秋	史诗	冷清	武功

上声

⑩ 上声阳平

朗读	语言	敏捷	考察	起航	里程	软席	指南
普及	领衔	倒霉	恐龙	古城	引擎	远洋	底层

⑪上声上声

假使　表演　取舍　犬齿　鲁莽　苦果　烤火　解渴
脊髓　铁锁　主考　水獭　炒股　偶尔　法网　选种

⑫上声去声

板栗　宝剑　小数　舞弊　统治　首创　顷刻　绮丽
喜讯　美丽　屡次　股票　短信　躲避　好话　简练

⑬去声阴平

象征　列车　认真　贵宾　卫星　降低　下乡　特征
气温　触发　落差　救星　撞击　痛心　庆功　上升

⑭去声阳平

电台　要闻　调查　会谈　暂时　特别　自然　配合
辨别　措辞　笑容　旱情　畅谈　事实　尽头　照明

去声

⑮去声上声

剧本　外语　历史　运转　耐久　赦免　信仰　戏曲
遏止　探险　庆典　哮喘　梦想　创始　向往　媲美

⑯去声去声

爆破　被褥　闭幕　肇事　肖像　蜕变　受训　韧带
破灭　硕士　特异　项链　逊色　住院　异物　臆造

(2)四字词练习

①阴阳上去

花红柳绿　中流砥柱　抽肥补瘦　千锤百炼
高原广阔　精神百倍　心明眼亮　光明磊落
飞檐走壁　七侠五义　开渠引灌　风调雨顺
呼朋引类　思前想后　新闻简报　天然宝藏

②去上阳阴

顺理成章　覆水难收　寿比南山　刻骨铭心
墨守成规　异曲同工　一马平川　兔死狐悲
四海为家　大好河山　驷马难追　厚古薄今
痛改前非　破釜沉舟　万里长征　妙手回春

四字词

③综合训练

功败垂成　冷嘲热讽　天崩地裂　有眼无珠
醉生梦死　继往开来　慷慨激昂　姹紫嫣红
挥金如土　博古通今　高瞻远瞩　狂风暴雨

高谈阔论　生死攸关　南征北战　惩前毖后
悲天悯人　变幻莫测　藏污纳垢　吹毛求疵
大义凛然　耳鬓厮磨　狗仗人势　光宗耀祖
虎背熊腰　精卫填海　狼奔豕突　毛遂自荐
呕心沥血　如虎添翼　未雨绸缪　怨声载道

二、语流音变

在语流中,由于受到相邻音节的相邻音素的影响,或者出于表情达意的需要,一些音节中的声母、韵母和声调会发生语音的变化,这就是语流音变。我们通常所说的变调、轻声、儿化和语气词"啊"的音变等都属于语流音变。

1.变调

两个音节连读,其中有一个音节的调值变得跟原本的调值不同,就是变调。最常见的变调是上声变调和"一""不"的变调。

(1)上声变调规律

上声音节在单独念或在词语末尾、句子末尾的时候,不发生调值变化,在阴平、阳平、上声、去声和轻声音节前都会发生变调。变调情况如下:

上声变调

①上声在非上声(阴平、阳平、去声、轻声音节)前面变成半上,调值由214变为211。

上声+阴平　响声　简单　捕捉　倒戈　底薪　陡坡　滚翻　请缨
上声+阳平　朗读　史实　等闲　属于　斐然　海豚　审题　水池
上声+去声　挑战　丑态　顶撞　耳廓　讽谏　哽咽　哄骗　取悦
上声+轻声　首饰　打听　笸箩　补丁　掸子　抖搂　眨巴　铁匠

②两个上声相连,前一个上声调值由214变为35。

上声+上声　古典　粉笔　礼品　美好　解码　脊髓　冷眼　彩纸

③三个上声相连,末尾的上声不变调,开头、中间的上声音节变调,分为两种情况:

第一种情况叫"双单格",即"2+1"结构,意思是该词组中前两个音节关系密切,这时开头、中间的上声音节均变调为35。例:

展览馆　演讲稿　选举法　洗澡水　导火索　彩纸厂

第二种情况叫"单双格",即"1+2"结构,意思是该词组中后两个音节关系密切,这时开头音节读作"半上",调值为211,中间的音节读作阳平,变调为35。例:

好小伙　纸老虎　小拇指　老首长　海产品　党小组

【上声变调练习】

北京　祖国　感谢　领导　海洋　领袖　理想　首都
老师　语言　抚摸　勇敢　努力　采取　普通　洗礼
打扫　表达　岗哨　丑陋　小说　古文　打靶　底稿
斗拱　搞鬼　扁担　反恐　笔挺　赶忙　场景　反讽
改良　朗诵　展开　准确　法定　养活　母语　使唤
洗脸水　管理组　打靶场　蒙古语　考古所　老保守
手写体　好导演　老厂长　小尺码　小组长　假米酒

（2）"一""不"变调规律

①"一"的变调规律

● 在去声音节前调值变为阳平35。例：

一旦　一概　一定　一半　一趟　一位　一律　一共

● 在非去声（阴平、阳平、上声）音节前，调值变为去声51。例：

在阴平前　一般　一身　一根　一筐　一边　一车　一锅　一端
在阳平前　一齐　一筹　一时　一直　一排　一条　一环　一年
在上声前　一早　一口　一举　一起　一本　一两　一股　一把

● 夹在重叠式的动词之间，"一"要轻读。例：

停一停　看一看　想一想　聚一聚　说一说　缝一缝

注："一"单念或者在表示序数的意思时不变调。如"一连"，如果表示第一连，"一"不变调；如果表示"一整连"，即"全连"，"一"则变调为去声。

②"不"的变调规律

● 在去声音节前读阳平，调值变为35。例：

不必　不测　不变　不顾　不愧　不断　不论　不惑

● 夹在动词或形容词之间或者夹在动词和补语之间，"不"要轻读。例：

会不会　红不红　甜不甜　看不清　打不开　听不懂

注："不"在非去声（阴平、阳平、上声）音节前，读原调，如不堪、不轻、不忙、不平、不浅、不敢等。

【"一""不"变调练习】

● "一"的变调练习

一元　一脚　一包　一时　一并　一览　一连　一头儿
一步　一团　一贯　一圈　一尺　一双　一锤　一言

"一"的变调

"不"的变调

一毫　一阵　一度　一堆　一鞭　一柄　一成　一点儿
一打　一旦　一锭　一番　一条　一伙　一颗　一毛
一鼓作气　　一帆风顺　　一笔勾销　　一蹶不振
一劳永逸　　一针见血　　一视同仁　　一意孤行
一唱一和　　一板一眼　　一朝一夕　　一问一答
一上一下　　一丝一毫　　一模一样　　一起一落
走一走　试一试　笑一笑　读一读　拍一拍　亲一亲
数一数　修一修　挪一挪　拉一拉　喊一喊　弹一弹

● "不"的变调练习

不安　不才　不公　不禁　不苟　不图　不惜　不错
不休　不拘　不曾　不恭　不忍　不光　不屑　不善
不轨　不乏　不便　不消　不啻　不然　不妨　不等
不但　不朽　不睡　不已　不幸　不贪　不只　不仁
不打自招　　不学无术　　不约而同　　不知所措
不假思索　　不见经传　　不共戴天　　不谋而合
不管不顾　　不伦不类　　不卑不亢　　不折不扣
不见不散　　不即不离　　不清不楚　　不言不语
听不听　写不完　坐不住　难不难　查不查　轻不了
忙不忙　巧不巧　完不成　吃不下　知不知　消不掉

2.轻声

(1)什么是轻声

在说话时有些音节会失去原有的声调，变成一种又轻又短、比较模糊的调子，这种读音变化叫轻声。

(2)轻声的作用

①区别词义

东西：dōngxī 方位名词，东边和西边。

东西：dōngxi 名词，泛指各种具体的或抽象的事物。

②区别词性

人家：rénjiā 名词，住户或者家庭。

人家：rénjia 代词，指自己或者某人等。

(3)轻声音节的变读规律

①语气词"啊、吗、呢、吧、哪、呀、哇"等。例：

是啊　他吗　干什么呢　好吧　开门哪　真的呀　好哇

轻声

②助词"的、地、得、着、了、过"。例：
他的　悄悄地　高得很　坐着　去了　来过
③名词后缀"子、头、巴、们"等。例：
扇子　桌子　石头　木头　尾巴　下巴　孩子们　同学们
④重叠式动词、名词的后一个音节。例：
尝尝　瞧瞧　抱抱　试试　猩猩　宝宝　舅舅
⑤用在动词、形容词后面表示趋向的语素或词。例：
出来　进去　上来　下去　躲开　站起来　走上去　跳下来
⑥用在名词、代词后面表示方位的语素或词。例：
地上　底下　家里　门外　柜子上　沙发下　抽屉里　房间外
⑦一大批约定俗成的常用的双音节词,第二个音节习惯上要读轻声。例：
麻烦　商量　窗户　奴才　明白　萝卜　吆喝　包袱

（4）轻声音节的发音要领

轻声音节又轻又短,是针对轻声音节的音高和音长来说的。从音高上看,轻声音节失去了原有的声调调值；从音长上看,轻声音节短于正常重读音节的长度,不过这并不是说轻声音节没有调形和调值,普通话轻声音节的调值主要有以下两种形式。

①在阴平、阳平、去声后是短促的低降调,调值为 31。

阴平+轻声	桌子	胳膊	苍蝇	耽搁	提防	窟窿	高粱	嘟囔
阳平+轻声	脾气	糊涂	馒头	咳嗽	狐狸	拾掇	琢磨	累赘
去声+轻声	废物	嫁妆	疟疾	栅栏	帐篷	调子	吓唬	干事

②在上声后是半高平调,调值为 44。

| 上声+轻声 | 嗓子 | 马虎 | 婶婶 | 铁匠 | 使唤 | 喇叭 | 寡妇 | 脊梁 |

【轻声音节练习】

爱人	妈妈	巴掌	白净	庄稼	窝囊	厚道	生意
念头	他呀	梆子	时候	冤枉	少爷	晚上	妥当
别扭	簸箕	扁担	补丁	裁缝	虫子	刺猬	柴火
凑合	锄头	灯笼	嫁妆	来了	道士	队伍	畜生
膏药	核桃	罐头	官司	蛤蟆	书里	狐狸	皇上
将就	篱笆	石榴	收成	楼上	姑姑	岁数	稀罕
秀才	衙门	折腾	牌楼	娘家	蘑菇	眯缝	亲家
去过	梳子	钥匙	招牌	漂亮	师傅	芍药	窝棚
鹌鹑	豆腐	粮食	出去	和尚	困难	骆驼	舌头
芝麻	苗条	麻利	门道	扫帚	秧歌	红火	动静

3.儿化

(1)什么是儿化

"儿化"指的是后缀"儿"与它前面的音节的韵母结合成一个音节,使这个韵母带上卷舌色彩的一种音变现象。这种卷舌化了的韵母被称作"儿化韵"。韵母这时的[r]只表示加上了一个卷舌动作,不是一个独立的音节。另外,并不是所有带"儿"字的词语都要读成儿化,例如"女儿、婴儿、好男儿"等,就必须把"儿"读作一个完整音节。

(2)儿化的作用

①区别词义、词性。

信(信件)—信儿(消息)　眼(眼睛)—眼儿(小洞)　头(脑袋)—头儿(头目)
画(动词)—画儿(名词)　活(动词)—活儿(名词)　盖(动词)—盖儿(名词)

②从修辞方面,表示细小或可爱的色彩。

脚丫儿　小孩儿　细丝儿　小鸟儿　鲜花儿　脸蛋儿

(3)儿化的发音要领

儿化韵中韵母带上卷舌色彩,其实就是一个音节的主要元音带上卷舌色彩,它的发音规则是:

儿化

①主要元音不是 i 和 ü,韵尾不是-i、-n、-ng 的韵母,在主要元音上直接加卷舌动作。

刀把儿　豆芽儿　浪花儿　粉末儿　邮戳儿　小盒儿
主角儿　半截儿　泪珠儿　红包儿　老头儿　跑调儿
小球儿　台阶儿　有数儿　打嗝儿　抓阄儿　脑瓜儿

②韵母是单元音 i 和 ü,儿化要在后面加上 er[ər]。

锅底儿　针鼻儿　玩意儿　小曲儿　毛驴儿　有趣儿

③带-i、-n、-ng 韵尾的韵母,丢掉韵尾加卷舌动作,其中主要元音不是 i 和 ü 的韵母,在主要元音上直接加卷舌动作;主要元音是 i 和 ü 的,要在后面加 er[ər];-ng 韵尾的韵母,除了去掉韵尾-ng,还要使主要元音鼻化再加卷舌动作。

名牌儿　同辈儿　糖块儿　一会儿　包干儿　亏本儿
心眼儿　用劲儿　好玩儿　皱纹儿　圆圈儿　合群儿
茶缸儿　鼻梁儿　打晃儿　脖颈儿　抽空儿　小熊儿

④舌尖元音-i(前)和-i(后)变儿化韵,要在后面加上 er,实际的读音变成[ər]。

瓜子儿　切丝儿　挑刺儿　锯齿儿　墨汁儿　找事儿

【儿化发音练习】

去哪儿　耳膜儿　木橛儿　离谱儿　找茬儿　瓶盖儿

肚脐儿	手印儿	茶馆儿	瓜瓢儿	酒盅儿	加塞儿
火锅儿	硬壳儿	小鞋儿	口哨儿	跑腿儿	哥们儿
口味儿	收摊儿	人缘儿	竹凳儿	蛋黄儿	拉链儿
牙刷儿	一下儿	字帖儿	痰盂儿	加油儿	药方儿
面条儿	胡同儿	胖墩儿	送信儿	落款儿	掉价儿
老伴儿	顶牛儿	冰棍儿	透亮儿	露馅儿	宝贝儿
摸黑儿	纽扣儿	嘴角儿	一块儿	碎步儿	墨水儿
开春儿	大褂儿	旦角儿	大伙儿	石子儿	跳绳儿
绕远儿	果冻儿	赶趟儿	衣兜儿	纳闷儿	模特儿

4.语气词"啊"的音变

语气助词"啊"单发的读音是 a，如果出现在句末用作语气助词，常会受到前面音节末尾音素的影响而产生音变。

(1)前一个音节末尾是 a、o(ao、iao 除外)、e、ê、i、ü，"啊"读作 ya。

好大的雪啊！　　　　千万注意啊！

这么多啊！　　　　　原来是他啊！

(2)前一个音节末尾是 u(包括 ao、iao)，"啊"读作 ua。

身上这么多土啊！　　金丝猴啊！

多好啊！　　　　　　大家跳啊！

"啊"的音变

(3)前一个音节末尾是-i(后)、er，"啊"读作 ra。

快吃啊！　　　　　　这是危险的标志啊！

你是老二啊！　　　　这么多石子儿啊！

(4)前一个音节末尾是-i(前)，"啊"读作 za。

孩子啊！　　　　　　第一次啊！

他四十四啊！　　　　拿这么多瓜子啊！

(5)前一个音节末尾是-n，"啊"读作 na。

怎么办啊？　　　　　当心啊！

快开门啊！　　　　　好困啊！

(6)前一个音节末尾是-ng，"啊"读作 nga。

不行啊！　　　　　　冲啊！

唱啊唱……　　　　　不成啊！

【语气词"啊"的音变练习】

你看啊！　　　　　　你真是为所欲为啊！

尽情跳啊！　　　　　你讲不讲理啊！

这可是好事成双啊！　　好孤独啊！
这是你儿子啊！　　真是不识好人心啊！
你真无知啊！　　多好听啊！

5.词的轻重格式

在普通话和各地方言中,双音节或多音节词的各个音节会有约定俗成的轻重强弱的差别,这就是词的轻重格式。短而弱的音节称为轻,长而强的音节称为重,介于二者之间的称为中。词的轻重格式约定俗成,普通话的轻重格式也有其一定的习惯和规则,正确处理词的轻重格式也是普通话规范标准的表现。不过在实际应用中有时出于表达的需要或者受到语句的制约,词原有的轻重格式可能被打破,这也属于正常现象。

(1)双音节词轻重格式

①中重格式

波浪　草原　展翅　大衣　民兵　如意　谋生　炊烟
本身　容颜　史诗　体育　轨道　停泊　闷热　浮雕

②重中格式

风气　标准　含蓄　要求　传统　记者　节目　爱戴
颤动　设备　现象　情感　人口　干部　价值　错误

③重轻格式

算盘　喉咙　思量　暖和　扁担　意思　衣裳　栅栏
委屈　疏忽　疟疾　媒人　豆腐　鞭子　刺猬　窟窿

(2)三音节词轻重格式

①中中重

播音员　白兰地　赞美诗　寄生虫　流水线　甲骨文
基督教　抗生素　交际舞　天安门　常委会　科学院

②中重轻

小姑娘　癞蛤蟆　腮帮子　明摆着　糖葫芦　没商量
好意思　胡萝卜　洋鬼子　凑热闹　不由得　命根子

③中轻重

对不起　拨浪鼓　保不齐　冷不防　狐狸精　差不多
豆腐渣　娘娘腔　饺子馆　泡泡糖　糊涂鬼　喇叭花

(3)四音节词轻重格式

①中重中重

四通八达　轻歌曼舞　国色天香　经年累月
独断专行　耳濡目染　老调重弹　国泰民安

②重中中重

朝不保夕　相形之下　敬而远之　背水一战
不约而同　木已成舟　安之若素　大海捞针

③中轻中重

老实巴交　稀里糊涂　嘻嘻哈哈　大大方方
慌里慌张　跳不起来　模模糊糊　规规矩矩

【轻重格式练习】

我喜欢在春风中踏过窄窄的山径，草莓像精致的红灯笼，一路殷勤地张结着。我喜欢抬头看树梢尖尖的小芽儿，极嫩的黄绿色中透着一派天真的粉红——它好像准备着要奉献什么，要展示什么。那柔弱而又生意盎然的风度，常在无言中教导我一些最美丽的真理。

(选自张晓风《我喜欢》)

现代社会令人眼花缭乱，每个人在某种意义上说，都是孤陋寡闻的。你在你的行业里是专家里手，在其他领域，完全可能是白痴。这不是羞愧的事情，坦率地流露惊奇，表示自己对这一方面的无知以及求知的探索，是一种可嘉的勇气。

(选自毕淑敏《保持惊奇》)

第五节　发声训练

每个人的先天嗓音条件不同，都有自己的特色与个性，没有绝对的好与坏，但相同的是经过科学的训练会好听很多。事实上，我们所听到的播音员主持人圆润、悦耳的声音正是他们不断锻炼并且学会驾驭自己声音的结果。发声是一项复杂、系统的学习，需要在老师的指导下长时间进行训练。因备战艺考的时间有限，本节仅告诉广大考生发声中最基本也是最重要的两项技巧——呼吸控制和口腔控制。

一、呼吸控制

呼吸系统是我们发声的动力系统。我们声音的运用跟气息有很密切的关系，肺部呼出气流的变化直接影响到我们声音的音强、音长、音高、音色。因此，在播音发声中，呼吸不仅满足我们的生理需求，更是构成我们有声语言的动力基础。我们常说"气是根本""气托声，声传情"，就是这个道理。在进行艺术语言发声时，我们需要掌握科学的呼吸方法，使气息为我们的语言表达服务。呼吸控制的目标就是稳劲、持久、自如。

1.胸腹联合式呼吸法

呼吸方法一般可以分为三种：胸式呼吸、腹式呼吸、胸腹联合式呼吸。在播音发声中,我们通常采用胸腹联合式呼吸法。这种呼吸方法吸气量较大,呼出时气流均匀顺畅,可以满足较长时间的发声需要,更关键的是它调动人体的吸气肌群和呼气肌群共同作用,形成一种拮抗力,从而使呼吸成为一种可以控制的主动性活动。

　　胸腹联合式呼吸法要领:吸气时吸到肺底,感觉气流顺着脊柱从上到下,两肋向两侧打开,腹部收紧,腹壁站定,两手放在腰间,有扩充感;呼气时保持腹部的收紧感,随着气流缓慢呼出,小腹逐渐放松,不能像充了气的气球忽然间松口一样,要有控制。虽然是呼气,但是腹部有一定的内收感,就是我们通常所说找到一个腹部的支点。它就像一个阀门,它控制的小腹一放松,气息就自然进入,然后再慢慢地有控制地呼出。

　　为了更好地体会吸气要领,可以先将体内余气用叹气法全部呼出,再自然吸气,这样更容易体会到将气吸到肺底、两肋打开的感觉;也可以平躺在床上,在腹部放一摞书,呼吸时观察书随腹部上下起伏的状态,这种方法比较适合习惯于胸式呼吸的女性。此外,双手拎重物上楼梯,也是体会气息下沉的一种方法。

2.呼吸控制的训练技巧

(1)膈肌训练

　　膈肌位于胸腹腔之间,膈肌的移动可以改变胸腔的上下径。膈肌的运动主要是通过腹肌的运动来间接实现的。

　　①深吸气后,膈肌下沉,小腹猛地一收缩,随之膈肌回弹,发出一个扎实的"hei"音,膈肌的弹动与发音协调同步,喉部放松。弹发正确的"hei"音,应该音高稍低,声音松弛宽厚。

　　②膈肌弹发单声状态稳定后,可以尝试一口气连续弹发2个、3个、4个……但注意不管弹发几个,气的力量应该是均匀的。

(2)腹肌训练

　　吸气后,用腹肌爆发的弹力将气集结成一束送往口腔前部,发"ha、hei、huo、he"四个音。

(3)慢吸慢呼延长呼吸控制训练

　　我们采用慢吸慢呼的训练方法,使气息可以均匀持久地使用。

　　①闻花香

　　身体重心放在两脚之间,采用立定、"八字步"、"丁字步"等站姿站稳,平视前方,肩部、胸部放松,背部挺拔,将体内余气全部吐出,然后用类似于闻花香的方法吸气。吸气时要注意"吸到肺底、两肋打开、腹壁站定"的感觉,吸到六七分满,再缓缓呼出;呼气时,要求均匀、量小、缓慢、稳定、持久,可以撮口或者发"si……"的音,两肋仍要保持支撑感。

②"a"音练习

平稳吸气后,用自己声音最舒服的状态,发单元音"a"的延长音。声音可以结合高低、大小、远近、强弱不断变化。

③"数数"练习

吸气后以大约一秒一个数字的速度数数,"1、2、3、4……",中途不换气、不偷气,并保证数字声音清晰集中、力度一致。一般吸一口气数数时间达 30~40 秒可以达到训练要求。

④"数葫芦"练习

"金葫芦,银葫芦,一口气数不了 24 个葫芦(吸足气),一个葫芦、两个葫芦、三个葫芦……",一般数到 15~20 个葫芦即可。

(4) 快吸慢呼练习

快吸慢呼练习是一瞬间张嘴吸气到位,然后慢慢呼气。呼吸的动力阀门就在小腹的支点,如果大家掌握了胸腹联合式呼吸法,使吸气肌群和呼气肌群协同作用,小腹一松,气息自然随着气压差进入体内。在呼气的过程中,小腹感觉越来越扁,但腹肌的收缩力仍在。快吸慢呼与我们正常的播读状态最贴近。

①夸张四声练习

在声音平稳、圆润的基础上,把每个音夸张地读出,就是尽可能使发音时间长一些。

巴　拔　把　爸　　　妈　麻　马　骂
溜　刘　柳　六　　　低　迪　抵　地

②报菜名练习

练习时体会每吸一次气,有节奏且气息平稳地读出几个菜名,再换气,再平稳读出,注意不要到彻底没气时才换气。

蒸羊羔儿、蒸熊掌、蒸鹿尾儿、烧花鸭、烧雏鸡、烧子鹅、炉猪、炉鸭、酱鸡、腊肉、松花小肚儿、晾肉、香肠、什锦苏盘儿、熏鸡白肚儿、清蒸八宝猪、江米酿鸭子、罐儿野鸡、罐儿鹌鹑、卤什件儿、卤子鹅、山鸡、兔脯、菜蟒、银鱼、清蒸哈什蚂、烩鸭腰儿、烩鸭条儿、清拌鸭丝儿、黄心管儿、焖白鳝、焖黄鳝、豆豉鲶鱼、锅烧鲤鱼、烀烂甲鱼、抓炒鲤鱼、抓炒对虾、软炸里脊、软炸鸡、什锦套肠儿、卤煮寒鸦儿、麻酥油卷儿、熘鲜蘑、熘鱼脯、熘鱼肚儿、熘鱼片儿、醋熘肉片儿、熘三鲜儿、熘鸽子蛋、熘白蘑、熘什件儿、炒银丝儿、熘刀鱼、清蒸火腿、炒白虾、炝青蛤、戗面鱼、炝竹笋、芙蓉燕菜、炒虾仁儿、烩海参、炒蹄筋儿、锅烧海参、锅烧白菜、炸木耳、炒肝尖儿、桂花翅子、清蒸翅子、炸飞禽、炸排骨、清蒸江瑶柱、糖溜芡实米、拌鸡丝儿、拌肚丝儿、什锦豆腐、什锦丁儿、糟鸭、糟蟹、糟熘鱼片、熘蟹肉、炒蟹肉、烩蟹肉、清拌蟹肉、蒸南瓜、酿倭瓜、炒丝瓜、酿冬瓜、熘鸭掌、焖

鸭掌、焖笋、炝茭白、茄干晒炉肉、鸭羹、蟹肉羹……

3.呼吸控制训练注意事项

呼吸训练时,双肩上耸、面部表情紧张、颈静脉暴突、仰头抬下颌、低头下巴抵胸、过分挺胸收腹都是不对的。声音过于尖细、噎、哑、飘、干、涩,或者忽大忽小、忽强忽弱不稳定也是不对的。

在训练时,气息的运用不仅要持久,还要自如,要尽量做到字音准确清晰、饱满圆润。毕竟我们训练的目的不是比谁的气息更长,而是要将呼吸控制灵活自如地运用于播读稿件中。

二、口腔控制

口腔是人体发声的最后通道,良好的口腔控制不仅决定了字音的清晰准确,而且可以使喉部发出的声音得到扩大和美化。口腔控制就是要控制好咬字器官,做好吐字归音。

1.吐字归音

(1)汉语普通话音节的结构特点

汉语普通话中大多数音节可以清楚地划分为:字头、字腹、字尾。字头=声母+韵头(介音)、字腹=韵腹(主要元音)、字尾=韵尾(尾音),见表2-3。

表2-3 音节的结构划分

例字	字头	字腹		字尾
	声母	韵母		
		韵头(介音)	韵腹	韵尾
偏	p	i	a	n
盘	p		a	n
淹		i	a	n
安			a	n
撇	p	i	e	
怕	p		a	
阿			a	

(2)吐字归音的要领和方法

把握好汉字音节的字头、字腹、字尾这三部分也就完成了吐字归音。

①字头:字头是一个字的开始,要做到出字有力,清晰发出,字头要"叼住",不是"咬住",应该在叼住的同时轻松、清脆地弹发出去。

②字腹:字腹是汉字的最核心部分,是主要元音所在处,一个字是否动听、悦耳,与字腹的发音关系很大。要求字腹拉开立起,饱满圆润,可以适度扩大口腔开度。

③字尾:字尾是一个字的结尾部分,字尾的发音既要做到发音动作完整,又要干净

利落,趋向鲜明。

总的要领就是:字头叼住弹出、字腹拉开立起、字尾弱收到位。

2. 口腔控制要领

上面分析的是字头、字腹、字尾的发音要领和方法,但如何发得到位、发得好就需要相关咬字器官的配合。咬字器官包括唇、齿、舌、腭,其配合主要通过打开口腔和集中力量来实现。

(1)打开口腔

打开口腔是发音到位、清晰、悦耳的重要条件。打开口腔并非简单地张大嘴巴,而是有控制地加大口腔开度,要有上颚提起的感觉。上颚提起后,口腔容积增大,为字音的拉开立起创造条件,也有益于口腔共鸣。打开口腔,需要做到以下四步:

①提起颧肌

颧肌稍有紧张上提感,口腔前部及上颚有展宽的感觉,鼻孔略微扩张,上唇与上齿较为贴合。

②打开牙关

打开牙关是指打开后槽牙,但注意不是机械地用力张开,而是有弹性地上提似的张开。可以用大口咬苹果的方法体会。

③挺起软腭

挺起软腭,可以加大口腔后部的空间,上颚后部会有抬起的感觉。我们可以用半打哈欠来体会。

④放松下巴

打开口腔的时候,下巴一定放松,否则喉部会紧张疲劳。可以用手扶住下巴,然后慢慢抬头打开口腔,再缓缓低头关闭口腔,体会下巴放松的感觉。

(2)力量集中,运用自如

咬字器官的力量集中,主要表现在唇舌上。唇舌力量的不够和分散是字音分散、模糊的主要原因。唇部的力量集中在中央的三分之一处,并且集中在唇部内缘。唇齿相依,可以使声音更为干净。舌的力量要集中在舌的前后中纵线上。发音时,舌头采取收势,关键部位尤其要力量集中,成阻的部位不可接触面过大。

3. 口腔器官训练

为了增强唇舌的力量和提高对唇舌的控制,下面介绍一组练习方法。

(1)唇部操

①喷:双唇紧闭,堵住气流,唇齿相依,不裹唇,突然连续喷气发出"p"音,注意不要满唇用力,把力量集中在唇的中央三分之一处。

②咧:先把双唇闭紧,再用力噘起来;然后嘴角用力向两边伸展,再慢慢用力噘起,

反复进行。

③撇：先把双唇噘起来，然后向左歪再向右歪交替进行，还可以上抬和下压。

④绕：双唇紧闭，噘起，然后左转或右转360度。

(2) 舌部操

①伸舌：把口开大，鼻孔会有微张的感觉；然后努力地把舌头往外伸，舌尖越尖越好，伸完了以后，再往回缩，缩到最大的程度，这样反复来做。

②刮舌：舌尖抵下齿背，舌体贴住齿背，随着张嘴，用上门齿齿沿刮舌叶、舌面，使舌面能逐渐上挺隆起；然后，将舌面后移向上贴住硬腭前部，感觉舌面向头顶上部百会穴的位置立起来。这一练习对于打开后声腔和纠正"尖音"、增加舌面隆起的力量很有效。口腔开度不好的人以及发不好舌面音 j、q、x 的人可以多练。

③顶舌：闭唇，用舌尖顶住左内颊，用力顶，似逗小孩儿嘴里有糖状；再用舌尖顶住右内颊反复进行。

④绕舌：闭唇，把舌尖伸到唇齿的中间，先按顺时针环绕360度，然后再按逆时针环绕360度，交替进行。

第六节　综合训练

一、语句、段落练习

1. 人物介绍

莫言，本名管谟业，出生于山东省高密市，中国当代著名作家。20世纪80年代中期，以乡土作品崛起，充满"怀乡"以及"怨乡"的复杂情感，被归类为"寻根文学"作家。正如托马斯·哈代笔下的英格兰南部的"威塞克斯"，或加西亚·马尔克斯所描写的南美乡镇马孔多，通过对自己故乡的生活方式和一般生活状况的描写，传达了某种带普遍性的人性内容和人类生存状况，将一般的乡情描写转化为对人的"生存"的领悟和发现。莫言的作品超越了一般"乡土文学"的狭隘性和局限性，达到了人的普遍性存在的高度。2000年，莫言的《红高粱》入选《亚洲周刊》评选的"20世纪中文小说100强"。2005年，莫言的《檀香刑》全票入围茅盾文学奖初选。2011年，莫言凭借作品《蛙》获得茅盾文学奖。2012年，莫言获得诺贝尔文学奖。

孙家栋，87岁，中科院院士、探月工程总设计师。他是中国第一枚导弹、第一颗人造地球卫星、第一颗遥感探测卫星、第一颗返回式卫星的技术负责人、总设计师，是中国通信卫星、气象卫星、资源探测卫星、北斗导航卫星等第二代应用卫星的工程总师，是中国探月工程总设计师,中国科学院院士,中国"两弹一星"功勋科学家。2016感动中国人物组委会给予孙家栋的颁奖辞:少年勤学,青年担纲,你是国家的栋梁。导弹、卫星、嫦娥、北斗,满天星斗璀璨,写下你的传奇。年过古稀未伏枥,犹向苍穹寄深情。

迭戈·马拉多纳是前阿根廷足球运动员,被认为是足球史上最优秀亦最具争议的球员。马拉多纳可以踢前场任何位置,左脚选手,其盘带技术和突破能力让世人为之惊叹,射门手段多样,得分能力超强。马拉多纳是足球场上的"上帝",他注定是足球史上最伟大的球员。1986年马拉多纳凭借自己的杰出表现率领阿根廷队第二次获得世界杯冠军。2008年成为阿根廷队主教练。2010年,马拉多纳带领阿根廷国家男子足球队出征2010年南非世界杯,世界杯后离任。马拉多纳现执教阿尔瓦斯尔足球俱乐部。

2.电影节介绍

"奥斯卡金像奖"的正式名称是"电影艺术与科学学院奖",是1927年5月由美国电影界知名人士在好莱坞发起的一个非营利组织。它的宗旨是促进电影艺术和技术的进步,每年在美国洛杉矶举行一次。半个多世纪来一直享有盛誉。它不仅反映美国电影艺术的发展进程和成就,而且对世界许多国家的电影艺术有着不可忽视的影响。

威尼斯国际电影节是世界上第一个国际电影节,被称为"国际电影节之父"。1932年8月6日在意大利的名城威尼斯创办,主要目的在于提高电影艺术水平。多年来,电影节逐渐形成了自己独特的传统:它聚焦于各国的电影实验者,鼓励他们拍摄形式新颖、手法独特的影片,哪怕有一些缺陷,只要有创新,就能够被电影节所接纳。该电影节的宗旨是"电影为严肃的艺术服务",每年都提出不同的口号,而评判标准很纯粹:艺术性。

开罗国际电影节是非洲最大的电影节之一,创建于1976年,每年举办一届。原为非竞赛电影节,是世界上三大非竞赛电影节之一,从1991年起增加了竞赛单元。它规定参赛片必须不带政治色彩,不得在其他电影节上放映过。该电影节的奖项"娜妃蒂之金像奖"授予最佳故事片、最佳纪录片和最佳短片,"娜妃蒂之银像奖"授予最佳导演、最佳男女演员,"娜纪蒂之铜像奖"授予有特殊价值的影片。

3.战争介绍

朝鲜战争是一场朝鲜与韩国两个意识形态对立的政府之间的战争,同时美国、中国、苏联等18个国家也不同程度地卷入了这场战争。它是在冷战背景下的一场实际战争。朝鲜战争于1950年6月25日朝鲜第七警备旅向韩国陆军第十七团发动进攻开始,1953年7月27日签署《朝鲜半岛军事停战协定》后停止。但由于参战双方签署的是停战协议而非和平协议,因此从理论上来讲,这场战争尚未结束。

两伊战争，又称第一次波斯湾战争，是发生在伊朗和伊拉克之间的一场长达八年的边境战争。两伊战争于1980年9月22日爆发，直至1988年8月20日结束。伊朗和伊拉克两国相邻，共同边界绵延1200多千米，长约100千米的阿拉伯河是两国南部的自然边界。长期以来，两国存在着边界争端，经常发生武装冲突。两伊战争是一场著名的"马拉松"式的消耗战。八年中，两国军费开支和经济损失总计达6000亿美元，交战双方人员伤亡148万人，被俘8万人。

海湾战争，是指1991年以美国为首的多国联盟在联合国安理会授权下，为恢复科威特领土完整而对伊拉克进行的局部战争。1990年8月2日，伊拉克军队入侵科威特，推翻科威特政府并宣布吞并科威特。以美国为首的多国部队在取得联合国授权后，于1991年1月16日开始对科威特和伊拉克境内的伊拉克军队发动军事进攻，主要战斗包括历时42天的空袭和历时100小时的陆战。多国部队以较小的代价取得决定性胜利，伊拉克最终接受联合国660号决议，并从科威特撤军。

4.城市介绍

纽约是美国最大的城市及最大的商港，也是世界经济中心之一，联合国总部也设于此，因此被人们誉为"世界之都"。纽约坐落在世界上最大的都会区——大纽约都会区的心脏地带，是国际级的经济、金融、交通、艺术及传媒中心。纽约还是众多世界级博物馆、画廊和演艺比赛场地的所在地，是西半球的文化娱乐中心之一。纽约直接影响着全球的媒体、政治、教育、娱乐以及时尚。

东京，日本首都，全称东京都。东京人口1299万，大东京圈人口达3670万，是世界上最大的都市圈。东京是日本的政治、经济、文化中心，也是现代化国际都市和世界著名旅游城市之一，与周边各市紧密相连，组成世界上最大的都市区。古时的东京是一个荒凉的渔村，最早的名称是千代田。1192年，日本封建主江户在这里建筑城堡，并且以他的名字命名。1603年，德川家康将军在武士混战中获胜，下令在江户设立幕府，成为当时的全国政治中心。1868年明治维新，德川幕府被推翻，在这一年，明治天皇从京都迁到江户，江户改称东京，1869年定为首都。

伦敦是英国的首都、第一大城及第一大港，也是欧洲最大的都会区之一，还是四大世界级城市之一，与美国纽约、法国巴黎和日本东京齐名。从1801年到20世纪初，伦敦作为大英帝国的首都，因其在政治、经济、文化、科技等领域的卓越成就，而成为全世界最大的都市。伦敦是一个非常多元化的城市，其居民来自世界各地，具有不同的种族、宗教和文化背景，使用的语言超过300种。同时，伦敦还是世界闻名的旅游胜地，拥有数量众多的名胜古迹与博物馆等。

5.河流介绍

塞纳河是法国北部的河流,全长约780公里,包括支流在内的流域总面积为78,700平方公里;它是欧洲最有历史意义的大河之一,其排水网络的运输量占法国内河航运量的大半。塞纳河发源于朗格勒高原,流经的巴黎盆地是法国最富饶的农业区。巴黎就是在塞纳河城岛及其两岸逐步发展起来的。河流与城市的相互依存关系紧密而不可分离,塞纳河直接影响着巴黎的形成和发展,对巴黎的水运、工业、生活乃至景色都起着特殊的作用。

泰晤士河是英国著名的母亲河,发源于英格兰西南部的科茨沃尔德希尔斯,全长402公里,横贯英国首都伦敦与沿河的10多座城市,流域面积13,000平方公里。在伦敦下游,河面变宽,形成一个宽度为29千米的河口,注入北海。泰晤士河的入海口布满了英国的繁忙商船,然而其上游的河道则以其静态之美而著称于世。在英国历史上,泰晤士河流域占有举足轻重的地位。同时,加拿大安大略省也有一条河流叫泰晤士河。

尼罗河是世界上最长的河流,尼罗河的干流自卡盖拉河源头至入海口,全长6671千米。尼罗河发源于非洲东北部布隆迪高原,流经布隆迪、卢旺达、坦桑尼亚、乌干达、苏丹和埃及等国,最后注入地中海。支流流经肯尼亚、埃塞俄比亚和刚果(金)、厄立特里亚等国的部分地区。流域面积约335万平方公里,占非洲大陆面积的1/9,入海口处年平均径流量810亿立方米,所跨纬度从南纬4°至北纬31°。

二、诗词格律练习

1.十三辙诗练习

(1)发花辙,韵母包括 a、ua、ia

己亥杂诗其五

〔清〕龚自珍

浩荡离愁白日斜,吟鞭东指即天涯。

落红不是无情物,化作春泥更护花。

(2)梭波辙,韵母包括 e、o、uo

送魏万之京

〔唐〕李颀

朝闻游子唱离歌,昨夜微霜初渡河。

鸿雁不堪愁里听,云山况是客中过。

关城曙色催寒近,御苑砧声向晚多。

莫是长安行乐处,空令岁月易蹉跎。

(3) 乜斜辙,韵母包括 ê、ie、üe

村夜
〔唐〕白居易

霜草苍苍虫切切,村南村北行人绝。

独出门前望野田,月明荞麦花如雪。

(4) 一七辙,韵母包括 i、ü、er

饮湖上初晴后雨
〔北宋〕苏轼

水光潋滟晴方好,山色空濛雨亦奇。

欲把西湖比西子,淡妆浓抹总相宜。

(5) 姑苏辙,韵母是 u

元 日
〔北宋〕王安石

爆竹声中一岁除,春风送暖入屠苏。

千门万户曈曈日,总把新桃换旧符。

(6) 怀来辙,韵母包括 ai 和 uai

十一月四日风雨大作
〔南宋〕陆游

僵卧孤村不自哀,尚思为国戍轮台。

夜阑卧听风吹雨,铁马冰河入梦来。

(7) 灰堆辙,韵母包括 ei 和 uei(ui)

黄海舟中日人索句并见日俄战争地图
〔清〕秋瑾

万里乘云去复来,只身东海挟春雷。

忍看图画移颜色,肯使江山付劫灰。

浊酒不销忧国泪,救时应仗出群才。

拼将十万头颅血,须把乾坤力挽回。

(8) 遥条辙,韵母包括 ao 和 iao

秋　词
〔唐〕刘禹锡

自古逢秋悲寂寥,我言秋日胜春朝。
晴空一鹤排云上,便引诗情到碧霄。

(9) 由求辙,韵母包括 ou 和 iou(iu)

题秋江独钓图
〔清〕王士祯

一蓑一笠一扁舟,一丈丝纶一寸钩。
一曲高歌一樽酒,一人独钓一江秋。

(10) 言前辙,韵母包括 an、ian、uan、üan

锦　瑟
〔唐〕李商隐

锦瑟无端五十弦,一弦一柱思华年。
庄生晓梦迷蝴蝶,望帝春心托杜鹃。
沧海月明珠有泪,蓝田日暖玉生烟。
此情可待成追忆,只是当时已惘然。

(11) 人辰辙,韵母包括 en、in、uen、ün、uen(un)

送元二使安西
〔唐〕王维

渭城朝雨浥轻尘,客舍青青柳色新。
劝君更尽一杯酒,西出阳关无故人。

(12) 江阳辙,韵母包括 ang、iang、uang

闻官军收河南河北
〔唐〕杜甫

剑外忽传收蓟北,初闻涕泪满衣裳。
却看妻子愁何在,漫卷诗书喜欲狂。
白日放歌须纵酒,青春作伴好还乡。
即从巴峡穿巫峡,便下襄阳向洛阳。

(13) 中东辙,韵母包括 eng、ing、ueng(weng)、ong、iong

过零丁洋
〔南宋〕文天祥

辛苦遭逢起一经,干戈寥落四周星。
山河破碎风飘絮,身世浮沉雨打萍。
惶恐滩头说惶恐,零丁洋里叹零丁。
人生自古谁无死?留取丹心照汗青。

2.词练习

满江红
〔南宋〕岳飞

怒发冲冠,凭栏处、潇潇雨歇。
抬望眼,仰天长啸,壮怀激烈。
三十功名尘与土,八千里路云和月。
莫等闲,白了少年头,空悲切。
靖康耻,犹未雪。臣子恨,何时灭?
驾长车,踏破贺兰山缺。
壮志饥餐胡虏肉,笑谈渴饮匈奴血。
待从头,收拾旧山河,朝天阙。

水调歌头·明月几时月
〔北宋〕苏轼

明月几时有?把酒问青天。
不知天上宫阙,今夕是何年?
我欲乘风归去,又恐琼楼玉宇,高处不胜寒。
起舞弄清影,何似在人间。
转朱阁,低绮户,照无眠。
不应有恨,何事长向别时圆!
人有悲欢离合,月有阴晴圆缺,此事古难全。
但愿人长久,千里共婵娟。

沁园春·咏菜花
〔清〕陈维崧

极目离离,遍地濛濛,官桥野塘。
正杏腮低亚,添他旖旎;柳丝浅拂,益尔轻飏。
绣袜才挑,罗裙可择,小摘情亲也不妨。
风流甚,映粉红墙低,一片鹅黄。
曾经舞榭歌场,却付与空园锁夕阳。
纵非花非草,也来蝶闹;和烟和雨,惯引蜂忙。
每到年时,此花娇处,观里天桃已断肠。
沉吟久,怕落红如海,流入春江。

声声慢
〔宋〕李清照

寻寻觅觅,冷冷清清,凄凄惨惨戚戚。
乍暖还寒时候,最难将息。
三杯两盏淡酒,怎敌他、晚来风急?
雁过也,正伤心,却是旧时相识。
满地黄花堆积,憔悴损,如今有谁堪摘?
守着窗儿,独自怎生得黑?
梧桐更兼细雨,到黄昏、点点滴滴。
这次第,怎一个愁字了得!

雨霖铃
〔北宋〕柳永

寒蝉凄切,对长亭晚,骤雨初歇。
都门帐饮无绪,留恋处、兰舟催发。
执手相看泪眼,竟无语凝噎。
念去去,千里烟波,暮霭沉沉楚天阔。
多情自古伤离别,更那堪,冷落清秋节。
今宵酒醒何处? 杨柳岸、晓风残月。
此去经年,应是良辰好景虚设。
便纵有千种风情,更与何人说?

永遇乐·京口北固亭怀古

〔南宋〕辛弃疾

千古江山,英雄无觅、孙仲谋处。
舞榭歌台,风流总被、雨打风吹去。
斜阳草树,寻常巷陌,人道寄奴曾住。
想当年,金戈铁马,气吞万里如虎。
元嘉草草,封狼居胥(xū),赢得仓皇北顾。
四十三年,望中犹记、烽火扬州路。
可堪回首,佛(bì)狸(lí)祠下,一片神鸦社鼓!
凭谁问,廉颇老矣,尚能饭否?

三、贯口练习

……清河县,沙河,昌平县,南口,青龙桥,康庄子,怀来,沙城,保安,下花园,辛庄子,宣化,沙岭子,宁远,张家口,柴沟堡,天镇,阳高县,聚乐堡,周氏庄,大同,孤山,宏赐堡,丰镇,集宁,三岔口,十八台,卓资山,三道营,旗下营,陶卜齐,呼和浩特,西包头,甘肃兰州,西宁,凉州,永昌,甘州,嘉峪关,安西,哈密,吐鲁番,新疆乌鲁木齐,精河,伊犁,温宿进西藏。聂拉木,扎孜,日喀则,拉萨,巴塘,理塘,雅砻江,四川成都市,岷江,叙州,重庆,夔州,宜昌,荆州,沙市,汉阳,汉口,武胜关,河南信阳县,郾城,许昌,荥阳,洛阳,渑池,陕县,灵宝,陕西华阴县,长安,西安,渭水,渭南到山西。平遥,太原市,寿阳,平定,井陉,石家庄,新乐,望都,河北保定市,河间县,沧州,南皮,东光,德州,平原,禹城,山东济南市,党家庄,张夏,万德,界首,泰安,东北集坡,大汶口,吴村,曲阜,兖州,梅城,沙沟,韩庄,利国驿,柳泉,茅村,徐州市,固镇,新马桥,曹老集,蚌埠,门台子,安徽凤阳,临淮关,小溪河,张八岭,担子街,浦镇,浦口过江往南京。走下蜀,高资,镇江府,新丰,丹阳,吕城,常州,石塘湾,无锡,苏州,外跨塘,正仪,昆山,陆家滨,安亭,南翔到上海。

(选自相声《地理图》)

……我是文学艺术家,我要向老一辈的革命作家们学习,学习周扬、夏衍、贺敬之、刘白羽的文学著作,我学习沈雁冰、叶圣陶、巴金、曹禺、冰心的文学艺术作品,我认真地阅读鲁迅先生的《彷徨》《呐喊》《华盖集》《三闲集》《二心集》《花边文学》《南腔北调集》,学习郭沫若郭老的《屈原》《虎符》《棠棣之花》,契诃夫的《樱桃园》、《伊凡诺夫》和《海鸥》,果戈理的《钦差大臣》《死魂灵》,高尔基的创作选集我是完全通读。我多看些个古典著作,什么叫三国列国,什么叫东西汉,《水浒》《聊斋》《西游记》《红楼梦》《儒林外史》《三言二拍》《今古奇观》，我全看！我研究诗词歌赋，韩愈、杜甫、李白、白居易、陆游、王安石、苏东坡的诗词我是能写能背。当然啦，最主要的，我加强我的政治学习，我认真阅读马克思列宁主义，《反杜林论》《资本论》《斯大林全集》《毛泽东选集》《邓小平文选》，历史唯物论，辩证唯物论，自然辩证法，唯物论与经验批判论。加强我的政治修养，提高我的艺术水平，几年之内，我追不上鲁迅、郭沫若，也要赶上老舍、赵树理。

（选自马三立相声《十点钟开始》）

孟苏七式拳、寸锦张关东拳、斜穿星秋拳、正丝缠风拳、怀德摔踩拳、潭芳滚漏拳、燕青跌架拳、李逵硬绷拳、三皇炮锤拳、虎鹤双行拳，有达尊拳、迷祖拳、太乙拳、太岁拳、太祖长拳、五祖贺阳拳、太祖七十二式拳，有一宗拳、二元拳、三趟拳、四通锤拳、四把岳家拳、五战拳、五虎爬山拳、六合拳、六合八法拳、七圣拳、七星访友拳、八仙拳、八极拳、九进飞龙拳、十把内外拳、十二钩拳、十三太保拳、十三抓少林拳、一十八内闪翻拳、二十四擦马拳、三十六匕首拳、七十二横拳、小石拳、一百零八罗汉拳，还有飞虎拳、伏虎拳、青龙拳、蛟龙拳、螳螂拳、白鹤拳、大黑拳、大蟒拳，有鼠拳、牛拳、虎拳、兔拳、龙拳、蛇拳、马拳、羊拳、猴拳、鸡拳、狗拳、豹拳、狮拳、熊拳、凤拳、鹞拳、飞虎鞭拳、白猿通臂拳，有大洪拳、小洪拳、大成拳、秘宗拳、内家拳、外家拳、殷家拳、杨家拳、霍家拳、赵家拳、蔡家拳、莫家拳、朝阳拳、宝剑拳、开山拳、靠山拳、工力拳、金刚拳、风魔拳、子母拳、白眉拳、脱铐拳、字门拳、地躺拳、太子剑拳，有空手、硬手、行手拳，形意、心意、如意拳，劈拳挂拳、截拳跳拳，有弹拳、快拳、绷拳、攒拳、长拳、短拳、横拳、断拳、南拳、泰拳、软拳、插拳、花拳、套拳、撩拳、叉拳、劈挂手拳、自然拳、阴阳太极拳、五当太乙五行拳！

（选自相声《论拳》）

四、名单播报练习

……于来山、马勇、王石齐、王安安（女）、王阳娟（女）、王志英（女）、王填、文会国、文花枝（女）、甘霖（女）、叶文智、田儒斌（土家族）、代朝霞（女）、朱雪琴（女）、伍冬兰（女）、任玉奇、向文波、向平华（土家族）、刘本之、刘平建、刘晓武、刘爱平、刘捷、刘期武、刘翔浩、刘湘娥（女）、刘潭爱、许仲秋、许菊云、阳国秀（女）、李亿龙、李开喜、李友志、李友妹（女，苗族）、李巧云（女）、李华、李江、李志轩、李建新、李适时、李健、李祥红（瑶族）、李焕然、李维建、李曦（女）、杨正午（土家族）、杨绍军、杨莉（女）、杨晓嘉（女）、肖自江、肖利琼（女）、吴艺珍（苗族）、吴正有（苗族）、吴向东、吴建平（女）、何仁春、何运才、余爱国、张苹英（女，土家族）、张放平、张建林、张春贤、张剑飞、张剑波、张硕辅、张德明、陈代富、陈光正、陈晓琼（女）、林武、卓新平（土家族）、罗和安、罗美元（女）、罗祖亮、周玉清、周兆达、周昌贡、周强、郑柏平、赵小明、赵湘平、赵富栋、胡伟武、胡国初、胡建文、钟发平、种衍民、姜玉泉、姜仕、祝学军(女)、姚建年、姚媛贞(女,土家族)、贺国强、贺铿、秦希燕、莫德旺、徐克勤(苗族)、徐宪平、郭光文、唐九红(女)、唐建强、黄兰香(女)、黄志明、戚和平、龚武生、龚佳禾、康为民、彭爱华(女)、蒋安荣、傅锡和(苗族)、释圣辉、谢子龙、谢勇、谢辉、蒙兰凤(女,侗族)、谭艳(女)、颜坚生……

(选自中华人民共和国第十一届全国人民代表大会新闻稿)

出席开幕式的各国各地区贵宾有：土库曼斯坦总统别尔德穆哈梅多夫、马达加斯加总统拉瓦卢马纳纳、马来西亚最高元首米詹、马里总统杜尔、乌兹别克斯坦总统卡里莫夫、巴西总统卢拉、文莱苏丹哈桑纳尔、毛里求斯总统贾格纳特、瓦努阿图总统马塔斯凯莱凯莱、东帝汶总统奥尔塔、以色列总统佩雷斯、加纳总统库福尔、加蓬总统邦戈、卢森堡大公亨利、圣马力诺执政官扎费拉尼、圣马力诺执政官阿马蒂、布隆迪总统恩库伦齐扎、白俄罗斯总统卢卡申科、亚美尼亚总统萨尔基相、刚果(金)总统卡比拉、吉尔吉斯斯坦总统巴基耶夫、安哥拉总统多斯桑托斯、老挝国家主席朱马利、克罗地亚总统梅西奇、库克群岛女王代表古德温、阿尔及利亚总统布特弗利卡、阿富汗总统卡尔扎伊、阿塞拜疆总统阿利耶夫、拉脱维亚总统扎特莱尔斯、法国总统萨科齐、波黑主席团轮值主席西拉伊季奇、罗马尼亚总统伯塞斯库、哈萨克斯坦总统纳扎尔巴耶夫、挪威国王哈拉尔五世、柬埔寨国王西哈莫尼、美国总统布什、莫桑比克总统格布扎、密克罗尼西亚总统莫里、菲律宾总统阿罗约、萨摩亚国家元首埃菲、塔吉克斯坦总统拉赫蒙、斯里兰卡总统拉贾帕克萨、斯洛伐克总统加什帕罗维奇、朝鲜最高人民会议常任委员会委员长金永南、越南国家主席阮明哲、韩国总统李明博、黑山总统武亚诺维奇、塞尔维亚总统塔迪奇、塞舌尔总统米歇尔、塞浦路斯总统赫里斯托菲亚斯、新西兰总督萨蒂亚南德、瑞士联邦委员会主席库什潘、蒙古总统恩赫巴亚尔、摩纳哥国家元首阿尔贝二世亲王、几内亚总理苏瓦雷、巴基斯坦总理吉拉尼、日本首相福田康夫、瓦努阿图总理利尼、乍得总理阿巴斯、吉布提总理迪莱塔、安道尔首相潘塔、汤加首相塞韦莱、芬兰总理万哈宁、阿尔巴尼亚总理贝里沙、俄罗斯总理普京、泰国总理沙马、荷兰首相巴尔克嫩德、斐济临时政府总理姆拜尼马拉马、缅甸总理登盛、澳大利亚总理陆克文、丹麦王储腓特烈、比利时王储菲利普、卡塔尔王储塔米姆、汤加王储图普托阿、西班牙王储费利佩、阿联酋哈雅公主、英国公主安妮、泰国公主诗琳通、荷兰王储亚历山大、关岛总督卡马乔、佛得角总统夫人阿德尔西娅、南非总统夫人扎内莱、津巴布韦总统夫人格蕾丝、格鲁吉亚总统夫人桑德拉·鲁洛夫斯等。

(选自第二十九届奥林匹克运动会开幕式新闻稿)

第三章　稿件播读训练

第一节　解读稿件播读

一、考查目的和要点

稿件播读这种考试形式可以较为准确地反映应试者的先天条件和专业基础。在考试中，考官通过此环节重点了解考生的基本语音面貌和声音条件，以及对稿件的理解和把握程度。考生应该具备标准的普通话语音，清晰圆润的声音，对稿件深刻的理解和鲜明、富于感染力的表达。下面就分别从三个方面来详细说明。

1. 语音面貌和声音条件

良好的语音面貌、悦耳的声音条件可以通过稿件播读进行考查。声母是否准确，韵母是否饱满，声调是否到位，变调是否规范，轻声、儿化是否正确，都是考查的重要内容。在声音条件方面，老师会着重观察声音的特色和可塑性。有些人认为，声音条件是天生的，其实这种看法比较片面，声音可以通过后天的练习进行改善。大部分播音员、主持人之所以能发出圆润动听的声音，和他（她）们后天的勤学苦练密不可分。同时，很多考生误以为洪亮、高亢的声音就是好的声音，但其实并不是，传媒的发展越来越需要各种有特点的声音，拥有不同声音条件的同学都可以将自己的特点转化为自身的优势。

2. 理解能力和感受能力

稿件播读还考查考生运用有声语言对文字稿件进行表达的能力。以稿件为蓝本，把文字符号变成生动、鲜活的场景和画面，变成情感的催化剂，理解和感受是第一步。每篇稿件虽然风格、题材各有不同，但都有其思想内涵和中心思想。考生是否深入理解了稿件，是否领悟到了稿件的深意，是否把握住了文章的内涵和外延，是考官考查的要点。

3. 表达能力和表现能力

稿件播读是考生展示有声语言水平的关键环节。考生不仅要把稿件信息准确无误地传达给考官,更要把稿件播得鲜活、生动,富有感染力。大多数学校把稿件播读设置为面试的第一个环节,如果能在这个环节引起考官的注意,自然会为后面的考试加分。

二、考查形式

目前,虽然各大学播音主持艺考的项目有所不同,但对于稿件播读水平的测试,一般都必不可少,考查的形式主要有两种:自备稿件播读和指定稿件播读。

1. 自备稿件播读

自备稿件播读是指考生提前准备好稿件,在考试现场播读稿件,通常限时3分钟。考生选择自备稿件的原则是:

(1)由于时间有限,所选稿件的长度最好在800字以内。

(2)选取能够调动起自己的播读愿望的文章。对于高中阶段的同学,文艺类作品是自备稿件的主要体裁。像诗歌、散文、小说片段、寓言故事等都是较好的选择对象,因为这类稿件感情更为浓烈,情节更为曲折,形象更为生动,表现手法也更加多样。

(3)选取适合自己声音特点和表达特点的稿件。

(4)选取高潮迭起和能够迅速展现自己特点的稿件。由于在考试进行中考生有可能被考官打断,所以考生不宜选用前面平铺直叙、后面高潮迭起的稿件,以免自己精心准备的东西还没来得及表现,考试就已经结束。考生最好选择在开头部分就有吸引人的情节或场景的稿件,能吸引考官听下去。

由于自备稿件是考生提前准备好的,所以考生在考试时要尽量脱稿,力求完美地表现,呈现自己的闪光点。

2. 指定稿件播读

指定稿件播读是指在考场上,提前10分钟左右抽取稿件,在有限的时间内迅速备稿,然后将稿件内容以有声语言的形式呈现给考官。与自备稿件播读相比,指定稿件播读准备时间短,气氛紧张。这个环节除了考查考生的基本表达能力外,还考查考生快速备稿的能力和心理素质。考生在拿到考题后,需迅速完成下面几步:

(1)快速通读全文,把握完整意思。

(2)给自己不熟悉或可能读错的字标注拼音。

(3)画出需要强调的语句或词语。

从目前各大学的考试情况来看,指定稿件一般是几百字的短文,通常是新闻消息、说明文、记叙文或散文等体裁,一般不会出现诗歌、小说片段、影视配音片段等。播读的基本要求是准确、清楚、顺畅、生动。因为是现场准备,考生难免会遇到吞字、读错字或者读错意思的情况,这时候考生要调整好情绪和状态,不要影响到后面的考试。

第二节 实战技巧

在本节中,我们将带大家学习稿件播读的实战技巧。这里所讲到的技巧,主要指有声语言表达中的基本技巧,包括内部技巧(情景再现、对象感、内在语)和外部技巧(停连、重音、语气、节奏)等。内部技巧是调动思想感情处于运动状态的技巧,外部技巧是将内心的思想感情表达出来的具体声音形式。当然,运用技巧有一个前提,那就是备稿。科学而充分的备稿,可以使技巧的运用更灵活生动,也将使表达更鲜活形象。

一、技巧运用的前提:备稿

备稿是考生进行播读前首先要做的事情。根据稿件的类型、长短、难易程度,备稿的过程略有不同,但是有几个基本步骤,被称为备稿六步:(1)划分层次;(2)概括主题;(3)联系背景;(4)明确目的;(5)分清主次;(6)把握基调。 接下来以一篇例稿来详细说明。

1.例稿分析

雪

鲁迅

暖国的雨,向来没有变过冰冷的坚硬的灿烂的雪花。博识的人们觉得他单调,他自己也以为不幸否耶?江南的雪,可是滋润美艳之至了;那是还在隐约着的青春的消息,是极壮健的处子的皮肤。雪野中有血红的宝珠山茶,白中隐青的单瓣梅花,深黄的磬口的蜡梅花;雪下面还有冷绿的杂草。蝴蝶确乎没有;蜜蜂是否来采山茶花和梅花的蜜,我可记不真切了。但我的眼前仿佛看见冬花开在雪野中,有许多蜜蜂们忙碌地飞着,也听得他们嗡嗡地闹着。

孩子们呵着冻得通红,象紫芽姜一般的小手,七八个一齐来塑雪罗汉。因为不成功,谁的父亲也来帮忙了。罗汉就塑得比孩子们高得多,虽然不过是上小下大的一堆,终于分不清是壶卢还是罗汉,然而很洁白,很明艳,以自身的滋润相粘结,整个地闪闪

---

① 张颂.中国播音学[M].北京:北京广播学院出版社,1994:188-197.

地生光。孩子们用龙眼核给他做眼珠,又从谁的母亲的脂粉奁中偷得胭脂来涂在嘴唇上。这回确是一个大阿罗汉了。他也就目光灼灼地嘴唇通红地坐在雪地里。

第二天还有几个孩子来访问他;对了他拍手,点头,嘻笑。但他终于独自坐着了。晴天又来消释他的皮肤,寒夜又使他结一层冰,化作不透明的水晶模样,连续的晴天又使他成为不知道算什么,而嘴上的胭脂也褪尽了。

但是,朔方的雪花在纷飞之后,却永远如粉,如沙,他们决不粘连,撒在屋上,地上,枯草上,就是这样。屋上的雪是早已就有消化了的,因为屋里居人的火的温热。别的,在晴天之下,旋风忽来,便蓬勃地奋飞,在日光中灿灿地生光,如包藏火焰的大雾,旋转而且升腾,弥漫太空,使太空旋转而且升腾地闪烁。

在无边的旷野上,在凛冽的天宇下,闪闪地旋转升腾着的是雨的精魂……

是的,那是孤独的雪,是死掉的雨,是雨的精魂。

这是鲁迅的一篇名作,和鲁迅其他的作品一样,既生动鲜明,又内涵丰富。现在,我们通过备稿六步,把这篇文章做一解读。

(1) 划分层次

划分层次分为归并和划分。归并是把稿件内容内在联系较紧密的段落归并为一个大层次。划分是把一个自然段划分为几个小层次,把内在联系较紧密的句子划分为一个小层次。归并划分主要是根据稿件的内容来确定的,同时要兼顾文章的结构、表达的重点等。以本文为例,本文共有六个自然段,鲁迅将"南方的雪"和"北方的雪"做一对比,大层次显然就是以此来划分。所以,应该将前三个自然段归并在一起,描写"南国的雪";后三个自然段归并在一起,描写"北国的雪"。这样层次就鲜明多了。大层次确定后,还有小层次的归并划分。以第一个大层次为例,可以划分为三个小层次,分别是:

"暖国的雨……处子的皮肤"是第一个小层次,是第一层意思的统领;

"雪野中有血红的宝珠山茶……也听得他们嗡嗡地闹着"是第二个小层次,景物描写,起补充说明的作用;

"孩子们呵着冻得通红……嘴上的胭脂也褪尽了"主要动态描写孩子们堆雪罗汉,和雪罗汉慢慢消融的过程,反映了美好的东西易于逝去。

这样划分,无论是理解还是播读,都要清晰许多。

(2) 概括主题

主题,就是文章的中心思想。有很多稿件,主题隐含比较深,不仔细读不容易读懂,光看表面文字可能会有理解的偏差。所以,概括主题就不能仅仅停留在稿件的表面,而要深入挖掘稿件的深层含义,揭示其思想内涵和本质。

本篇稿件，对"南国的雪"和"北国的雪"都做了描述，江南雪花"滋润美艳"、隐约着"青春的消息"、"是极壮健的处子的皮肤"，充满青春活力；北国的雪"如粉、如沙"、"决不粘连"，空旷萧瑟，一片荒凉落寞。但是，作者更为欣赏"朔方的雪"，因为"南国的雪"虽美丽却不持久，"晴天又来消释他的皮肤"，"连续的晴天又使他成为不知道算什么，而嘴上的胭脂也褪尽了"；而"朔方的雪决不粘连""奋飞""旋转""升腾"，体现了一种独立与张扬的个性精神，这种精神也是作者前行的动力。所以，文章的主题就一目了然了：通过对两种雪的描述，突出了美好事物和冷酷现实之间强烈的矛盾，从而含蓄深刻地表达了作者对美好事物凋零的惋惜以及对革命的向往和追求。

(3) 联系背景

这里所讲的背景，包括时代背景（历史背景）、写作背景、播出背景。前两种背景是语文课上经常要讲的内容，而播出背景则是播音员、主持人特殊的功课。所谓播出背景，就是播音员、主持人要明白，为什么在此时此地要播出这样的稿件，只有明白为什么播，才能激发播讲愿望。以这篇文章为例，本篇写于1925年，当时正是反动军阀的黑暗统治时期，鲁迅正在北京高校任教。本文抒发了作者对美好事物的热切渴望，对光明前景的热情赞美，更展示了作者炽热的革命激情和积极顽强的战斗姿态。文章一发表，就产生了强烈的鼓舞人们前进的作用。

而具体到播音员的播出背景，那就要根据场合的不同、受众的不同、作者内心感受的不同而去具体处理了。对考生而言，就是要生动形象地展现自己的语言功底和思想感情状态。

(4) 明确目的

播音员、主持人在播讲稿件的时候，要明白为什么播、为谁播、怎么播好的问题，这些就是播讲目的。这篇稿件的播讲目的是歌颂不屈不挠的革命精神，鼓舞和号召人们不断奋进。带着这个播讲目的，才能把文章的前半部分播得充满怜爱和惋惜，把后半部分播得有声有色、充满斗志。

(5) 分清主次

一篇文章是由多个语句、多个段落组成的，这些语句和段落并不是平起平坐、平分秋色的，有些语句更能揭示中心和重点，这些语句就是"主要部分"，而其他的部分就可以看作"次要部分"。本篇文章的主次比较分明，以"南国的雪"的美丽易逝，来烘托"北国的雪"的刚健不羁，所以主要部分应该是"北国的雪"，也就是第二部分。

(6) 把握基调

"基调，是指我们播送一篇稿件时所把握的总的感情色彩和分量。"[①]一篇稿件的基调只能有一个，无论播音员、主持人的思想感情如何纵横捭阖，都要以同一个基调为

[①] 张颂.中国播音学[M].北京：北京广播学院出版社，1994：196.

基础,最终也要回归到这一基调。这篇稿件前后两部分,感情色彩相差很多,前一部分充满柔美的抒情色彩,后一部分是热情的讴歌和鼓励。两种感情色彩如何来统一呢?这里就需要考生明白,基调的确立,要与文章的主次、中心、目的相结合来考虑,本文主要是通过"北方的雪"这一意象来号召和鼓舞大众,不要只做中看不中用的东西,而要不顾一切地奋斗,所以,基调应该是细致描述,深情赞美,热情鼓舞。

以上是备稿六步,通过这六个步骤,我们对稿件的理解和感受应该会更加深入和具体,对稿件有了整体的把握和细节的设计。当然,要想播得好,光心里有还不够,还要懂得如何让嘴里说出来的话原原本本地反映内心感情世界,这就需要我们接下来学习内外部技巧。

2. 练习

福妮儿

秋收时节,鲁南山区的一个小村子里,降生了一个女孩儿,沉浸在丰收喜悦中的爸爸,望着场院上那金灿灿的麦穗笑着说:"咱妮儿有福,就叫福妮儿吧。"

转眼七个年头过去了,福妮儿到了上学的年龄,看着村里一样大的小伙伴都背上了书包,福妮儿缠着妈妈嚷道:"娘,娘,我要上学,我要读书!"可是,福妮儿哪里知道,爷爷去世时欠下了一大笔债,爸爸上山采石又砸了双腿,全家生活的重担都压在了妈妈一个人的肩上。

妈妈不忍心让女儿失望,抚摸着福妮儿那乌黑的短发说:"福妮儿啊!什么时候你的头发长到齐腰那么长,娘就送你去上学,啊!"盼啊!盼啊!福妮儿在祈盼中又度过了两个年头,当她惊喜地发现自己真的拥有一头乌黑的长发时,小福妮儿再也按捺不住喜悦的心情,高兴地叫了起来:"娘,你看我的头发,我能上学读书了!"

看这福妮儿的高兴劲儿,妈妈再也不忍心欺骗天真的女儿了,她抓起篮子,转身向山上走去。那正是酸枣成熟的季节,漫山遍野都是红红的、耀眼的酸枣。放眼望去,枝头上好像跳动着一团团火焰,妈妈爬呀,爬呀,摘呀,摘呀,眼前又浮现起福妮儿那期盼的眼神,突然,妈妈眼前一黑,从山上掉下去了。

当人们把她抬回村子里,福妮儿趴在妈妈身上哭着喊着:"娘,我再也不上学了,我不读书了,娘……"

几天后,在通往城里的路上,走着一个梳着短发的女孩,手里拖着一条长长的辫子,两眼呆呆地望着前方。有人说,那就是福妮。

烧开水的智慧

一位青年在大学毕业后,曾豪情万丈地为自己树立了许多目标,可是几年下来,依然一事无成。他决定去找一位智者给他指明道路。

他找到智者时,智者正在河边小屋里读书。智者听完青年的倾诉,对他说:"来,你先帮我烧壶开水!"

青年看见墙角放着一把极大的水壶,旁边是一个小火灶,可是没发现柴火,于是便出去找。

他在外面拾了一些枯枝回来,装满一壶水,放在灶台上,在灶内放了一些柴便烧了起来,可是由于壶太大,那捆柴烧尽了,水也没开。于是他跑出去继续找柴,回来的时候那壶水已经凉得差不多了。这回他学聪明了,没有急于点火,而是再次出去找了些柴,由于柴准备充足,水不一会儿就烧开了。

智者忽然问:"如果没有足够的柴,你该怎样把水烧开?"

青年想了一会儿,摇了摇头。

智者说:"如果那样,就把水壶里的水倒掉一些!"

青年若有所思地点了点头。

智者接着说:"你一开始踌躇满志,树立了太多的目标,就像这个大水壶装了太多水一样,而你又没有足够的柴,所以不能把水烧开,要想把水烧开,你或者倒出一些水,或者先去准备柴!"

青年恍然大悟。回去后,他把计划中所列的目标去掉了许多,只留下最近的几个,同时利用业余时间学习各种专业知识。几年后,他的目标基本上都实现了。

二、内部技巧:情景再现

情景再现,是指"以稿件作品提供的材料为原型,使稿件作品中所出现的人物、事件、情节、场面、景物、情绪等在播音员、主持人脑海里不断浮现,形成连续的活动的画面,并不断地引发相应的态度、感情,这个过程就是情景再现。"[①]如何能够让纸上的铅字变成一幅幅生动可感的画面呢?考生可以通过想象和联想的方法,在脑海中还原稿件文字所描述的各类事物,通过想象这些画面,形成感受,在实际播读过程中,用这些感受调动自己的思想感情,使其始终处在运动状况。具体来说,情景再现可以分为四个步骤:(1)理清头绪;(2)设身处地;(3)触景生情;(4)现身说法。[②] 四个步骤一脉相承,由表及里,我们以下面的短文为例,来做一说明。

---

① 张颂.播音创作基础[M].北京:北京广播学院出版社,1990:51.
② 付程.实用播音教程(第2册)——语言表达[M].北京:北京广播学院出版社,2002:34.

1. 例稿分析

想北平(节选)
老舍

想北平(节选)

论说巴黎的布置已比伦敦罗马匀调得多了,可是比上北平还差点事儿。北平在人为之中显出自然,几乎是什么地方既不挤得慌,又不太僻静:最小的胡同里的房子也有院子与树;最空旷的地方也离买卖街与住宅区不远。这种分配法可以算——在我的经验中——天下第一了。北平的好处不在处处设备得完全,而在它处处有空儿,可以使人自由地喘气;不在有好些美丽的建筑,而在建筑的四围都有空闲的地方,使它们成为美景。每一个城楼,每一个牌楼,都可以从老远就看见。况且在街上还可以看见北山与西山呢!

本篇文章是老舍先生在济南时写的,字里行间充满思念。我们在播读这段文字时,为了调动鲜明积极的思想感情,就需要在自己心中对老舍心目中的那个北平也做一番联想和想象。我们可以通过前文介绍的四个步骤来达到这一目的。

(1)理清头绪

本段文字是回忆的笔触,我们在播读时要找到一个中年人思念故乡的感觉,脑海里慢慢呈现出街巷房屋的布局:疏密有致,处处有景,既家常又美丽。

(2)设身处地

我们随着老舍先生的笔触,渐渐把自己投入那个想象中的空间去,你仿佛走在街上,走在胡同里,身边是各色的人,眼前是各种各样的景物,我们可以设想这是一幅流动的画面:你在不同的大街小巷穿梭,最后一个画面定住,看到远处的北山和西山。

(3)触景生情

当你走在这故都的街上,眼里看到的,耳朵里听到的,既亲切又陌生,你会生出一种怎样的情绪?喜悦?惊奇?忧伤?依恋?……也许五味杂陈,但这才是真实的感情。

(4)现身说法

稿件读懂了,情绪也流动起来了,但现在不能沉浸在自己幻想的小世界里自我陶醉,最关键的一步是要把这种感受表达出来,使受众也能感受到同样的情绪,并产生同样的感情,这才是情景再现最终的完成。所以,考生还需要运用丰富的声音形式和色彩的变化,把心中的一切抒发出来,让受众接受。

2. 练习

在这里出门散步去,上山或是下山,在一个晴好的五月的向晚,正像是去赴一个美的宴会,比如去一果子园,那边每株树上都是满挂着诗情最秀逸的果实,假如你单是站着看还不满意时,只要你一伸手就可以采取,可以恣尝鲜味,足够你性灵的迷醉。阳光正好暖和,决不过暖;风息是温驯的,而且往往因为他是从繁花的山林里吹度过来,他带来一股幽远的淡香,连着一息滋润的水气,摩挲着你的颜面,轻绕着你的肩腰,就这单纯的呼吸已是无穷的愉快;空气总是明净的,近谷内不生烟,远山上不起霭,那美秀风景的全部正像画片似的展露在你的眼前供你闲暇的鉴赏。

(选自徐志摩《翡冷翠山居闲话》)

住所正在避暑山庄背后,刚到那天的薄暮时分,我独个儿走出住所大门,对着眼前黑黝黝的山岭发呆。查过地图,这山岭便是避暑山庄北部的最后屏障,就像一张罗圈椅的椅背。在这张罗圈椅上,休息过一个疲惫的王朝。奇怪的是,整个中华版图都已归属了这个王朝,为什么还要把这张休息的罗圈椅放到长城之外呢? 清代的帝王们在这张椅子上面南而坐的时候在想一些什么呢? 月亮升起来了,眼前的山壁显得更加巍然怆然。北京的故宫把几个不同的朝代混杂在一起,谁的形象也看不真切,而在这里,远远的,静静的,纯纯的,悄悄的,躲开了中原王气,藏下了一个不羼杂的清代。

(选自徐志摩《翡冷翠山居闲话》)

三、内部技巧:内在语

内在语也叫潜台词,是指"在播音语言中所不便表露、不能表露或没有完全表露出来和没有直接表露出来的语句关系和语句本质。"[①]一篇稿件,无论长短,文字所能表达的内容都是有限的,而能够让受众得到更多的理解感受,就需要播读者运用内在语了。内在语既是播音创作性的重要标志,同时也是播音员创作个性的重要标志。因为只有对稿件的深刻内涵把握清晰,才可以体现出内在语。内在语可以使表达更丰富、更有韵味,达到弦外之音的效果。能够起到引发受众注意、深化稿件内涵的作用。内在语在运用上比较灵活,按照作用的不同,大致可以分为以下六大类:

(1) 发语性内在语:起到引导受众往下收听收看的作用。
(2) 寓意性内在语:表现出文字稿件的深层含义。
(3) 关联性内在语:主要起连接语句间的逻辑关系的作用。
(4) 提示性内在语:使语句有机地衔接,自然地过渡。
(5) 回味性内在语:调动想象的空间,深化主题。

[①] 张颂.中国播音学[M].北京:北京广播学院出版社,1994:218.

（6）反语性内在语：体现文字稿件和深层含义的对比或对立关系。[1]

要揭示出内在语，首先要深刻领会稿件的内涵，文稿分析得越清晰，内在语的表达才能越到位。

1.例稿分析

荷花淀(节选)

荷花淀（节选）

孙犁

这女人编着席。不久在她的身子下面，就编成了一大片。她像坐在一片洁白的雪地上，也像坐在一片洁白的云彩上。她有时望望淀里，淀里也是一片银白世界。水面笼起一层薄薄透明的雾，风吹过来，带着新鲜的荷叶荷花香。但是大门还没关，丈夫还没回来。

很晚丈夫才回来了。这年轻人不过二十五六岁，头戴一顶大草帽，上身穿一件洁白的小褂，黑单裤卷过了膝盖，光着脚。他叫水生，小苇庄的游击组长，党的负责人。今天领着游击组到区上开会回来。女人抬头笑着问：

"今天怎么回来得这么晚？"站起来要去端饭。

水生坐在台阶上说："吃过饭了，你不要去拿。"

女人就又坐在席子上。她望着丈夫的脸，她看出他的脸有些红胀，说话也有些气喘。

她问："他们几个哩？"

水生说："还在区上。爹哩？"

女人说："睡了。"

"小华哩？"

"和他爷爷去收了半天虾篓，早就睡了。他们几个为什么还不回来？"

水生笑了一下。女人看出他笑得不像平常。"怎么了，你？"

水生小声说："明天我就到大部队上去了。"

女人的手指震动了一下，想是叫苇眉子划破了手，她把一个手指放在嘴里吮了一下。水生说："今天县委召集我们开会。假若敌人再在同口安上据点，那和端村就成了一条线，淀里的斗争形势就变了。会上决定成立一个地区队。我第一个举手报了名的。"

女人低着头说："你总是很积极的。"

水生说："我是村里的游击组长，是干部，自然要站在头里，他们几个也报了名。他们不敢回来，怕家里的人拖尾巴。公推我代表，回来和家里人们说一说。他们全觉

---

[1] 付程.实用播音教程（第2册）——语言表达[M].北京：北京广播学院出版社，2002：75-76.

得你还开明一些。"

女人没有说话。过了一会儿,她才说:"你走,我不拦你,家里怎么办?"

水生指着父亲的小房叫她小声一些。说:"家里,自然有别人照顾。可是咱的庄子小,这一次参军的就有七个。庄上青年人少了,也不能全靠别人,家里的事,你就多做些,爹老了,小华还不顶事。"

女人鼻子里有些酸,但她并没有哭,只说:"你明白家里的难处就好了。"

水生想安慰她。因为要考虑准备的事情还太多,他只说了两句:"千斤的担子你先担吧,打走了鬼子,我回来谢你。"说罢,他就到别人家里去了,他说回来再和父亲谈。

这篇小说描写的是抗日战争时期河北白洋淀地区的抗日游击队的故事。这段文字描写了一对年轻夫妻,丈夫要去参加大部队,回家和妻子短暂告别。主要通过语言描写刻画人物形象,深刻隽永,让人回味。通过人物对话,两人的形象历历在目。丈夫憨厚耿直,一腔热血;妻子温柔善良,深明大义。两人的对话,暗含着许多想说而没说出的话,这些没说出的话就是内在语。只有把这些内在语提炼、表达出来,人物才鲜活起来,特别是女人的语言,寥寥几句,内在语却非常丰富深刻,比如两次问道"他们几个怎么没回来",在丈夫打了两次岔之后,她依然就这个问题紧追不放,这两次问题,反映出来的感情浓淡肯定是不同的,这就是一种"回味性内在语"。又比如,女人低着头说:"你总是很积极的",表面看是在赞扬鼓励丈夫,但其中还有一些酸楚和不舍,以及自己无法道出的苦衷,这里运用到的是"反语性内在语"。如果播读时能体会到这些内在语的存在,那这些话就"活"了。所以播读中就要把这其中隐含而没有完全说明的感情色彩表达出来。后面的几句话,妻子的情绪不断在波动,但她在语言上依然是克制沉稳的,我们在播读时不能只读出表面的沉稳,还要读出克制的语言背后,思想感情的起伏汹涌。

2.练习

东京也无非是这样。上野的樱花烂漫的时节,望去确也象绯红的轻云,但花下也缺不了成群结队的"清国留学生"的速成班,头顶上盘着大辫子,顶得学生制帽的顶上高高耸起,形成一座富士山。也有解散辫子,盘得平的,除下帽来,油光可鉴,宛如小姑娘的发髻一般,还要将脖子扭几扭,实在标致极了。

(选自鲁迅《藤野先生》)

妻子正在厨房炒菜。丈夫在她旁边一直唠叨不停:"慢些。小心!火太大了。赶快把鱼翻过来。快铲起来,油放太多了!把豆腐整平一下。哎哟,锅子歪了!"

"住口!"妻子脱口而出,"我懂得怎样炒菜。"

"你当然懂,太太。"丈夫平静地答道,"我只是要让你知道,我在开车时,你在旁边喋喋不休,我的感觉如何。"

四、内部技巧:对象感

播音员、主持人是媒体和受众之间的桥梁,但播音员、主持人的工作方式又是特殊的:他不直接和受众进行交流,受众通过收音机和电视屏幕听到和看到主持人好像在对他说话,但事实上播音员、主持人在工作时看不到受众的反应,是自言自语的状态。那么,在"目中无人"的情况下,如何能有面对面交流的感觉呢?这就要求播音员、主持人做到"目中无人,心中有情",在面对话筒、摄像机讲话的时候,心中时刻对受众进行具体设想,从感觉上把握受众的存在,并在思想感情上有交流、呼应,这就是对象感。①

1. 例稿分析

寄小读者(节选)

冰心

小朋友,我要走到很远的地方去。我十分地喜欢有这次的远行,因为或者可以从旅行中多得些材料,以后的通讯里,能告诉你们些略为新奇的事情。——我去的地方,是在地球的那一边。我有三个弟弟,最小的十三岁了。他念过地理,知道地球是圆的。他开玩笑地和我说:"姊姊,你走了,我们想你的时候,可以拿一条很长的竹竿子,从我们的院子里,直穿到对面你们的院子去,穿成一个孔穴。我们从那孔穴里,可以彼此看见。我看看你别后是否胖了,或是瘦了。"小朋友想这是可能的事情么?——我又有一个小朋友,今年四岁了。他有一天问我说:"姑姑,你去的地方,比前门还远么?"小朋友看是地球的那一边远呢?还是前门远呢?

这篇稿件,是冰心给国内小读者的一封书信,字里行间充满着关心、爱护的色彩。之所以有这种感情色彩,是因为冰心是用跟小朋友面对面交谈似的语言风格写成的,口语化、生活化,符合少年儿童的理解和接受特征。作为考生,如果你播读这篇稿件,脑子里一定要浮现出这样的画面:你不是一个人在船舱里写信,而是在和小朋友们亲切地交谈,你要看到小朋友的反应,听到小朋友的交流。只有这样,上句话说完,才知道下句话该怎么说。例如,第一句,"我要到很远的地方去。"对小朋友说这句话的语

---

① 付程. 实用播音教程(第2册)——语言表达[M]. 北京:北京广播学院出版社,2002:117.

气就需要夸张、生动,引发小朋友的好奇,小朋友会想:"很远是哪里呢?""我去的地方,是地球的那一边",这句话应该有明显的方向性和距离感,使小朋友感觉到世界的奇妙和辽阔。最后两个问句,"小朋友看是地球的那一边远呢?还是前门远呢?"也许在成人看来,非常幼稚,但在小朋友心目中,这个问题可能真的值得好好想一想,所以,在对孩子播读这句话时,语气一定要有探究、引导、鼓励的色彩。

当然,不同的稿件,有的稿件对象感比较具体,而有的稿件对象感相对比较广泛,无论受众比较单一还是广泛,都需要我们心里装着受众。

2.练习

花草树木,鱼虫鸟兽,在我们的生活中随处可见!有人羡慕花草,有人羡慕树木,有人羡慕鱼虫,也有人羡慕鸟兽,为什么会这样?人本来就是自然界的一部分,大自然中各种生物的表现,其实在人类的世界里也是一个道理!

昨天去了一趟佘山,那里的大片竹海甚是壮观,但是给我留下最深印象的并不是那一棵棵翠绿的竹子,一片片浩无边际的竹海,而是那一棵棵在悬壁间生存的大树!

自然界中的生命,都以其特有的方式向世界播散,有的随风飘泊,有的生物携带!譬如一粒种子,不管他是花草树木的种子,还是鱼虫鸟兽的后代,他们来到这个世界上都是公平的,也都是幸运的,但是当他们来到这个世界以后的命运却是不尽相同的。不管任何生命,在其形成的一刹那间,其地位都是平等的,从这个道理上讲,地球上的一切生物都是平等的。但是在人类社会,由于现有的社会是有等级划分的,因而有的在"贫民"家庭问世,有的"含着金汤匙"降生,那么他们来到这个社会上所贴的等级标签就是不平等的,因而从社会阶级角度来讲,人生而不平等!但是这种不平等指的仅是享有各种社会资源的不平等,对于个人的能力、品格来说,每一个人都与常人无异,大家都是平等的。同样的,大部分人是健健康康地来到这个世界,有些人则是带着先天缺陷来到这个世界,那么对于他们来说,什么是平等,什么又是不平等?对于很多鸟类来说,飞翔是其立足自然的先天必备,但是某些鸟类先天不能飞翔却更适合在海岛上生活,更适合生存。因而从不同的角度来说,生命平等是源于对生命起源的尊重,之所以不平等,是来自于后天所需适应环境的限制!

一粒种子随风飘泊,当他来到最适宜生存的地方,他健康、快乐地生存;当他来到生命禁区的时候却依然可以顽强存活,为什么?因为生命都是有潜力的,在你不能选择环境的时候,你可以选择去承受;在你不能改变环境的时候,你可以去改变自己。

生命的伟大,源于生命的潜力。生命能否伟大,则取决于潜力的发掘。狭缝中生命的诞生,与其说是自然的奇迹,不如说是生命努力的结果!崖间碧草、悬壁青松、雪域藏羚,以及海底火山口附近的细菌,在一个个生命最不适宜生存的地点,生命之花却依然绚烂绽放!所以不要说自己做不到,不要说自己已经尽力,不要说自己环境不好,只要你愿意努力,愿意去尝试,愿意去改变,那么一切皆有可能!人世间并不是到处都有康庄大道,也并不是华山一条道,何必抱怨自己没有的,忽略自己拥有的?

　　崖壁间的花朵是绚烂的,峭壁上的草药是珍贵的,这是自然的选择,这是生命的震撼!狭缝中生命的绚烂更值得我们赞叹!

(选自《崖壁间的生命》)

　　1998年夏天,我跨进了这个海滨城市,跨进了这所大学。

　　和阿杰的相遇很自然也很偶然。他大我一届,到车站接新生,这么多接站的人,偏偏让他接我回学校了。而且,他居然是我老乡。对我这个第一次离乡背井的女孩来说,这种亲切感,一下子就把阿杰当作自己的亲人一般。开学一个月后的一场高烧,使我深切地体会到什么是孤独,带着病痛的孤独,有时候可以变成一种很强大的力量,把我的矜持和高傲统统击得粉碎。在我躺在床上的那几天,阿杰给我买药,买花,买水果什么的;虽然不多的几句话,却已让我感动,让我流泪。

　　我没想到,爱情,来得这么快。大学生的恋爱,简简单单,每天也就是等着我一块儿吃饭,一块儿自习,一块儿散步,但就这么简单的生活,却让我不再孤单。和阿杰在一起,总是有说不完的话,宿舍里的,家里的,生活上的,学习上的,阿杰的话不多,是一个很好的听众,只要他用眼睛专心致志地看着我,只要他偶尔一个淡淡的微笑,我就觉得好幸福,似乎整个世界一下子都亮了起来。

　　放假前的那个晚上,他第一次吻了我,其实就像到了夏天自然会有雷阵雨一样,一切发生得很自然。现在回忆起来,只是记得当时心跳得厉害,脸红了老半天。

　　但是,也像阵雨一样,来得快的东西,往往去得也快。因为成绩优秀,阿杰被选为出国交换生。一年的时间,什么都改变了。

…………

(选自《我的简单的爱情》)

五、外部技巧:停连、重音

　　停连和重音本来是两种不同的外部技巧,之所以把它们放在一起讲解,是因为这两种技巧关系十分密切,它们总是同时出现于篇章的句段之间,互相依赖、共同作用。

　　"停连,是指停顿和连接。"[①]日常生活中,我们说话都要时停时连,一方面是表达清楚意思的需要,另一方面是呼吸的生理需要。但在播读中,很多人却该停的时候不

---

① 付程.实用播音教程(第2册)——语言表达[M].北京:北京广播学院出版社,2002:151.

敢停,该连的时候不敢连,这就会造成在错误的地方停连,听起来机械呆板,甚至造成意思上的错误或感情上的偏差。所以,准确而大胆的停连,是需要后天不断地琢磨感悟才能把握的。

"重音,就是指在文章中,最能体现语句目的,而在播音主持语言创作中需要着意强调的词或词组。"①它可以使语句目的更突出,使逻辑关系更紧密,使感情色彩更鲜明。在一段话中,重音的寻找很关键,到底哪个词最重要,最能体现语句目的,哪个词才能作为重音出现,切记不要处处都重音,听起来反而混乱一团。找准重音后,如何处理也很关键。有些同学会以为,作为重音的词,处理时就是加重音量,让声音变大,其实这是非常片面的。重音的处理方法有很多种,单纯加大音量的"砸重音",会使表达机械呆板。要学会充分运用各种表现手段,使重音从整个语句中凸现出来。

1. 例稿分析

马班邮路(节选)

如果说马班邮路是中国邮政史上的"绝唱",他就是为这首"绝唱"而生的使者——优秀共产党员、木里县马班邮路乡邮员王顺友。

19岁那年,王顺友从父亲手中接过邮包和马缰绳,开始沿着父亲走过的邮路起程。

年轻的乡邮员第一次感受到了马班邮路的遥远和艰辛。他每走一个班要14天,一个月要走两班,一年365天,他有330天走在邮路上。冬天一身雪,夏天一身泥,饿了吞几口糌粑面,渴了喝几口山泉水,晚上蜷缩在山洞里、大树下或草丛中与马相伴而眠。

一次,王顺友把邮件送到倮波乡政府,就在他牵着马掉头的时候,看见乡干部正翻阅着报纸说:"西部大开发,太好了,这下子木里的发展要加快了!"一时间,王顺友高兴得像是喝了蜜,因为乡干部看的报纸是他送来的,这薄薄的一张报纸竟有这么重的分量!他越来越觉得乡邮员工作了不起。

…………

这是一篇人物通讯,表现了一位偏远山区邮递员的敬业奉献精神,所以我们在播读时,在停连和重音的处理上都要以此为宗旨。在第一自然段里,第一次出现的人名、地名一般都是重音,所以,"马班邮路""王顺友"要作为重音出现。停连方面,为了凸显王顺友的名字,可以在"他""乡邮员"的后面,分别做一次停顿,以引起受众注意,特别是"乡邮员"后面的停顿,更可以凸显出重音来。

---

① 张颂.中国播音学[M].北京:北京广播学院出版社,1994:287.

第二自然段中，"19岁"可以作为重音，因为一般来说，数字都是作为重音来处理的。

第三自然段中，"365天"和"330天"是一组对比重音，为了凸显乡邮员的辛苦，"330天"应处理成主要重音，而前面的"365天"是次要重音。"晚上蜷缩在山洞里、大树下或草丛中与马相伴而眠。"这句话中，有一个顿号，在处理停连的时候，顿号的处理要格外小心，不必见到标点符号就停顿，其实，标点符号只是为停连提供一种参考，而不是唯一的依据，在这里，"山洞里""大树下""草丛中"是并列关系，而且处理停连的依据是"多连少停"，所以这里的顿号不要停顿，一气呵成，给受众一种流畅的听觉感受。但是一口气读完整句话，对气息弱的同学来讲有些吃力，那就可以在"与马相伴而眠"的中间"与马"的后面做一个小的停顿，使整句话既连贯，又富有韵律。

第四自然段，"因为乡干部看的报纸是他送来的"这句话，重音应该放在"他"上，音调提高，引起注意，以突出表现他听了这句话后所产生的职业自豪感。最后一句话，"了不起"三个字也要强调为重音，音量加大，气息有力，同时可以在这三个字之前使用一个停顿，这样，重音的作用也就更明显，语句目的表现得也更充分。

处理停连、重音的方法，归根结底是根据自己的理解，所以甲同学确定的停连、重音，可能乙同学并不完全赞同，这些都是可以理解的。停连、重音的目的是传达稿件的主旨和思想内涵。

2. 练习

地震造成四川阿坝境内多条国、省道干线公路交通中断。地震震中的映秀、眩口、卧龙等地通讯交通完全中断，外界通往汶川的道路、通讯目前仍处在中断状态。

化肥、作灌溉用的抽水机、拖拉机以及制作拖拉机全部部件和其他农业设备用的特种钢材、石油以及钻探和提炼用的机械等等，去年在供应设备和制造设备两方面都有很大的增长。

新华社拉姆安拉11月11日消息，巴勒斯坦民族权力机构秘书长塔伊布·阿卜杜勒·拉希姆11日在拉姆安拉正式宣布，巴民族权力机构主席阿拉法特当日在法国巴黎郊区的贝尔西军医院病逝，享年75岁。阿拉法特多年来一直患有"帕金森"等多种疾病，特别是被以色列"软禁"后，身体状况一直欠佳。10月27日，阿拉法特健康状态突然恶化，并于29日前往法国就医。两周来，尽管法方对阿拉法特进行了紧急诊治，但阿拉法特病情一再恶化。阿拉法特逝世后，埃及计划于今天在开罗为阿拉法特举行盛大葬礼，阿拉法特的遗体随后将被运往西岸城市拉马拉下葬。根据巴勒斯坦相关法律，在阿拉法特去世后，巴立法委员会主席法图将暂时行使巴民族权力机构主席的权力。

六、外部技巧:语气

语气,是指"思想感情运动状态支配下语句的声音形式"①。和前面所讲到的基调不同,语气是以句子为单位的,所以,在一篇稿件中,基调只有一个,但语气是可以千变万化的。在考试中,考生播读稿件时,在统一感情基调的基础上,每句话都应该有具体鲜明的感情态度和随之产生的语气变化。在处理语气时要注意三点:贴切、丰富、深刻。同学们要根据文字内容判断感情色彩和分量。感情色彩变化了,我们的有声语言表达方式也会相应地产生变化,口腔的松紧、开合,吐字力度的强弱,气息的深浅,声音的高低都会发生变化,而由于感情分量的不同,这些变化还会呈现分寸感的调整,在进行语气的训练时,一定要注意到语气的变化既要鲜明,又要自然。

1.例稿分析

人民的好干部才哇(节选)

人民的好干部才哇(节选)

2010年4月14日,原本是极其平常的一天。清晨7点49分,一个突如其来的瞬间改变了这里的一切。短短二十几秒的时间,青海省玉树县的州府——结古镇,刹那间变成废墟。

在地震来临的最初几分钟,住在哥哥家的才哇被这巨大的震颤给震懵了,回过神以后,他立即冲出家门,开车赶回自己的家——扎西大同村。

然而,一路上,才哇看到,到处是坍塌的房屋和受伤群众。想着那些倒塌的房屋下急需帮助的生命,才哇决定停下来,和当地的村民一起展开了救援。

"救人、快救人",才哇带领大家一边呼喊着,同时用双手在废墟里刨挖着,一直没有停歇下来。在这片废墟上,这个47岁的藏族汉子,这个宽厚的背影,这张黑红的脸膛和坚毅的目光,给悲伤的人们带来了信心和勇气。

这时女儿打来电话,告诉他说,家里的房子全部塌了,妈妈、姐姐和侄子都被压在下面!但是,在经过艰难的抉择后,才哇还是选择了留下。

时间一分一秒地过去,焦急的女儿又一次打来电话,告诉他3位亲人已经遇难的消息。才哇控制住自己的情绪,对女儿说:"等我安顿好这里的人,就马上回去。"

放下电话,才哇继续在废墟中刨人,先后又有3个人被他徒手刨了出来,其中两人生还。这时的才哇才急忙往家中赶去,但路边又有许多受伤的村民求助,才哇又将4名重伤者先送到医院。就这样,才哇在回家的途中,不停地将被救群众,从现场送到医院,来来回回救助了30多名伤员之后,他才回到家中,这条不长的回家之路,才哇用了

---

① 付程.实用播音教程(第2册)——语言表达[M].北京:北京广播学院出版社,2002:202.

几乎一天的时间。

......

  这篇稿件歌颂了在抗震救灾的斗争中,人民的好干部才哇舍小家为大家的感人事迹。整个故事真实生动,给人以强烈的震撼和教育意义。

  在播读这样的稿件时,首先要调动出自己强烈的思想感情,然后在播读时每句话的处理都要随感情的流动而做语气上的变化。

  第一段,展示故事背景,语气庄重严肃。在这个调子上,第一句话自然地叙述;从第二句开始,口腔控制渐紧,表现出关切的色彩;第三句话,声音渐渐放缓,变得低沉,表现出悲痛的色彩。

  第二段,感情色彩较为紧张,语速稍快,以表现才哇当时的心情。

  第三段,前一句话表现出满目疮痍后的悲伤情绪,后一句话表现出才哇坚定的信念,语气要沉稳有力。

  第四段,以赞扬的色彩表现才哇顾全大局、舍生忘死的精神,特别是最后一句话,要给人一种温暖和希望的色彩,语调略微上扬。

  第五段,这段话通过反衬,表现才哇的崇高品质。第一句话,语气要急促、焦虑,语速快,声调提高;后一句话,用坚定的语气显示才哇的优秀品质,声音要更为沉稳有力。

  第六段,女儿的第二个电话,要表现出更为悲伤的色彩,相比第一次的电话,悲伤的色彩分量加重,而第二句话的坚定语气,分量也要加重。

  第七段,这一段,叙述的色彩较浓,总体是深情的歌颂。最后一句话,色彩的分量感最重,气息量加大,语速减慢,引人回味。

2. 练习

  小女孩又擦亮一根火柴,火光把四周照得通亮,奶奶在火光中出现了。奶奶朝着她微笑着,那么温柔,那么慈祥。"奶奶——"小女孩激动得热泪盈眶,扑进了奶奶的怀抱。"奶奶,请把我带走吧,我知道,火柴一熄灭,您就会不见的,像那暖和的火炉、喷香的烤鹅、美丽的圣诞树一样,就会不见的!"小女孩把手里的火柴一根接一根地擦亮,因为她非常想把奶奶留下来。这些火柴发出强烈的光芒,照得比白天还要亮。奶奶从来也没有像现在这样美丽和高大。奶奶把小女孩抱起来,搂在怀里。她们两人在光明和快乐中飞起来了。她们越飞越高,飞到没有寒冷、没有饥饿的天堂里去,和上帝在一起。

(选自《卖火柴的小女孩》)

在广袤的沙漠或者草原,骆驼的天敌只有狼。

狼一向以凶残著称,它用牙齿作武器,征战厮杀,获取食物。在这一点上,骆驼肯定不是狼的对手。

不过,骆驼却有另一手——它的生存手段不是进攻,而是逃跑。

每当骆驼与狼相遇,狼总是急切地发起进攻,企图速战速决。而骆驼却从不仓促应战,常常是吼叫一声,便撒开四蹄狂奔起来。

狼哪里肯放弃就要到嘴的美味,就拼命追赶。它没有料到,这一追就恰巧中了骆驼的计,狼必死无疑。

一开始的奔跑速度,骆驼当然不如狼,但跑着跑着,狼就慢下来了。骆驼见状就主动放慢速度,给狼一点鼓励,一点希望。狼果然中计,继续用力追赶,骆驼就继续逃跑,一副精疲力竭的样子,实际上真正精疲力竭的是狼。

骆驼一点一点地把狼引向无水无食无生命的大漠深处……

狼用完最后一点力气,四肢发软,口吐白沫,便呜呼毙命了。

而此刻,骆驼的力气还足着呢。

就这样,骆驼打败了自己的天敌。

(选自《骆驼和狼》)

七、外部技巧:节奏

节奏存在于我们日常生活的方方面面,音乐的节拍、钟表的滴答声、火车的咔哒声都是节奏。在播音中,节奏是指"由全篇稿件生发出来的,由于播音员思想感情的波澜起伏所造成的抑扬顿挫、轻重缓急的声音形式的回环往复。"[①]节奏分为轻快型、凝重型、舒缓型、紧张型、低沉型、高亢型等。同学们要根据稿件的内容来进行分析把握。比如,轻快型多扬少抑,多轻少重;凝重型多抑少扬,语势平稳而着力;舒缓型多扬少坠,声高而不着力;紧张型多扬少抑,多重少轻;低沉型句尾落点沉重,声音偏暗;高亢型语势扬而更扬,势不可遏。节奏的体现要讲究欲扬先抑,欲抑先扬;欲停先连,欲连先停;欲轻先重,欲重先轻;欲快先慢,欲慢先快等技巧。

1.例稿分析

一个人的双人舞

他们是世界闻名的双人花样滑冰运动员,生活中是恩爱的夫妻,滑冰场上是最佳

[①] 张颂.播音创作基础[M].北京:北京广播学院出版社,1990:105.

一个人的双人舞

拍档,他们的表演配合默契,珠联璧合,多次在大赛中获奖。所谓天妒佳缘,一次意外,丈夫去世了,这对于常人,无疑是一次致命的打击,对于她的打击更是加倍的。因为她失去的不仅是生活上的伴侣,也是艺术上的合作伙伴。她从此远离了滑冰场。

沉寂几年后,她突然宣布,要进行一次花样滑冰表演。这次,是她一个人。

舞姿还是那样的娴熟,还是那样的优美,她还是以前的她,沉寂数年,丝毫也没有影响到她的艺术水准,她依然是滑冰场上轻盈的精灵。

但是所有看懂的人都落泪了。

滑冰场上虽然只是一个人在旋转、在腾跃,但她的动作,却分明是两个人的。她的身侧,似乎总是有另一个人的影子。她举臂,似乎有人在与她牵手;她抬腿,似乎有人在为她支撑;她腾跃,似乎有人在扶她的腰;她旋转,似乎有人在与她同行;她微笑,似乎是对着那个人……

一去经年,时光流转,物是人非。但在滑冰场上,在她的心中,爱人一直都在,一刻也不曾远离。

那是一个人的双人舞,是残缺的完美,是爱情的绝唱。

这篇稿件赞美了伟大的爱情,整篇文章的节奏类型属于低沉型,但在整体基调的基础上,不断有其他感情色彩的语句渗入,所以要做到对不同类型语句转换的控制。另外,节奏要体现出一种整体感,转换清晰、丰富、和谐。

第一段,作为文章的背景介绍,节奏偏低沉。

第二段,语调稍微上扬,给人期待。

第三段,渐渐变为深情的赞美,气息更充沛流畅。

第四段,又转变为低沉型,语速放缓,气息下沉,声音凝噎。

第五段,低沉型的节奏,排比句的运用加强了感情色彩的渲染,使表达形成一波三折、一唱三叹的效果。

第六段,语调稍微上扬,给人以希望。

第七段,深情地赞美。

一篇文章的节奏总是一种或几种较固定的节奏类型不断地回环往复,所以我们在处理段落、语句时,要找到准确的节奏类型,找出渗入句与主体部分的对比呼应关系。当我们能够自如地运用节奏时,表达效果就会更好。

2. 练习

世界上最遥远的距离

世界上最遥远的距离
不是生与死的距离
而是我站在你面前
你不知道我爱你

世界上最遥远的距离
不是我站在你面前
你不知道我爱你
而是爱到痴迷
却不能说我爱你

世界上最遥远的距离
不是我不能说我爱你
而是想你痛彻心脾
却只能深埋心底

世界上最遥远的距离
不是我不能说我想你
而是彼此相爱
却不能够在一起

世界上最遥远的距离
不是彼此相爱
却不能够在一起
而是明知道真爱无敌

却装作毫不在意

世界上最遥远的距离
不是树与树的距离
而是同根生长的树枝
却无法在风中相依

世界上最遥远的距离
不是树枝无法相依
而是相互瞭望的星星
却没有交汇的轨迹

世界上最遥远的距离
不是星星之间的轨迹
而是纵然轨迹交汇
却在转瞬间无处寻觅

世界上最遥远的距离
不是瞬间便无处寻觅
而是尚未相遇
便注定无法相聚

世界上最遥远的距离
是鱼与飞鸟的距离
一个在天，一个却深潜海底

充满热忱地活着

人，有各种活法，怎么活着都可以；人，又有各种状态，状态的选择属于个人的权利。人这一生是很短暂的，在不知不觉中就会步入知天命，多少理想抱负全被琐碎掩埋，过去的终究不会再行归来，或无心地丢弃，或用心地挽留，都变为回忆着的忍痛割舍。历经万种情结一路走来，回首走过的路，低头踏着的土地，骤然心生复杂心迹，是悲痛、是哀婉；是庆幸、是无怨，都有着对前方之路的由衷盼望，盼望未来的一切，只因这一切承载着生命太多的期待和美好，我们把一切赋予明天，这不但是自身的需要，更是心中那份责任,那份对亲人、对心中所有依恋的不舍和执着。所以,我们拨开一切藩篱,鼓足勇气热忱地活着。

热忱,是一种积极向上的精神状态,对所面对事物的积极热情,属于一种慷慨的、热诚的或富于同情心的性质或状态。缺失了热忱,也就是抹杀了活力,损伤了灵魂的圆润。一个充满热忱的人,遇到什么困难都不消退热情,做什么类型的事情都不会冷却态度。

我们要永葆一颗热忱的心,人生从来就有希望和幸福的存在,不要因为错失了树木就放弃了整个森林。拥有热忱,可以让我们全身心地投入到一件事情上。但永葆一颗热忱的心是不够的,还要求我们正常增强这个"热忱"程度,不断给它注入新的活力,以时代的眼光看待它,以变化的眼光执行它,把自身新的思想、观念、经验、环境等融入到热忱里面,加以充分发挥。但保持和发展热忱的强度仍是不够的,还要求我们正确客观地保持热忱、运用热忱,不能盲目地加以热忱,更不能把热忱盲目地用在别人身上,否则会事与愿违。热忱不是大声喧哗、高喊口号等言行,而是一种饱满的热情,一种催人上进的内在驱动力。由衷的热忱需要建立在具体事情上,不管做什么事,我们都要把它以重要的事情来做,建立需要做、必须做、值得做的态度,然后热忱地行动,并把这个"热忱"放在重要地位。

八、整体着眼,细节着手

整体着眼,是指考生在播读稿件时,心中要有全局观、整体观,整篇文章的播读都为一个中心思想服务,而不能因为稿件中内容庞杂就主次不分。整体着眼的另一层含义是分配好色彩的浓淡,不要平均用力,而要疏密有致,主次分明。

细节着手,是指考生要懂得抓住主要段落、重点词句,特别是那些表现主旨、揭示主题的地方,要重点表现那些对主题有升华和深化作用的细节,无论是画面的描写还是人物的语言、动作等。

1.例稿分析

遇难者的第三个电话

遇难者的第三个电话

当恐怖分子的飞机撞向世贸大楼时,银行家爱德华被困在南楼的56层。他清醒地意识到自己已没有生还的可能,在生死关头,他掏出了手机……

爱德华的遗体被发现后,工作人员在检查他的手机时发现,他在临死之前打了三次电话,一个给他的助手罗纳德,一个给他的私人律师迈克,可遗憾的是,两人都没有应答。第三个电话是打给谁的?他又说些什么?人们推断,很可能与爱德华的银行或遗产有关。可爱德华无儿无女，又在五年前结束了他失败的婚姻，如今只有一个瘫痪的老母亲。当晚，迈克律师找到了爱德华悲痛欲绝的母亲。母亲流着泪说："爱德华的第三个电话是打给我的。"迈克严肃地说："请原谅，夫人，我想我有权知道电话的内容，这关系到您儿子庞大遗产的归属权问题，他生前没有立下相关遗嘱。"可母亲摇摇头，说："爱德华的遗言对你毫无用处。我儿子在临终前已不关心他留在人世的财富，只对我说了一句话：'妈妈，我爱你！'"

　　本篇短文表达了爱德华对母亲的爱。文章一直在设置悬念，直到最后才把这一主题表达出来。所以，我们在播读时，既要在整体上把握文章的主题，又要在细节上要学会控制自己情绪的表达。

　　整篇文章的基调是深沉的赞颂，以遇难者爱德华临终前的三个电话为线索，揭示主题。但是，前面两个电话，都只是铺垫，并引起悬念，把受众的注意力引导到爱德华庞大的遗产上去，直到最后一个电话，文章才浓墨重彩地渲染出爱德华临终前心底里迸发出的深切的呼唤。所以，在播读的时候，要注意主次关系。前面的疑问要播出悬念，引导受众参与想象，而播读最后一句话时要饱含深情，给人以深刻回味的空间。

2. 练习

<h3 style="text-align:center">被上帝咬过一口的苹果</h3>

　　一个盲人，小时候深为自己的缺陷烦恼沮丧，认定自己这一辈子算完了。后来一位教师开导他说："世上每个人都是被上帝咬过一口的苹果，都是有缺陷的人。有的人缺陷比较大，是因为上帝特别喜爱他的芬芳。"他很受鼓舞，从此开始振作起来，向命运挑战。若干年后，他成了一个著名的盲人推拿师，为许多人解除了病痛。

　　世界文化史上有著名的三大怪杰，文学家弥尔顿是瞎子，大音乐家贝多芬是聋子，天才的小提琴演奏家帕格尼尼是哑巴，如果用"上帝咬苹果"的理论来推理，他们也都是由于上帝特别喜爱，狠狠地咬了一大口的缘故。

　　就说帕格尼尼吧，4岁时出麻疹，险些丧命；7岁时患肺炎，又几近夭折；46岁时牙齿全部掉光；47岁时视力急剧下降，几乎失明；50岁时又成了哑巴。上帝这一口咬得太重了，可是也造就了一个天才的小提琴家。帕格尼尼3岁学琴，即显天分；8岁时已小有名气；12岁时举办首次音乐会，即大获成功。之后，他的琴声几乎遍及世界，拥有无数的崇拜者，他在与病痛的搏斗中，用独特的指法弓法和充满魔力的旋律征服了整个世界。著名音乐评论家勃拉兹称他是"操琴弓的魔术师"，歌德评价他"在琴弦上展现了火一样的灵魂"。有人说，上帝像精明的生意人，给你一分天才，就搭配几倍于天才的苦难。这话真不假。

　　上帝吝啬得很，决不肯把所有的好处都给一个人，给了你美貌，就不肯给你智慧；给了你金钱，就不肯给你健康；给了你天才，就一定要搭配点苦难……当你遇到这些不如意时，不必怨天尤人，更不能自暴自弃，顶好的办法，就是像那个老师那样去自励自慰；我们都是被上帝咬过的苹果，只不过上帝特别喜欢我，所以咬的这一口更大罢了。

创业故事

读中文系的他在大四那年，借了一笔启动资金，雄心勃勃地召集了几个计算机专业的在校生，在中关村附近注册了一家电子公司，但他的公司没开张多久，便在内外交困中败下阵来，几个助手一哄而散，只留给他一个无法收拾的烂摊子。

很快，他又重打锣鼓另开张了，在新科技园内开了一个专营电脑器材的小公司，但运行的结果并不像他想象的那样轻松，没过多长时间，他的小公司再次关门。

两次失败，让他欠下了一笔不大不小的债务。而一向自负的他是绝不肯轻易认输的，此后，他又接二连三地在北京信息产业密集区创办了好几个与电子相关的公司，很遗憾，他的一而再、再而三的执着，并未让他赢得成功，接二连三的失败让他债台高筑。

一天，他沮丧地将创业经历讲述给老教授听，言语中流露出对自己连续创业失败的不甘和无奈。

老教授耐心地听完他的倾诉，没有马上发表自己的意见。而是给他讲了自己年轻时听到的一个小故事，故事的内容大致是这样的：

一个旅行者在自己行进的途中，突然改变了原来选定的路线，决定抄近道前往目的地。没想到，在他穿越那片看似很平坦的草地时，没走几步，脚被什么东西猛地绊了一下，把他摔了个跟头。对此，他没太在意，从草地上爬起来，他揉了揉有点儿痛的膝盖，继续前行，但没走出几十米，他又结结实实地摔了一跤，这一回，他没有急着站起来，而是躺在那里，一边揉着受伤的腿，一边仔细地打量脚下的草地。

原来，绊倒他的是一个草环，那是一种丛生的植物，用疯长的、极柔韧的枝蔓编织的一个很隐蔽的草环，在他跌倒的周围有很多这样的草环，行人稍不留意，就会绊个跟头，待他坐起来，将目光再往前一延伸，不由得大吃一惊——前方不远处，掩藏在繁花绿草间的，竟是一片可怕的沼泽。

转到另一条安全的路上，他仍在庆幸刚才跌的那个跟头，更庆幸自己没有像第一次那样漫不经心地急于爬起来赶路，而是细心地查清了让自己跌倒的原因，还认真地打量了自己原本自信的道路……

老教授的故事讲完了，他站起身来，向教授深鞠一躬，真诚地说道："老师，谢谢您的故事，我懂了——仅仅想到跌倒后赶紧爬起来还远远不够，还必须知道自己是因为什么跌倒的，知道怎样才能不跌更大的跟头……"

数年后,已是北京一家大型企业文化策划公司老总的他,谈及创业的种种坎坷经历时说,让他感受最深、永远难以忘怀的,就是老教授给他讲的上面那个小故事。

第三节　文体分类解析

在稿件播读的考试环节中,稿件的类型一般可以分为这么几大类:新闻评论类稿件、文艺类稿件、说明文类稿件。虽然各类稿件的播读都是一个由书面语转化为有声语言的过程,但考虑到不同文体传播信息的侧重点不同,考生在播读时也要分清各种文体不同的传播要求,才能使受众接受信息更畅达。接下来,我们分别就不同类型的稿件要求做一下说明。

一、新闻类稿件

"新闻是新近发生的事实的报道。"[1]从这个概念我们可以得知新闻有三个特点:真实性、时效性和大众传播性。这其中,真实性是新闻的本质属性。在有声语言表达中体现为客观公正、新鲜明快、庄重大气。

新闻类稿件可以分为消息类、通讯类和评论类,这三种体裁在播报方式上又有具体的要求。

1. 消息类

新闻消息一般短小精悍,信息量大,能让受众在最短的时间内了解到尽可能多的新闻事实。新闻消息通常由导语、主体和结尾构成,有的还有背景材料的介绍。

例稿

在猪肉价格飙升的背景下,养猪成了时下最热门的一个话题。养猪农户抓住机会准备大赚一笔,连不相干的各种游资也纷纷介入生猪饲养,各路人马做得风生水起。

早在2006年,基金业界知名的易方达基金公司在广州办起了业内首个员工食堂。该公司在从化租了一块农地养猪养鸡种蔬菜,还专门聘请当地的农民来养殖和种植。这些自养的"土猪""土鸡"和有机蔬菜除供应每日三餐,剩余的还可以给员工带回家食用。而今,包括广东凤铝等大型集团公司在内的众多企业,已经开始采取类似的办法。企业表示:"自己养的猪,安全有保障,而且省去

猪肉价格飙升

---

[1] 雷跃捷.新闻理论[M].北京:北京广播学院出版社,1997:71.

大量的中间环节,成本很低。"

主业就是生猪饲养业的广东温氏集团,目前也在全国大规模"走马圈地"。继在广东壮大之后,这家公司已在西南、华中、华东、华北等多地建厂。统计显示,目前广州市场上40%以上的生猪都来自温氏集团。

业内人士说,生猪数量出栏供不应求的局面不会持续很久,届时猪肉价格可能暴跌。来自业界的数据也在显示,大涨大跌的"猪周期"很快进入下一个周期。据不完全统计,仅广东到明年年初的生猪供应就至少比目前多30%~40%,而如此庞大数量的猪出栏之后,足以让猪肉价格迅速回落。

分析: 这是一则结构较为完整的新闻消息,包含导语、背景、主体、结尾四部分。具体的播读要求:

(1) 结构要清晰

第一段是导语,起到揭示价值、拎出重点的作用,所以在播读时要注意新鲜感,语调扬起,提示受众注意。第二段前半部分是背景,介绍这种现象的由来,所以这一部分在播读上要注意语气平缓流畅,给人一种"从头说起"的感觉,使整条消息的层次更清晰。第二段后半部分和第三段是新闻的主体部分,通过两个鲜明的例子将这一事件介绍清楚,给受众以更直观的感受,所以播读中要和背景部分稍显区别,语气更鲜活生动,以显示"过去"和"现在"两种时态。最后一段的结尾在交代完事件之后给予概括性的总结和评价,高屋建瓴,引导受众对这一事件进行理性思考,所以播读时态度要明朗,语气要舒展,自然收尾结束,给人以思考的空间。

(2) 意思要明确

考生可以运用我们前文所讲的停连、重音等技巧,使内容清晰准确。新闻消息的播讲要求语势长扬不坠,少停多连,重音少而精。一般在导语中首次出现的时间、地点、人物等作为重音,此外一些数字、具有区别性意义的词语也是重音的备选。但不要盲目选择一些表示程度的副词和形容词,比如"非常""十分""兴奋的"等等。重音的选择还是以语句目的为准则。

(3) 新鲜感要强

新闻消息不同于其他文体,它的传递代表着"新",代表着"快"。尤其同学们将来作为新闻播音员,也许你手上的消息还没有人知道,而你迫切地想要第一时间告诉大家。考生可以尝试去体验这种心态,增强自己的表达愿望。但同时在声音形式上,新鲜感绝不仅仅是语速快,而是以一种明快的音色、上升状态的语势、段落中间多扬停这样的手法来具体体现。

2. 通讯类

通讯是一种较为详细具体、形象生动的深度新闻报道,往往比消息类新闻篇幅长,信息量大，表现方法更丰富、灵活，感情色彩也更为鲜明。播读通讯，需要从两个方面认真备稿：其一，对稿件内容进行恰当、具体的想象和联想，做好感受、体验方面的准备；其二，通过必要的分析，正确、充分地理解稿件的精神实质。

例稿

2009年2月4日，河北省邯郸市丛台区委原常委、组织部长王彦生同志因病突然倒下，他用49岁短暂而光辉的一生，谱写了对党和人民的无限忠诚。

王彦生

王彦生出生在河北省涉县的山区农村，4岁丧母，家境贫寒。1977年，在全乡200多名考生中他脱颖而出，成为唯一考出大山的学生。由于文字功底好，1981年，他从县化肥厂被选调到县委宣传部从事通讯报道工作。靠出色的工作业绩，他先后升任宣传部副部长、组织部副部长。1998年，市委组织部到涉县考察，他得到的群众推荐票数最高。在没有经历常务副部长职位的情况下，市委研究决定，破格提拔他为曲周县委常委、组织部长。

吃百家饭、穿百家衣长大的王彦生，没有忘记父老乡亲的哺育之恩，没有辜负党的信任和培养，他总是以一颗感恩的心回报组织、回馈社会。他在入党志愿书中写道：我将不惜牺牲自己的生命忠诚于党的事业……

长期忘我工作，透支了他的健康。2005年7月，他被确诊为脑动脉瘤……但即使在病重的四年里，他也从未离开过自己的岗位，没请过一天假。

王彦生的女儿王玉洁回忆说，2月4日早晨，父亲早早起床，母亲发现他脸色不好，就劝他说："别去开会了，我跟领导请假，你就在家休息一天吧。"父亲却不同意。母亲拗不过他，只好把早饭端给他，父亲坐在沙发上，硬吃了两口，起身要去上班，突然"呀"的一声，捂住了头，接着就歪倒在沙发上……谁也没有想到，父亲就这样突然地走了，带着对工作的热爱、对责任的执着、对家人的眷恋，永远地离去了……

中共邯郸市委、中共河北省委组织部、中共河北省委先后做出决定，在广大党员干部中，广泛开展向王彦生同志学习的活动。

分析：这是一篇典型的人物通讯，一般而言，人物通讯的时效性没有消息那么强。人物通讯更适合先感性地认识稿件，再理性地解读稿件，进而作更详细的设计和处理。这里要格外注意两点，首先是注意稿件中的新鲜点、兴奋点、关注点；其次是在整个播读过程中要始终保持感受，以调动受众的积极回应。

（1）概括主题，确定基调

通讯不同于消息之处，就在于它更注重"情"的表达。本文的主题是歌颂好干部王彦生为人民服务、鞠躬尽瘁的精神,从而呼唤社会形成优良的风气,创设更好的社会环境。由主题确定全文的基调是深情赞颂。

(2)情景再现,触景生情

王彦生作为党的好干部,他的形象是什么样的?他说话、动作都有什么样的特点?他的内心世界是怎样的?都需要通过联想和想象,把这个人的形象生动地展示出来。稿件中有几个场景需要播读者认真揣摩,特别是第三段入党以及倒数第二段的女儿回忆父亲最后一幕,都需要播讲者设身处地、触景生情。

(3)把握重点,细节说话

长篇稿件要处理得当,一定得抓住重点和细节。例如在本文中有一句话,"他在入党志愿书中写道:我将不惜牺牲自己的生命忠诚于党的事业……",这句话是全文的主旨、重点,在播读时,情感充沛,加重语气,让听众似乎看到那一行清晰有力的字。

3. 新闻评论类

新闻评论类稿件是就新闻事实发表议论、见解的稿件,它的主要任务不仅仅是报道事实,更是要阐述对事实的见解、态度,借以影响、引导社会舆论。评论通过单个的事物,揭示其全局意义,透过现象看本质,通过局部看整体。所以,新闻评论的播读要播出本质,播出态度。在技巧上要特别注意语气的感情色彩和分量,是批判还是赞扬,是痛斥还是提醒。在全文基调上也要把握好方向,以积极向上的态度表达意见。总体来说,评论类播音的特点是:观点鲜明,逻辑严密,以理服人。

例稿

地铁安全

因为相对安全、便捷和舒适,地铁堪称现代文明的标志之一,但最近一段时间以来,由于地铁电梯屡屡发生故障,这个标志开始经受考验。

先是7月5日,北京地铁因一部自动扶梯发生故障,酿成1死30伤的惨剧。紧接着轨交1号线上海南站两侧自动扶梯关闭运行。随后广州地铁扶梯连续两次停运。7月10日晚,由港铁运营的深圳地铁4号线清湖站的上行扶梯运行中突然停顿后逆行,乘客猝不及防摔下,造成4人受伤。

北京的地铁事故,质检部门的结论是"奥的斯此款电梯存在设计缺陷",并针对此款电梯下达了全国范围内立即停用的紧急通知,可这一次深圳的肇事者却是另一品牌电梯。很多人反映,以后坐地铁都不敢乘电梯了。

北京地铁事故之后,北京、上海、河南、西安多地针对公共场所的电梯都开展了大规模排查。事故之后的运动式治理为我们司空见惯,在许多领域也未必无效,但这回用在电梯的监管上可能力有不逮。据行内人士的经验之谈,电梯这东西"三分产品,七分维保"。如果根本缺乏日常精心的维护和保养,而且这种漫不经心又向来没有人去约束,偶然即兴的大排查、大整治除了表示"监管部门在行动"之外,实际意义还有多少呢?

既有受伤者,还有生命的凋谢,事故的代价不可谓不大,尽管如此,却不是所有的问题都有清晰的交代。北京地铁事故之后,有媒体报道地铁公司为降低成本,或擅自用轻载电梯代替本应用于交通枢纽的重载扶梯。这一说法很快遭到了制造商和北京市轨道交通建设管理有限公司的驳斥,然而又有专家质疑,国内对于重载型扶梯,既没有相关定义,也无相关国家标准,电梯行业的混乱真是让人吃惊,一个产品缺乏统一标准,岂非意味着给其冠以何种名义便可以随心所欲吗?本次事故,制造商当然应该为其产品缺陷负责,但我们似乎也不应忘记这样的制造商是如何培育出来的,更不能忽略制造商交出产品之后的其他环节,因为这其中的任何一个环节的纰漏都可能让我们付出血的代价。

分析:这篇稿件针对近期电梯事故频发,有关部门敷衍塞责,没有从根本上解决问题,引起公众的不满的情况有感而发,在播读时要注意以下几个方面:

(1)观点鲜明

事故频发的原因不仅仅是制造商造成的,还有制度不健全、思想麻痹等原因。所以,解决问题,不仅要靠"硬件",更要靠"软件"的提高。播讲者在播读时要体现出"批评"的色彩。

(2)分析背景

在我国改革开放三十年的历程中,创造了无数的奇迹,经济的发展使很多人盲目乐观,认为我们三十年来的努力非常成功,已经处于世界领先水平了,即使遇到问题,也沿用老办法、老思路。但是事实告诉我们,创造出先进的文明,不仅要靠经济基础的积累,还要有思想上、体制上的进步,靠落后陈旧的思维管理运作日趋现代化的社会体系,是会出问题的。

(3)逻辑严密

本文的逻辑性可以概括为:地铁电梯屡次事故——相关部门给出解释——这个解释被事实证明错误——相关部门的整改——整改的方法被事实证明无效——揭示出真正的原因:体系混乱,管理不规范——得出结论:现代文明光靠物质积累不够,还要靠精神层面的提高。

(4)以理服人

评论播音要想以理服人,除了理解稿件本身的逻辑性,更要通过强化播讲者自己的逻辑感受(就是理清来龙去脉)以及逻辑重音、关联词和语气转换来把逻辑性表现出来。而对于这篇稿件来说,全文的基调是一种批判性责问,同时又是一种启发性思考。

二、说明文类稿件

说明文是客观地说明事物的一种文体,目的在于给人以知识;或说明事物的状态、性质、功能,或阐明事理。为了把事物特征说清楚,或者把事理阐述明白,必须有相适应的说明方法。常见的说明方法有举例子、分类别、作比较、列图表(列数字)、下定义、作诠释、引资料、打比方、作引用、作假设等。由于大部分说明文语言严谨规范,缺乏多种修辞手法的运用,较少感情色彩,所以播读说明文容易陷入平铺直叙、无感而发的误区。

因此,有声语言在表达中,一是要力求严谨准确,这体现在精选重音,比如一些专有名词、数据、事例等一定要准确无误;二是要尽量生动有趣,这看起来不符合说明文的特点,但正是因为在写作上的规范严谨,容易造成听觉疲劳,因此在播讲中要调动自己的兴趣,发掘文中的亮点,使声音形式变化丰富,以增强可听性。

例稿

太空

人类对浩瀚无垠的太空向往已久。从嫦娥奔月的神话到亦真亦幻的《西游记》,人们把太空描述成妙不可言的神仙世界。在人们的想象中,太空是一个至善至美的天堂。然而在现实世界里,太空绝不像人们想象的那样浪漫。进入太空,人类要面对的是险境而非仙境。载人航天飞行要解决的问题也远不止是"高处不胜寒"。

载人飞行要克服的第一个难关是真空环境对人的影响。太空中没有空气,人体若裸露在真空中,将无法呼吸。如果宇航员的座舱、生活舱一旦泄漏气体,很可能导致宇航员死亡。

需要克服的第二个难关是来自太空强辐射的影响,这种太空强辐射包括太阳电磁辐射和高能粒子辐射。太阳电磁辐射中的可见光和红外部分主要影响航天器的温度,会损伤航天器的一些表面材料,还影响高层大气的温度和密度,从而加重低轨飞行器轨道控制的负担。高能粒子辐射则直接对航天器本身产生影响。高能粒子长时间围绕地球运动,对低轨道航天器构成严重威胁。它们的辐射不仅损伤航天器表面材料,而且会使航天器内部的太阳能电池、有机材料、半导体器件和集成电路等的性能发生变化,甚至造成永久的损伤。

空间碎片和流星体是载人飞行要克服的另一难关。空间碎片又被称为空间垃圾,是指废弃的火箭或卫星的残骸和它们因爆炸或碰撞而产生的碎片。它们与航天器的相对速度稍低于流星体与航天器的相对速度。它们始终和航天器一同在地球的周围运动,因此出现碰撞的机会很多。空间碎片和流星体与航天器相撞,会在航天器的表面留下撞击坑或穿孔,甚至造成航天器表面的机械损伤。体积相对较大的流星体和空间碎片,对人体和航天器的破坏都是致命的。

另外,飞行过程中产生的噪声和振动也会对人体产生不良影响。火箭在上升过程中发动机会产生高强度的噪声,飞船高速穿过大气层时也会产生巨大的噪声。即使飞船在轨道运行时产生的相对小得多的噪声,也相当于繁忙交通路口的噪声,而且持续不断。而飞行产生的强度不等的振动会影响宇航员的心率、血压和耗氧量,可诱发心血管的功能紊乱。另外,人体或器械的振动也会使人视觉模糊,动作不协调,操作误差增加,语言明显失真或中断。

可见,在浩渺的宇宙中,宇航员时刻面临着险境,而决非想象中的仙境。

1. 引起兴趣

这篇说明文主要说明了宇航员在太空飞行时可能遇到的种种困难。第一段利用人们想象中的太空引发人们的兴趣,随后用翔实的事例和数据介绍了太空飞行的真实风貌,显得较为客观,为了避免播得"冷冰冰""硬邦邦",在播读中播读者自己首先要体会那种向往的情绪,才能播出兴致来。

2. 播清层次

播清层次,首先要求考生心里对文章结构要有数。本文第二段到第五段,分别介绍了宇航员在外太空可能遇到的四类困难,对于受众来说,对这些困难没有类似体验,也就难于想象,所以考生播讲时要注意讲解得清楚明白。特别是每一段的开头,都是一个领起句,要做到前后呼应,播出层次感,这几句话要突出出来。其次要注意语速稍慢,重音清晰。在说明的过程中,由于出现很多的专有名词,离受众的生活实际比较远,难以产生想象和感受,所以播音员播读时语速要控制,以清晰为第一位的要求,让大家听懂。

3. 整体推进

最后一段作为结尾,与第一段相呼应,整篇文章前后照应,语气上既有变化,又有呼应和衔接,使文章播读整而合一,也就容易让受众理解和感受到文章的内容了。

三、文艺类稿件

文艺类作品,是除了新闻类作品和说明文类作品之外的其他类型稿件的概括,它包括诗歌、散文、故事、小说、广播剧、影视剧配音及话剧台词等。文艺类稿件,重在展现语言表现力和感染力,因此这种体裁的作品要求考生的语言形象感、情感性更强,更具生动性、装饰性。

文艺类作品讲求声情并茂,不仅有声音方面的塑造,还应该是用一些副语言,比如眼神、表情和身体动作等,它是考生声随情动的表现,同时也能大大帮助考生调动思想感情以更好地传情达意。

1. 诗歌

诗歌是一种最容易为大众所接受的文艺作品形式,以抒情为主,格式相对工整,在写作手法上凝练集中,言有尽而意无穷;在音韵上合辙押韵,节奏和谐,具有音乐美,朗朗上口,利于口语表达。

以上这些鲜明特征,都使诗歌成为一种既便于书面文字记录,又便于口头传播的文学体裁。但是我们也发现,许多同学在艺考中选择诗歌作为自备作品时,往往陷入一遍遍的语句声音形式的重复,从而显得枯燥、单薄。因此,"变化"是诗歌朗诵中特别需要大家注意的。从有声语言表达的层面,播读时要注意以下几个方面:

(1)韵律感

无论古诗还是现代诗,平仄、押韵都是其内在特征,要处理好这种音韵上的起伏和对照,表现出音乐性。

(2)节奏感

诗歌的句、段,都有一种形式的美感,句与句、段与段之间都有一种节奏变化,需要播讲者通过对比、递进等丰富的声音变化表达出来。

(3)意境的延展

诗歌在写作时往往惜墨如金,但其表现的意境往往"言有尽而意无穷"[1],播讲者要充分调动内在情感和由此引发的声音形式的高低、强弱、虚实、密布与留白等变化来延展诗歌的表现空间。

例稿

相信未来

相信未来

食指

当蜘蛛网无情地查封了我的炉台
当灰烬的余烟叹息着贫困的悲哀
我依然固执地铺平失望的灰烬

用美丽的雪花写下:相信未来

当我的紫葡萄化为深秋的露水
当我的鲜花依偎在别人的情怀

---

[1] 宋·严羽《沧浪诗话·诗辨》:"盛唐诸人惟在兴趣,羚羊挂角,无迹可求。故其妙处,透彻玲珑,不可凑泊,如空中之音,相中之色,水中之月,镜中之象,言有尽而意无穷。"

我依然固执地用凝霜的枯藤
在凄凉的大地上写下：相信未来

我要用手指那涌向天边的排浪
我要用手掌那托住太阳的大海
摇曳着曙光那枝温暖漂亮的笔杆
用孩子的笔体写下：相信未来

我之所以坚定地相信未来
是我相信未来人们的眼睛
她有拨开历史风尘的睫毛
她有看透岁月篇章的瞳孔

不管人们对于我们腐烂的皮肉

那些迷途的惆怅、失败的苦痛
是寄予感动的热泪、深切的同情
还是给以轻蔑的微笑、辛辣的嘲讽

我坚信人们对于我们的脊骨
那无数次的探索、迷途、失败和成功
一定会给予热情、客观、公正的评定
是的，我焦急地等待着他们的评定

朋友，坚定地相信未来吧
相信不屈不挠的努力
相信战胜死亡的年轻
相信未来，热爱生命

分析：《相信未来》一诗，作于1968年。这首诗以其深刻的思想、优美的意境、朗朗上口的诗风让人们懂得了在逆境中怎样好好生活。

作为播讲者，要深刻把握诗中所描绘的典型意象，诗一开头就用"蜘蛛网""炉台""余烟""灰烬"等几个意象，给人们描绘出了那个荒芜、穷困、艰难的时代。考生尽量选择偏暗、较为低沉的音色来表现这种压抑。而诗人接下来用"雪花"象征纯洁、质朴，也传递着清楚、明了的意识，把不屈于现实的坚定表现得格外真切。这时的音色逐步转向明亮、柔和，语气有压抑中即将挣脱的轻快。

第二诗节，用"紫葡萄""深秋的露水""鲜花""别人的情怀""凝露的枯藤"写出了生命由鲜亮而黯淡，由热情而失意，由饱满而枯竭的经历。考生要主动展开联想，将人生中一切失意、落寞、不快的情绪体验调动起来，在语气上有一种愤恨、不满，有一种遗憾、颓然。而诗人"在凄凉的大地上写下：相信未来"的人格力量又不能不强烈震撼每一个人的心灵，语气中冲破一切的坚定感是这一句的关键。

第三诗节，开始的两句，表现了诗人的满腔豪情。语气坚定，气势宏大。音色洪亮，由实渐虚，铺排延展。而后，忽然回到特写"笔杆""孩子的笔体"，表达诗人的真挚和坦诚，也使前两节积蓄的压抑温暖释放。

这三个诗节，一咏三叹，具有典型的节奏感。考生在练习时，特别要注意分析具体的语句所表达的情感色彩和分量，在格式相同的语句处理上力求不同，可以是语速快慢、语句的起落点和语句波形等等。这种变化是依托稿件内容所产生的情感变化，而非盲目设计。

后几节，同样运用了丰富的象征，"睫毛""瞳孔""拨开""看透"等字眼，都要求播讲者深刻领会、用心感受,表达出节奏、韵律和韵味。

2. 散文

散文是一种以记叙或抒情为主,取材广泛、笔法灵活、篇幅短小、情文并茂的文学样式。虽然层次较少,结构不很复杂,但优秀的散文往往具有选材精要、言简意赅、立意深邃的特点。郁达夫形容散文"一粒沙里见世界,半瓣花里说人情"。小虽小,却境界深邃,天地开阔。

散文具有记叙、议论、抒情三种功能,与此相应,散文也可分为记叙性散文、抒情性散文和议论性散文三种。对于散文播读而言,不同的散文有不同的播讲目的,需要播讲者区别对待。例如,叙事散文讲求情节生动,引人入胜;抒情散文讲求感情充沛,感染力强;议论散文讲求鞭辟入里,逻辑严密。考生播读也要区别对待,叙事散文要展现生活场景,使事件如在眼前;抒情散文要情真意切,撞击听众的心田;议论散文要深入浅出,以理服人。当然,一般来说,一篇散文往往包含很多写作技法和手段,要求同学们因地制宜,灵活运用。

例稿

紫藤萝瀑布
宗璞

我不由得停住了脚步。

从未见过开得这样盛的藤萝,只见一片辉煌的淡紫色,像一条瀑布,从空中垂下,不见其发端,也不见其终极。只是深深浅浅的紫,仿佛在流动,在欢笑,在不停地生长。紫色的大条幅上,泛着点点银光,就像迸溅的水花。仔细看时,才知道那是每一朵紫花中最浅淡的部分,在和阳光互相挑逗。

这里春红已谢,没有赏花的人群,也没有蜂围蝶阵。有的就是这一树闪光的、盛开的藤萝。花朵儿一串挨着一串,一朵接着一朵,彼此推着挤着,好不活泼热闹!

"我在开花!"它们在笑。

"我在开花!"它们嚷嚷。

每一穗花都是上面的盛开、下面的待放。颜色便上浅下深,好像那紫色沉淀下来了,沉淀在最嫩最小的花苞里。每一朵盛开的花就像是一个张满了的帆,帆下带着尖底的舱,船舱鼓鼓的;又像一个忍俊不禁的笑容,就要绽放似的。那里装的什么仙露琼浆?我凑上去,想摘一朵。

但是我没有摘。我没有摘花的习惯。我只是伫立凝望,觉得这一条紫藤萝瀑布不只在我眼前,也在我心上缓缓流过。流着流着,它带走了这些时一直压在我心上的焦虑和悲痛,那是关于生死谜、手足情的。我沉浸在这繁密的花朵的光辉中,别的一切暂时都不存在,有的只是精神的宁静和生的喜悦。

　　这里除了光彩,还有淡淡的芳香,香气似乎也是浅紫色的,梦幻一般轻轻地笼罩着我。忽然记起十多年前家门外也曾有过一大株紫藤萝,它依傍一株枯槐爬得很高,但花朵从来都稀落,东一穗西一串伶仃地挂在树梢,好像在试探什么。后来索性连那稀零的花串也没有了。园中别的紫藤花架也都拆掉,改种了果树。那时的说法是,花和生活腐化有什么必然关系。我曾遗憾地想:这里再也看不见藤萝花了。

　　过了这么多年,藤萝又开花了,而且开得这样盛,这样密,紫色的瀑布遮住了粗壮的盘虬卧龙般的枝干,不断地流着,流着,流向人的心底。

　　花和人都会遇到各种各样的不幸,但是生命的长河是无止境的。我抚摸了一下那小小的紫色的花舱,那里满装生命的酒酿,它张满了帆,在这闪光的花的河流上航行。它是万花中的一朵,也正是一朵一朵花,组成了万花灿烂的流动的瀑布。

　　在这浅紫色的光辉和浅紫色的芳香中,我不觉加快了脚步。

分析: 这是一篇"托物言志"的优秀散文,作者宗璞,语言明丽而含蓄,流畅而有余韵。她的散文情深意长,隽永如水。

(1)情为主线,运动自如

　　散文的"情",是播讲时自如涌动在心中的。它不能僵死,不能虚假,否则再好的声音、再熟练的技巧都是躯壳。"情"体现在全篇,就是文章的基调;体现在语句当中,就是每句话的语气。本文的基调充溢着对新生活的向往和如花般烂漫的期待,这种期待是经历过挫折、压抑之后的新生萌发,因而更美、更繁盛、更坚定。全文的节奏以舒缓型为主。

(2)感受细腻,意向丰富

　　《紫藤萝瀑布》的意象,新颖独特,美丽动人。主要表现在三个方面。

　　首先,作者把开花的紫藤萝描写得辉煌灿烂,并比喻为"瀑布",这强烈的情感成为作者对未来人生或事业的希望。歌颂紫藤萝意味着对现在的或未来的壮美人生的追求。

　　其次,今昔对比,从藤萝枯萎,到"紫色的瀑布遮住了粗壮的盘虬卧龙般的枝干,不断地流着,流着,流向人的心底",这是一种对未来的信念和希望!

　　另外,作品起笔于"我不由得停住了脚步",驻笔于"我不觉加快了脚步",这一"停"一"快"的呼应蕴涵着耐人寻味的内容,"花和人都会遇到各种各样的不幸,但是生命的长河是无止境的",人们要汲取历史的经验,鼓起生命的风帆。

　　对于考生,在播读这篇稿件时,要留意文章中这三个层面的意象,在恬淡中播出内心的坚定和信念。语言的基调要深沉、含蓄,但细节的处理要细腻、丰富。

"但是我没有摘。我没有摘花的习惯。我只是伫立凝望,觉得这一条紫藤萝瀑布不只在我眼前,也在我心上缓缓流过。流着流着,它带走了这些时一直压在我心上的焦虑和悲痛,那是关于生死谜、手足情的。我沉浸在这繁密的花朵的光辉中,别的一切暂时都不存在,有的只是精神的宁静和生的喜悦。"这一段文字看似平淡,但其实蕴涵着作者许多的感受,从"伫立凝望"到"在我心上缓缓流过",再到"这些时一直压在我心上的焦虑和悲痛",最后到"精神的宁静和生的喜悦",情绪的起伏是比较强烈的,在这些细节的刻画中,藤萝给人以启示和想象,考生播读时也要注意语气色彩的对比,在整体基调统一的基础上显现出疏密浓淡。

3. 寓言故事

寓言是以启发或讽刺性的故事为内容的文学样式,往往有很明显的教育意义。

寓言的篇幅一般比较短小,具有鲜明的哲理性和讽刺性。寓言的主人公,有的是人,更多的情况下是人格化的动物、植物或自然界其他事物和现象。主题思想大多是借此喻彼、借远喻近、借古喻今、借小喻大,使深奥的道理从简单的故事中体现出来。在语言上,因为寓言故事一般针对儿童播讲,所以态度要直接、鲜明、爱憎分明;语流不宜过快,以免造成小朋友理解不到位;寓言故事一般会有不同角色的对话,这些角色可以是人,也可以是各种动植物,甚至是生活中可能出现的各种物品,对于这些拟人化的角色形象,一方面要注意本体(事物本身的形象)的质感、大小、功能等,还要把握喻体(生活中这一类型的人物)的性格特点,比如说老虎的声音应该威严、霸气,狐狸的声音应该尖细、油滑等。

例稿

小马过河

马棚里住着一匹老马和一匹小马。

有一天,老马对小马说:"你已经长大了,帮妈妈做点事好么?你把这半袋麦子驮到磨坊去吧。"

小马过河

小马驮起口袋,高兴地往磨坊跑去。谁知,一条小河挡住了去路,河水哗哗地流着。小马为难了,心想:我能不能过去呢?他向四周望望,看见一头老牛在河边吃草,小马嗒嗒嗒嗒跑过去,问道:"牛伯伯,请您告诉我,这条河能过去吗?"老牛说:"水很浅,刚没小腿,能过去。"

小马听了老牛的话,立刻跑到河边,准备过去。突然从树上跳下一只松鼠,拦住他大叫:"小马!别过河,别过河,河水会淹死你的!"小马吃惊地问:"水很深吗?"松鼠认真地说:"当然啦!昨天,我的一个伙伴就掉在这条河里淹死的!"小马连忙收住脚步,不知道怎么办好。"唉!还是回家问问妈妈吧!"

小马甩甩尾巴，跑回家去问妈妈。妈妈说："孩子，光听别人说，自己不动脑筋，不去试试，是不行的，你去试一试，就会明白了。"

小马跑到河边，试着往前蹚……原来河水既不像老牛说的那样浅，也不像松鼠说的那样深。他顺利地过了河，把麦子送到了磨坊。

这是一篇大家耳熟能详的寓言故事，故事简单，但富于教育意义，它的主旨就是：凡事只有自己亲自去实践，才能得出真知。

分析：在播讲中，首先要设立对象感，这篇寓言故事应该要对儿童播讲，所以语言要亲切活泼，绘声绘色。其次，拟人化的形象，需要播讲者也能用适当的声音造型能力，描摹出不同形象的不同语言风格，马妈妈的语言温柔和蔼，回答小马问题时耐心启发，小马的语言活泼可爱，牛伯伯的语言浑厚有力，小松鼠的语言幼稚单纯。最后，讲故事的目的是为了告诉听众一个道理，所以语言的指向性要明确，特别是最后一段，明确目的，把故事里的道理讲清楚，使小朋友在听完故事后受到启发。

4. 小说

小说是以塑造人物形象为中心，通过故事情节的叙述和环境的描写反映社会生活的一种文体。人物、情节和环境三要素是小说样式的基本特点。由于小说的篇幅一般较长，在播音主持艺考中，考生往往选择一些典型性的场景、片段，以冲突性的情节来刻画人物、彰显主题。

具体在播读中，首先要把握好基调，这与小说的主题思想有关。

其次在基调确定的基础上选择恰当的语言形式，或娓娓道来，或风趣幽默，或慷慨悲壮，或韵味悠长，这涉及语气的感情色彩和分量，同时也要求考生深入分析人物性格，运用情景再现的技巧令自己设身处地、感同身受。要注意几个方面：

（1）故事脉络要清晰完整。

（2）人物性格要鲜明生动。

（3）主题要突出。

此外，要统筹安排好节奏变化。情节冲突是小说播读的重点，而最能彰显冲突的就是节奏的设计安排。灵活使用欲扬先抑、欲抑先扬等多种变化形式，使小说的表达更生动。

例稿

狼图腾（节选）

姜戎

老人叹了口气说："可自打一些外来户来了以后，时间长了，他们也看出了门道。

狼图腾(节选)

什么毒招都敢使,杀那些老狼瘸狼也真下得了手。你说,狼心哪有人心毒啊……"

老人满目凄凉,胡须颤抖地说:"这些日子,他们打死了多少狼啊。再这么打下去,额仑草原的人就上不了腾格里了,额仑草原也快完了。"

陈阵无法平复这位末代游牧老人的伤痛。谁也阻止不了恶性膨胀的农耕人口,阻止不了农耕对草原的掠夺。陈阵无法安慰老阿爸,只好说:"看我的,今天我要把他们下的夹子统统打翻!"

老人又指了指一片牛犊粪旁边的半只病羊说:"你看那羊身上准保下了药。听说,他们从北京弄来高级毒药,这儿的狼闻不出来,吃下去,一袋烟的工夫准得死。"

"那我把羊都拖到废井里去。"

"你一个人拖得完吗?那么多营盘呐。"

两人骑上马又陆陆续续看了四五个营盘,发现道尔基并没有在每一个营盘上做手脚。有的下毒,有的下夹子,有的双管齐下,还有的什么也不下。整个布局真真假假,虚虚实实。两人走到一处设局的营盘,老人下马,小心翼翼地走到半条臭羊腿旁边,然后从怀里掏出一个小羊皮口袋,打开口,往羊腿上撒出一些灰白色的晶体。陈阵立刻看懂了老人的意图,这种毒药是牧场供销社出售的劣质的毒兽药,毒性小,气味大,只能毒杀最笨的狼和狐狸,而一般的狼都能闻出来。劣药盖住了好药,那道尔基就白费劲了。

老人又找到几处下夹子的地方。老人让陈阵拣了几块羊棒骨,用力扔过去,砸翻了钢夹。这也是狡猾的老狼对付夹子的办法之一。

陈阵问:"阿爸,他们要是回团部的时候发现夹子翻了怎么办?"老人说:"他们一定还要绕弯去打狼,顾不上呐。"陈阵又问:"要是过几天他们来溜夹子,发现有人把夹子动过了怎么办?这可是破坏打狼运动的行为啊,那您就该倒霉了。"

老人说:"我再倒霉,哪比得上额仑的狼倒霉。狼没了,老鼠野兔翻天翻地,草原完了,他们也得倒霉,谁也逃不掉啊……我总算救下几条狼了,救一条算一条吧。额仑狼,快逃吧。逃到那边去吧……道尔基他们真要是上门来找我算账,更好,我正憋着一肚子火没处发呢……"

登上山梁,半空中几只大雁凄惶哀鸣,东张西望地寻找着同类,形单影孤地绕着圈子。老人勒住马抬头看,长声叹道:"连大雁南飞都排不成队了,都让人吃掉了。"老人回头久久望着他亲手开辟的新草场,两眼噙满了浑浊的泪水。

陈阵想起跟老人第一次进入这片新草场时的美景,才过了一个夏季,美丽的天鹅湖新草场,就变成了天鹅大雁野鸭和草原狼的坟场了。他说:"阿爸,咱们是在做好事,可怎么好像跟做贼似的?阿爸,我真想大哭一场……"

老人仰望腾格里,老泪纵横,呜呜……呜……像一头苍老的头狼般地哭起来。陈阵泪如泉涌,和老阿爸的泪水一同洒在古老的额仑草原上……

分析:《狼图腾》是姜戎的一部力作。它描述了大草原中人与狼的复杂关系,人王与狼王的实力对抗,从真实的视野里反映出狼作为游牧民族的图腾的原因。

(1)塑造人物形象

这部分内容以两个人(陈阵和老人)的对话为主线,在播讲时,播讲者要认识每个人物不同的思想感情立场。老人是一个对草原生态有深刻认识的人,所以,他对狼也是一样情深,而陈阵在老人的带动下,也逐渐地认识到了狼在草原的重要性。两人决定一起去解救被人类设下圈套的狼。另外,两人的对话,要把握年龄感、身份感、内心情感等的差异性。比如,老人语气中所体现的担忧、悲哀、愤恨等都对塑造人物形象至关重要。

(2)把握细节表现

小说的描摹往往生动细致,因此在播讲中要注重细节的渲染。比如文中有一段老人用劣质毒兽药覆盖好药而"偷偷"挽救狼群生命的细节,在播讲时要充分运用情景再现的技巧去感受老人不忍看到狼被捕杀,痛恨道尔基又无能为力,只有默默地救助狼群的思想感情。这种内心的复杂情感可以通过一个个描述动作的重音来展现,比如"小心翼翼""从怀里掏出""打开口""掸出"等。

(3)注意情感演变

小说情节复杂,人物的情感变化丰富多样。同一个人前后的性格或情感可能会发生一些变化,这也需要我们在有声语言创作中予以体现。

5. 影视剧配音

影视剧配音脱胎于话剧等舞台艺术中的人物语言,有着鲜明的文学性和戏剧性色彩。它要求考生通过生动的语言,来表现人物的动作、感情、态度等。影视配音分为对白、独白、旁白等几种形式。对白是两个及以上人物的对话,独白是人物以第一人称表达自己的所思所想,旁白是站在第三者的角度来讲述。从考场表达的效果来讲,建议考生选择独白段落。同时,由于影视剧往往时间较长,所以考生最好选择其中的精彩段落来进行创作,在创作时要注意以下几点:

(1)太追求人物语言的形似而没有追求神似。

(2)不同人物的语言要有交流和相互呼应。

(3)学会运用"非语言表情声音",如哭、笑、咳嗽、叹气等。

另外,影视剧配音要力求还原人物形象,并做到口型、动作的贴合,但由于考场上一般没有影视画面限制,所以考生自由发挥的空间更大一些。

例稿

哈姆雷特独白

哈姆雷特独白

生存或是毁灭，这是个问题。是应该默默地忍受坎坷命运的无情打击，还是应与深如大海之无涯苦难奋然为敌，并将其克服。此二抉择，究竟是哪个较崇高？死亡即睡眠，它不过如此！倘若一眠能了结心灵之苦楚与肉体之百患，那么，此结局是可盼的！

死去，睡着了……但在睡眠中可能有梦，啊，这就是个阻碍。当我们摆脱了此垂死之皮囊，在死之长眠中会有何梦来临？它令我们踌躇，使我们心甘情愿地承受长年之灾，否则谁肯容忍人间之百般折磨，如暴君之政、骄者之傲、失恋之痛、法章之慢、贪官之侮或庸民之辱，假如他能简单得一刃了之？还有谁会肯去做牛做马，终生疲于操劳，默默地忍受其苦其难，而不远走高飞，飘于渺茫之境，倘若他不是因恐惧身后之事而使他犹豫不前？此境乃无人知晓之邦，自古无返者。

分析：这段文字是电影《哈姆雷特》中著名的一段人物内心独白，他表现了男主人公内心的犹豫和对人生的拷问。内心独白，就是人物内心思想活动的声音化处理，他应该符合人物在思考时的内心情感流动，抑扬顿挫、轻重缓急都要自然而流畅。影视剧配音应该以人物为中心，语言色彩的处理要符合人物的身份、形象、气质等。这一段文字在配音时，就要抓住人物既洒脱帅气又惶恐迟疑的特点。第一句话"生存或是毁灭，这是个问题"，语速要慢，体现人物的思考，然后语速渐快，节奏渐紧，力度不断地加大，表现出主人公企图冲破藩篱、求得解放的精神。然后"死去，睡着了"这一部分，语言又要变得缥缈虚无，表现出主人公的彷徨之感。整篇稿件读下来，要把主人公奋起和消沉两种特征都表现出来。这就要求考生思想感情要不断随文字色彩的改变而改变，表达恰切而生动。

第四节 示例与解答

前面我们分别讲解考生在播读稿件时，应该运用到的一些基本技巧方法。但是在实际运用过程中，每一篇稿件都需要综合运用多种技法，才能使表达鲜明而丰富。在本节中，我们将带大家综合运用前面讲到的各种表达技巧。通过具体稿件的讲解，使考生形象真切地体会面对一篇稿件，应该如何理解、如何感受，最后如何运用有声语言的传播技巧将稿件内容完美展示。

俄勒冈州火山爆发

"喂，是信使报吗？我是记者贝德尔·史密斯？现在在俄勒冈州发回报道：今天，俄勒冈州将被大家铭记,火山爆发……"

"怎么回事?喂,喂!"新来的编辑沃克只听到忙音,他把电话又打过去几次,都没有接通。

电话局总机报告说,通往俄勒冈州的线路突然中断了,估计检修要花一段时间。

"看来错过了一条重大新闻。"沃克沮丧地自言自语。

"错过什么?我们得到一个重大新闻:俄勒冈州火山爆发!而且是独家报道!几小时后,当我们登出这个报道时,其他报纸会嫉妒得脸色铁青的。"主编刚好站在他身后,听到了刚才的一切。

"可我并没有听清楚具体内容啊?"

"具体内容?让我告诉你新闻该怎么做!"主编从书柜里取出一卷百科全书。翻到俄勒冈地图那一页。"找到了,俄勒冈,这一带有几座已经熄灭的火山,一定就是这里了。"

"把现在的头版新闻撤掉!换成:'俄勒冈州火山爆发!电话联系中断!'要用黑体字,最大字号!要快!两小时内送到全市所有报亭。"

主编的努力取得了预期的效果,转瞬之间当天的报纸全部售完。这令主编相当满意。

几小时后,通往俄勒冈的电话线路修复了。电话铃声再次响起,沃克和主编同时拿起耳机。

贝德尔·史密斯的声音再次传来,"现在请马上记录:今天,俄勒冈州将被大家铭记,火山爆发也比不上布蒂·德雷今天的表现,今天早晨全美拳击赛上,他把前任冠军杰克逊打得落花流水。在第三局中他以一连串的上钩拳、猛击拳和凌厉而干净利索的直拳将对方击倒在地……喂……喂……您在听我说吗?您能听清楚我说的话吗?"

主编晕了过去。

一、分析理解,理清头绪

拿到一篇稿件之后,首先要求考生对稿件做整体性的认知和把握,也就是分析理解的过程。分析理解,就是要求考生从主题、结构、层次、背景、风格等方面对稿件进行梳理,吃透作者的表达目的;理清头绪,是就分析理解的效果而言,很多稿件结构较为复杂,或者主题比较隐晦,甚至有些稿件在不认真分析的情况下,不知道具体讲什么意思,在这种情况下播读,一定也会使听众一头雾水,达不到传播的目的。分析理解的目标就是理清头绪,读懂整篇文章,读懂每一句话、每一个字,这样才可能表达出准确的意思。

1. 确定类型和主题

新闻、散文、诗歌、小说等不同的稿件类型,在播读的侧重点上有所差异。比如新闻要求感而不入,散文要求情为先导,诗歌讲求韵律美,而小说更强调人物特点与戏剧冲突的表现。因此,拿到一篇稿件,无论是自备稿件的深入分析还是指定稿件的快速浏览,首先要确定稿件类型,才可以基本确定语言样式。此外,根据文章内容提炼主题,类似于我们所说的中心思想,就可以基本确定全篇播讲的总的感情色彩。两者结合基本就确定了播读风格。

拿这篇例稿来说,这是一篇微型小说,情节紧凑,悬念丛生,一波三折,充满了戏剧张力。这就要求我们在播读时,内心的情感运动要符合情节发展,整篇稿件的播讲风格要体现这种冲突。这个故事的最大特点就是设下伏笔,直到结尾处才真相大白,故事前半部分所进行的刻画,都是为最后真相大白做铺垫。读完之后首先会令人哑然失笑,回味中又会充满了辛辣的讽刺。为了将这种讽刺感体现得淋漓尽致,主编前半部分的颐指气使、自作聪明,听到真相之后的"晕了过去",对比要鲜明、生动,以揭示出急功近利、不实事求是、为达目的不择手段的行为最终会酿成恶果的主题思想。

2. 理清结构和层次

这里所说的理清层次,并不完全等同于我们在语文课中所学的划分方法。除了遵循意思相近的内容归并在一起、意思不同的要分开之外,在文艺作品的播读中,更重要的是以情感运动的轨迹作为划分的依据。在时间紧张的情况下,考生不用把段落一个个标清,只要在脑海中能快速复述出情感或情节运动变化的轨迹即可。

拿这篇例稿来说,故事以两次来自俄勒冈州的电话为线索,因此粗略来分,同学们心里就要有这前后两部分,而且前后是对比的关系;再细分一下,第一部分内部还可以理出三个小层次,即记者电话说了一半、主编盲目杜撰新闻稿和报纸销量惊人。两部分整合来看,前面的兴奋就是为后面真相大白做铺垫的。同学们做了这样的分析,大体在脑海中就有一个稿件的整体逻辑印象,在播读过程中能始终使自己的情感和思维跟着内容走,避免见字出声、见字生情。

3. 分析背景和目的

稿件的写作背景,对于播读者把握作者的写作心态和情感有一定的帮助,从而有利于播读更准确、深刻。因此针对自备稿件,我们建议同学们要认真分析写作背景;而在备稿时间较为仓促的考场上,我们可以结合指定稿件中的内容,联系当前的社会现象,做出价值和导向的判断,从而确定自己的播讲目的和播讲态度。

比如,这篇例稿故事发生在美国——一个标榜新闻自由的地方,媒体之间的竞争非常激烈,有些媒体甚至利用一些不正当的手段挖空心思抢新闻,甚至编造、篡改新闻事实。最近,默多克传媒帝国的窃听门事件,就属于这类情况。这样的环境就为故事的发生、发展搭好了背景。由此,我们可以判断,新闻的第一要义就是真实,而故事中的主编严重违背了职业道德,我们通过这个故事的播讲,就是要让大家明白主编的这种"杜撰"行为是要不得的,以讽刺幽默的方式进行批判。

4. 找出重点和难点

一篇稿件,想要最突出地表现主题和目的,就要抓住重点段落、重点人物、重点情节。

这篇故事中大量运用人物对话来推动情节发展,主人公新闻主编和编辑沃克,两个人性格形成了鲜明的反差,一个是江湖老手,油滑霸道;一个是职场新人,谨慎小心。最能体现他们各自性格的是他们的语言,特别是主编随意捏造新闻事实的语言,可处理为全文的重点。

此外,在分析理解的过程中,同学们也可以根据自己的播讲能力,找到篇章中的难点,深入分析,着重练习。

二、运用技巧,表达充分

对稿件有了准确的分析理解之后,我们就需要运用丰富的表达技巧来进行播讲了。上节我们讲到的内部技巧(情景再现、对象感、内在语)和外部技巧(停连、重音、语气、节奏),它们都是互相依存、互为表里的关系,实际运用中可能你中有我、我中有你,一定要学会使各种技巧和谐统一于表达之中。

1. 身临其境,感同身受

情感是文艺作品(如散文、诗歌、小说等)播讲时的核心,是最能够与评委老师进行沟通、引发其共鸣的法宝。但是,情感要有依据,这个依据就是作品本身,就是我们前面提到的通过理解分析作品而得来的情感,并非随意生情。

同学们可以通过想象和联想的方法,在脑海中还原稿件文字所描述的场景、人物、事件、各类事物等,像过电影一样在脑海中形成连续运动的画面。比如,这篇文章。考生在分析这两个人物形象时,就要充分调动生活经验,进行想象和联想,两个人各长什么样?穿什么衣服?行为举止有什么特点?说话时的语气是怎样的?人物在考生头脑中越真实鲜活,考生说出来的话也越真实可信。通过想象这些画面,根本目的是要形成感受,在实际播读过程中,用这些感受调动自己的思想感情,使其始终处在运动当中,与播读的语言内容相匹配。

2. 停连、重音,清晰流畅

停连、重音是最容易表达出自己个性的地方,大胆的停顿、连接,独具匠心的重音非常重要,当然个性的前提是符合表达规律,符合稿件规定的情景。比如,这篇例稿中,编辑沃克的话:"可我并没有听清楚具体内容啊?"要突出一种迟疑的态度,这里可以大胆地停顿,在"可我"之后设置一个停顿,表现人物思考的状态,也有利于表现人物的谨慎小心。

在故事临近结尾处,记者再次打来电话,"今天,俄勒冈州将被大家铭记,火山爆发也比不上布蒂·德雷今天的表现……"前半段说的内容与第一次一样,而后半段才是他要表达的核心,因此中间的那四个字"也比不上"在逻辑上就显得尤为重要,一定要强调突出来。这样才能体现出主编为了追求高利润而断章取义、杜撰新闻的行为有多么悲惨的结局。

3. 语气、节奏,准确恰切

在本篇文稿中,语气和节奏的变化非常明显,最突出的特点是人物语言丰富,每个人的语言风格不同,即使同一个人物,在不同的心理活动映衬下,语言特色也不尽相同。以新编辑沃克为例,对于一个职场新手,语言特点宜表现为:声音略显年轻,语调平实,底气稍显不足,感情真挚,这些都需要考生在播读时在语气上有所区别。

"怎么回事?喂,喂!"要表达出急切感。

"看来错过了一条重大新闻。"语气中要表现出他的沮丧。

主编的语言是全篇的重点,他的语言要体现出充满霸气、骄傲自满、自以为是等特点,并且随着情节的不断深入,这种特点要越来越鲜明。

"错过什么?我们得到一个重大新闻:俄勒冈州火山爆发!而且是独家报道!几小时后,当我们登出这个报道时,其他报纸会嫉妒得脸色铁青的。"这句话主要表现骄傲自满,"其他报纸会嫉妒得脸色铁青的"这句话尤甚。

"具体内容?让我告诉你新闻该怎么做!"、"找到了,俄勒冈,这一带有几座已经熄灭的火山,一定就是这里了。"前一句要充满霸气,后一句要有边看边说的状态,真实感更强。

"把现在的头版新闻撤掉!换成:'俄勒冈州火山爆发!电话联系中断!'要用黑体字,最大字号!要快!两小时内送到全市所有报亭。"这段话播读时应处理为:声音越来越大,兴奋的语气越来越强烈,以表现出主编的迫不及待,也为后面的反讽埋下伏笔。

人物语言生动,人物就活灵活现了,整个故事也就会吸引人了。

在节奏方面,这篇例稿基本属于紧张型,同学们在播读过程中,要注意节奏的对比有利于讽刺效果的凸显。"主编的努力取得了预期的效果,转瞬之间当天的报纸全部售完。这令主编相当满意。"这句话要播得洋洋自得、气定神闲,和前面主编命令的语言形成声音形式的对比和事件结果的承接,同时也为最后的真相营造更大的反差效果。

总之,技巧要为内容服务,为中心思想服务。内外部技巧和谐统一,共同作用于稿件播读中,使播讲效果更生动、形象、传神。当然,也有些同学过度追求技巧在表达中的作用,所用技巧有堆砌之感,没有真正融于内容的表达,也会显得造作。所以,不要为了展现技巧而运用技巧,一定要时时处处想到技巧怎么运用最能鲜明地表现主题。

在实战演练中,同学们要结合自己的自备稿件和模拟演练的指定稿件按照上述技巧多练习、多体会、多总结。要心怀全篇,凸显中心;注重细节,表现重点;情是根本,技巧辅助;先打动自己,再感染他人。

第五节 练习与提示

本节内容既是为方便同学自己练习而设的,也是给大家提供优秀的自备稿件文章。各类稿件都有涉及,基本涵盖了不同高校播音主持艺术考试中稿件的类型。练习是按照新闻评论类(新闻消息、新闻通讯、新闻评论)、说明文类、文艺类稿件(诗歌、散文、故事、小说、影视剧配音)的顺序排列。考生可结合自己的情况有选择地练习。稿件后面都有简短的提示,帮助同学们分析理解。

对于稿件播读容易出现的问题,这里做如下提示:

一是,选稿不当,不适合自己

选稿的问题主要出现在以下几个方面。

第一,与自己的声音特点相差太大。比如有位男生是很浑厚的声音,却选择播读一段小刺猬和小松鼠的对话。

第二,选稿暴露了自己专业上的不足之处。比如有的同学发不好前后鼻音,稿件中却有很多带有前后鼻音的字。

第三,稿件雷同,很多同学选择同一篇稿件,很容易使评委形成听觉疲劳,并容易让评委进行对比,更容易暴露缺点。

第四,简单模仿别人,有些同学听到别人播读某篇稿件很精彩,自己也选择那篇,殊不知每个考生性格不同,文化结构不同,对各类稿件的把握程度也不同,模仿不成,反而是东施效颦。

第五,有些同学喜欢选择名家名篇,但这样的经典考官也往往非常熟悉,考生选择这一类型的稿件,会使缺点和不足之处更加凸显,也容易让评委产生疲倦甚至厌倦的心理。

二是,对稿件缺乏分析处理,简单念字发声

有些同学在稿件播读时平铺直叙、照本宣科,缺乏理性的分析、感性的体验,同时也没有运用适当的内外部技巧表达稿件。

三是,缺乏真情实感,矫揉造作

有些同学表情夸张,状态亢奋,却忽略了内心的感受,一味地靠外部技巧来夸张渲染,而没有真情实感作支撑,这样的表达,除了增加耳朵的听觉刺激外,并不能触动听众的内心。不仅不会让评委青睐有加,反而会给评委带来负面情绪。

练习一

新华社消息：新京报快讯(记者沙璐)清华大学保卫处近日发布《清华大学校园参观管理公告》,明确校园参观开放时间为双休日、法定节假日及学校寒暑假。

公告称,清华大学为重要的教学科研单位,非旅游景点,不向任何机构和个人收取参观费用。校园参观开放时间为双休日、法定节假日及学校寒暑假(具体日期见学校公告)。寒暑假集中开放期间,每周一不对外开放。

如遇校内有重要活动或极端天气(如雨雪、大风、高温、雾霾等),暂停校园参观。开放日入校时间为上午8点30分,下午13点30分;上下午截止时间根据每日进校参观总人数动态调整。

参观人员参观时,须持本人有效证件,并接受安全检查,原则上从清华大学西门参观专用通道进校,西门出校,未经批准禁止从其他校门进校。另外,为保证教学科研活动正常进行,校园分为开放区域和非开放区域。非开放区域不对参观人员开放。

提示:这是一条民生新闻,事件内容是反映问题的,播读时要注意新闻播音的基本要求,清晰、流畅、感而不入,播音员的播讲目的是要告知社会大众清华大学的参观开放时间,并获得社会大众的理解。

练习二

据美国媒体报道,针对美国刚刚签署的移民限制令,至少3名大法官对此有不同看法,认为应该完全解冻移民限制令。报道援引大法官克拉伦斯·托马斯的话说:"我担心(最高)法院的解决方案没有可操作性,今天的妥协会成为行政部门官员的负担,因为他们必须确定从所涉及6个国家来的人在美国境内是否有有效的联系人或实体。"

特朗普今年1月曾签署第一份移民限制令,要求暂时禁止全球难民以及伊朗、苏丹、叙利亚、利比亚、索马里、也门和伊拉克7国公民入境,但被联邦地区法院冻结。今年3月,特朗普签署新版移民限制令,将伊拉克移出限制入境的名单,修补了多处法律和操作层面漏洞,但先后被联邦地区法院和巡回上诉法院冻结。此后,特朗普政府向美国最高法院申请推翻以往判决,重新启动移民限制令。

提示：这条消息从新闻的接近性来讲，离我们比较远，所以较为客观地进行介绍就可以了，不宜用过于强烈的语气。对于稿件中出现的一些关键性人名、地名，要做重音上的处理。

练习三

新华社消息：目前，我国有藏、蒙、维、傣、壮、朝、苗、瑶、回、彝、土家、布依、侗、哈萨克、羌15个民族设置了本民族医药医院，共计203所。

国家中医药管理局医政司中西医结合及民族医药处处长赵文华在此间召开的"中国•贵阳中医药民族药博览会"上说，民族医药以其鲜明的特色疗效和相对低廉的服务价格，受到民族地区群众的欢迎。在民族地区，大多数中医院、乡镇卫生院和部分综合医院设立了民族医科，涵盖了18种民族医药。民族地区大多数的村卫生室和部分社区卫生服务机构也能提供民族医药服务。

据了解，"十一五"期间，中央财政共计安排专项资金7亿元支持35所地市级以上民族医院、79所县级民族医院基础设施建设。国家中医药管理局遴选了48个特色突出、优势明显、临床疗效显著的民族医专科加以扶持建设，一些民族医专科已成为当地患者诊疗某些疾病的首选。

提示：这条消息共三段，分别是导语、主题和背景介绍，在播读时要播出层次。另外，作为一条总结先进经验的正面新闻，感情态度要积极鲜明。

练习四

新华社消息：29日早晨，北京出现雷雨天气。受此影响，首都机场延误和取消航班近百架次。

首都机场股份有限公司有关负责人介绍，首都机场"运行协调管理委员会"和"旅客服务促进委员会"及时采取协调联动机制，迅速启动了大面积航班延误预案和防汛预案，各相关单位密切合作，多措并举，积极做好航班保障和旅客服务工作，尽可能将恶劣天气对旅客出行的影响降至最低。

在大面积航班延误的保障过程中，"首都机场运行协调管理委员会"实施联席办公、统一处置，重点对已登机的航班进行统计、排序、优先放行。对未登机的航班，根据当前的天气情况和未来的天气发展趋势，进行排序和相关保障，力求实现航班放行的无缝连接，最大限度减少延误。同时，实时统计各航空公司取消的航班信息，对外发布。

南航有关负责人介绍，南航北京分公司已启动航班延误蓝色预警机制运行指挥中心通过视频连线,与民航局空管总局、北京机场保持不间断联系,随时通报航班运行情况,全力跟踪天气演变趋势,并从安全运行的考虑出发,提高重要天气告警信息发布频率,为南航各地前往北京的航班增加了备份油量,选择最合理的备降场,并加强与各地区空管局的沟通协调力度;果断决定取消雷雨时间段受影响最大的北京航线航班,减少旅客不必要的等待时间,提前安置旅客食宿,并对今日每一个北京航线航班的时刻、机型和搭载旅客人数进行比对测算,计划通过更改机型、合并旅客、补班飞行等措施,为天气转好后第一时间恢复航班运行秩序做好准备。

提示:这条新闻消息属社会新闻,稿件中涉及的专有名词、术语较多,长句较多,这些都较为考验播讲者的播读能力。对于稍长的新闻稿件,播讲者要尽可能地认真备稿,做好前期的准备才能播得流畅。

练习五

2010年4月14日,原本是极其平常的一天。清晨7点49分,一个突如其来的瞬间改变了这里的一切。短短二十几秒的时间,让青海省玉树县的州府——结古镇,刹那间变成废墟。

那是个令人心痛的清晨,在地震来临的最初几分钟,住在哥哥家的才哇被这巨大的震颤给震懵了,回过神以后他立即冲出家门,开车赶往扎西大同村。他要回家,他知道,作为村干部,这一刻,他要和他的村民们在一起。

然而,这时的才哇看到,平日的家园已是满目疮痍。一路上,到处是坍塌的房屋和受伤的群众。想着那些倒塌的房屋下急需帮助的生命,才哇决定停下来,和当地的村民一起展开了救援。

最初的慌乱过后,幸免于难的人们,不分民族、不分性别,甚至不分年龄,都投入到救援之中。

"救人、快救人",才哇带领大家一边呼喊着,同时用双手在废墟里刨挖着,一直没有停歇下来。在这片废墟上,这个47岁的藏族汉子,这个宽厚的背影,这张黑红的脸膛和坚毅的目光,给悲伤的人们带来了信心和勇气。

这时女儿打来电话,告诉他,家里的房子全部塌了,妈妈、姐姐和侄子都被压在下面。但是,才哇还是选择了留下。

时间一分一秒地过去,焦急的女儿又一次打来电话,告诉他3位亲人已经遇难的消息。才哇对女儿说:"等我安顿好这里的人,就马上回去。"

放下电话,才哇继续在废墟中刨人,先后又有3个人被他徒手刨了出来,其中两人生还。这时的才哇急忙往家中赶去,路边又有许多受伤的村民求助,才哇只好又将4名重伤者先送到医院。就这样,才哇在回家的途中,不停地将被救群众,从现场送到医院,来来回回救助了30多名伤员之后,他才回到家中,这条不长的回家之路,才哇用了几乎一天的时间。

而这时,呈现在他眼前的是刚从废墟中挖出来的3位亲人的遗体,这个坚强的藏族汉子,忍不住泪流满面。玉树结古镇,在那个夜晚,人们点燃了千盏酥油灯,告慰逝去的生灵。

一位村民说:"经历寒冬的人,才知道太阳的温暖,经历灾难、痛苦的人,才懂得人间的真情。"

这之后,才哇几乎没有离开过救灾物资发放现场,印在人们心中的就是很多人都很熟悉的那个场景——青海省委书记强卫在救灾现场与才哇相拥而泣。强卫书记说:"这两天你一直为村民在奔波,在忙碌,在服务。确实更深地体现了共产党员的优秀品质,我感谢你。"

提示:这是一篇人物通讯,主人公才哇是一名优秀共产党员,要将主人公的先进事迹突出表现,需要播讲者充分调动思想感情。同时,由于稿件有一定长度,需要播讲者认真分析,播出重点、节奏。

练习六

广东韶关南雄坪田镇老宅村有1459人,村民多以种植水稻为生,去年人均纯收入只有400元。但是,今年3月,被村民意外看到的贫困户名单显示,百万富翁和村支书家族都领取了扶贫物资。

这种严重扰乱公平秩序的行为,指望道德说教已然无效,理应制度化地加以预防和制约,起码要在犯规者的信用账本上记一笔。对老宅村而言,村主任依法应由村民选举产生,村支书也应当接受党员监督,然而村民还是要走传统路线,把问题向上级反映,这无疑是村民自治的败笔。按照坪田镇党委书记的说法,老宅村贫困户名单制定于2007年,村干部来不及走民主程序,就随便填了包括亲朋好友在内的名单,四年前的穷户现在变富也很正常。但请试想,穷户变富也要有个过程,去年才领了乌鸡苗,难道半年多就能实现从贫困户到百万富翁的飞跃?村民反映十次之多,答复起来沆瀣一气,毫无镇书记应有的政治水准。

百万富翁和干部亲戚"被扶贫",是权力"私有化"的基层折射。通过这样一件"小事",不难看出,当下部分富翁和官员道德严重失范,乃至携手"损不足以奉有余",已经到了毫不遮掩的地步。对此决不能听之任之,以免给党和国家带来大患。

提示:这是一篇新闻评论,要充分发挥有声语言感情色彩鲜明突出的特点,将感情态度鲜明地呈现出来;另一方面,要用事实说话,以理服人,而不是以"势"压人。

练习七

近日，武汉市公安局交管局的一项新政引发热议：酒后驾车，除司机受罚之外，同车乘客乃至同桌饮酒者，均将视司机违法情节轻重，接受现场教育、1小时深度教育两种形式的处理。当地交管局称，新政是为加大对酒驾、醉驾的打击教育力度，关于对同车、同桌者开展教育具体举措目前还在研究当中。

酒驾者的"同车、同桌"也要接受教育，被某些人认为有"株连"之嫌。当地有关部门给出的解释则是："我们是教育，没说过要处罚"。

毋庸置疑，追责酒驾同车人的初衷挺好，也有助于加强对酒驾的震慑力。但实用考量的前提是经过了"合规性论证"。

就目前看，涉事警方避不开追问：如果对同车人的处理不是"行政处罚"只是"教育"，那他们可不可以不接受这样的"教育"？如果这种"教育"是强制的，和行政处罚区别在哪里？法律依据又在哪里？

《治安管理处罚法》明确把"警告"作为行政处罚措施之一。按照所谓"新政"，处理违法酒驾者的同时，对同车者现场教育或1小时深度教育，并非一般意义上的宣传教育，而是一种事实上的行政处罚或行政强制。

现代法治的基础是，每个人对自己的行为承担责任，而不能够任意波及、株连到他人。一个人醉驾，法律责任不能推及违法行为之外的人身上。

首先，这种"波及"他人，没有法律依据，《道路交通安全法》规定的酒驾处罚对象就是违法者，并没把同桌者、同饮者作为"共犯"来处罚。而"法无明文授权不得为"，是依法行政的重要原则。

其次，同桌者、同饮者本身是个外延很模糊的概念，有的是半路上车的，有的是临时赴宴的，对当事人醉驾本身可能不知情，如果受"池鱼之殃"，很难体现法治公平性。

有人认为，最近有些醉驾导致车祸的判决当中，同饮者也要部分承担赔偿责任，将之作为"同饮劝酒者也要接受交通违法教育"的理由。

但这混淆了民事责任和行政责任的边界。依据最高法相关司法解释，作为聚会的活动组织人、参与人，一般要对活动承担"合理范围内的安全保障义务"，对于同饮者最后那一家发生人身损害的，可能被认定没有承担"合理的安全保障义务"，可能要做出一定的赔偿，这是个民事责任，更多地体现了公平补偿原则；酒驾之后对同桌、同饮者进行"教育"，则是行政责任划定，应该明确违法的边界。

在全面推进依法治国的当下，"管理创新"和行政越权的边界应被恪守，任何执法创新也该经过合法性论证。动用新科技、大数据等新手段提高交通管理水平，是一回事；在无法律明确授权的情况下，直接对公民适用法律之外的实质性处罚、设定法律之外的义务,是另一回事。

提示:本文是一篇新闻评论,论证有力,逻辑性、思辨性较强。播读者在播读此类稿件时,要注意既要以理服人,还要以诚感人,深入浅出,让人心悦诚服。才能发挥好新闻舆论的积极引导作用。

练习八

饺 子

春节,是我国最重要的传统节日。春节的习俗丰富多彩,在除夕夜,北方人要吃团圆饺子。

饺子,在东周时称"饼饵",据说因其外形似耳朵而得名。到了隋朝,颜之推在他的文集中这样说:"今之馄饨,形如偃月,天下通食也。"可见饺子还曾称"馄饨"。民间还把这种偃月形的食品称作"粉角"或"角子"。

在新疆吐鲁番阿斯塔那的唐墓里,曾出土距今1300年前唐代的饺子,出土时,一只饺子和四只馄饨一起放在一个木碗中,证实至少在唐代就已经有了像现在一样的饺子,并且饺子与馄饨已分为两个不同的品种,连我国边远地区都已食用。

后来,很长一段时间把饺子称为"扁食"。在《帝京岁时纪胜》中就有"扁食包细馅"的记载。至今陕西一些地区仍把饺子称为扁食。

清朝入关后,满族把饺子、糕点、馒头等统称为饽饽,把饺子称煮饽饽。人们如果形容一个不苟言笑的人,就说这个人是"见了煮饽饽也不乐"。

民间有"好吃不过饺子"的俗语。可见这种可荤可素、营养全面的传统饮食,多么受到人们的钟爱,一直流传千年以上。尽管名称不断变化,人们对它的喜爱却从来不变,以致成了过年必备的饮食。按照民间的习俗,除夕夜的"子时",要放鞭炮、吃饺子、辞旧迎新。由于除夕夜是二年相交于"子时",意寓"交子"。后来就把"交子"时吃的这种美食谐音称"饺子"。从此,"饺子"不仅是美食,还蕴含了美妙的文化色彩。

提示:这是一篇说明文,介绍了北方一种传统的面食——饺子。饺子是喜庆过节时的一种食物,所以这篇稿件也要播出欢乐祥和的感情基调;本篇按照历史时间的线索,说明不同时期的饺子的称谓,要有一种历史感和民族自豪感。

练习九

元青花之谜

在青花瓷的家族里,元青花的名字一听就如雷贯耳。然而,元代青花瓷从诞生之日起,就给后世留下了众多的谜团。

第一个谜就是它的纹饰为什么是蓝色的。蒙古人尚白尚蓝,是受波斯文化的影响。在13世纪初,由于成吉思汗异军突起,他和他的继承者多次征服了西亚、中亚,打通了中西文化交流的通道。大批阿拉伯人、波斯人和突厥人涌入中国,他们带来了西域的文化。蓝色是西域波斯文化的主色调,今天去中东我们依然可以看见到处都是以蓝色为主色调的建筑。

第二个谜就是它的发展没有初创期,没有萌芽期,它是突然成熟的。过去任何一个瓷窑,其发展脉络都能看得清清楚楚。元青花则不然,你看见的时候,它就不是襁褓中的婴儿,而是亭亭玉立的大姑娘了。这有多种解释:有的说元青花不是元代早期出现的,而是元代中晚期出现的,那个时候,波斯人带来了现成的原材料和成熟的工艺,元青花直接受波斯文化的影响。另外一种说法是元代以后有大量北方工匠南迁,他们绘画能力都比较强,他们来到南方的景德镇驻扎下来,在景德镇漂亮的瓷胎上重新开始作画,只不过是换了纸、换了颜料而已,技艺上没有什么区别。元青花的这种突然成熟,从学术角度讲,至今还有很多问题尚待研究。

第三个谜是元青花纹饰为什么题材众多。元青花早期的题材大都是花卉、鸟兽、龙凤,后期才出现了人物题材。后期画人物的第一个原因是元青花受元曲和小说的影响,注意展现情节。第二个原因是在元朝后期,朱元璋没有拿下江山之前,曾长时间驻扎在景德镇。他对景德镇的瓷器生产应该有过影响,由于他对战争故事的关注,以人物为纹饰题材的作品开始逐渐增多。

第四个谜是元青花造型硕大,大件瓷器特别多,如大盘、大罐、大瓶。土耳其的托布卡比宫里有元青花大件瓷器几十件,都是中国当时出口的。元青花大器特别多有一个原因,就是跟蒙古人的性格有关。蒙古人性格粗犷,不拘小节。比如江西高安出土的元青花当中有一个"把杯",所谓"把杯",就是高足杯,下面的足可以用手攥着。为什么做成这样的呢?因为元人是马上民族,他骑在马上,一只手腾出来就可以攥住这个杯子。

元青花自其诞生之日起,就迅速繁荣起来。后来的明清两代,瓷器都以青花为主。元青花是汉族文化、西域波斯文化、蒙古文化的结晶。正是因为其产生的特殊历史背景和蕴藏的民族文化内涵,千百年来,它以扑朔迷离的光泽闪烁在历史的记忆中。

提示:这篇说明文为大家介绍了一种瓷器——元青花瓷。青花瓷色彩清雅秀丽,播出时要注意感情基调的把握;文中大量的设问,旨在提示听众的注意,考生播读时要注意这些设问的表达方法,要既亲切自然又启发诱导。

练习十

家

万志为

母亲发上的颜色给了我
又还为原来的白
父亲眼中的神采传了我
复现归隐的淡然
一个很美的名字
我过分依恋的地方
当灯火盏盏灭尽
只有一盏灯
当门扉扇扇紧闭

只有一扇门
只有一盏发黄的灯
只有一扇虚掩的门
无论飞越了天涯或走过了海角
只要轻轻回头

永远有一盏灯，在一扇门后
只因它有一个很美的名字
就有了海的宽容

提示： 父母亲情、家庭温暖是诗歌的传统题材，本诗作者是一位台湾女诗人，她以一种女性的真情和温柔的方式，表述了自己视角中的家。朗诵的时候注意把作者对"家"以及家中的"父亲""母亲"和"发黄的灯""虚掩的门"的亲切感在情感上细腻地表现出来。

练习十一

林下的小语

戴望舒

走进幽暗的树林里，
人们在心头感到寒冷。
亲爱的，在心头你也感到寒冷吗，
当你在我的怀里，
而我们的唇又黏着的时候？

不要微笑，亲爱的：
啼泣一些是温柔的，
啼泣吧，亲爱的，啼泣在我的膝上，
在我的胸头，在我的颈边：
啼泣不是一个短促的欢乐。

"追随你到世界的尽头，"
你固执地这样说着吗？
你在戏谑吧！你去追平原的天风吧！
我呢，我是比天风更轻，更轻，
是你永远追随不到的。

哦，不要请求我的无用心了！
你到山上去觅珊瑚吧，
你到海底去觅花枝吧；
什么是我们的好时光的纪念吗？
在这里，亲爱的，在这里，

这沉哀的,这绛色的沉哀。

提示:在爱情生活中,情投意合,心心相印,是最好不过的;格格不入,被拒之千里,也干脆痛快。唯有爱之不得、欲罢不忍,最让人苦不堪言。在很长一段时间里,戴望舒都被这种痛苦折磨着,他既得不到施绛年的爱,又不舍得与之一刀两断。朗诵时注意把握这种折磨中的爱的感觉。

练习十二

乌骓别霸王

这汗津津的一身疲惫
冷冷地包裹着我苍凉的心
霸王啊,霸王,我的横扫千军的霸王
就在你枕剑酣睡的时候
呼啸的狂风吹来四面楚歌
我腾地而起,用带血的嘶鸣把你唤醒

霸王啊,霸王,我的义薄云天的霸王
这黑沉沉的夜晚
这楚歌如潮的夜晚
这血雨腥风扑天而来的夜晚
你不该用缰绳窒息我的怒火,锁住我
　　的悲愤

霸王啊,霸王,我的气吞山河的霸王
千万里血流成河
没有阻挡我勇往直前的血性
数不清的刀光剑影
没有遮盖我喷射烈火的眼睛
霸王啊,今晚,你不该用围栏困住我
　　为你冲杀的豪情

霸王啊,霸王,我的力拔泰山的霸王
就暂且放下你手中的酒杯吧
用你那把寒光凝血的利剑
砍断锁住我的缰绳,

让我一声长啸,向你作生离死别的辞行
就果断地放下你怀中的虞姬
用你无数次爱抚我的大手
打开困我的栅栏
让我一路奋蹄,为你把突围的道路踏平

霸王啊,霸王,我的豪气盖世的霸王
你没有啊,你没有
这杀声震天的时刻,这绝境求生的时刻
你的杯中为什么只有无奈的惆怅
你的怀中为什么只有虞姬的拥吻
霸王啊,霸王,你看不见我泪流满面吗
我不仅仅是在悲愤啊,我还在剜心刻骨
　　地痛心
江山是江东父老的江山
美人却只是你霸王一个人的美人

霸王啊,我的霸王,我的沽名钓誉的
　　霸王
我不仅仅是剜心刻骨的痛心
我还在撕肝裂胆地反省

鸿门宴上你用天真放跑了刘邦
荥阳城外你用猜疑赶走了范增

划一条鸿沟

你的善意没有引来和平的甘泉
引来一场残酷的战争

点一把大火
你燃烧的虽然是胜利者短暂的激情
可焚毁的是老百姓长久的信任

发一个号令
你劫掠了阿房宫的珠宝和美女啊
却把人间的正义和美德化为灰烬

霸王啊,我的霸王,我的英雄气短的霸王
你为什么,为什么就不能效仿越王勾践尝胆卧薪
千百万江东父老还在把你殷殷期盼
家乡的山山水水到处传颂着你的英名

霸王啊,一个虞姬为什么就这样让你痴情
难道东山再起的旗帜竟不如她飘飞的衣裙
霸王啊,一柄短剑为什么就这样让你无情
难道收拾河山的壮怀竟不能容纳你的憧憬

奔流不息的乌江啊,此刻正在为你哭泣
悲风怒号的垓下啊,此刻正在为你伤心

霸王啊,我的霸王,我的相依为命的霸王
你是我的生命,我也是你的生命
你举起了短剑,倒在了虞姬冰冷的怀中
我迈开了脚步,走向乌江汹涌的江心
就让我悲愤的泪水汇入无尽的江流吧
为你化作流传千秋永不停歇的嘶鸣
就让我悲愤的泪水汇入无尽的江流吧
为你化作流传千秋永不停歇的嘶鸣

提示:这篇诗歌是以楚霸王项羽的坐骑乌骓马的口吻讲述的,拟人手法的运用,需要播读者找到类似的人物形象,性情刚烈、忠贞不贰、感情强烈真挚、爱憎分明。在播讲时,要充分调动联想和想象,以实现情景再现,使人身临其境。

练习十三

大漠胡杨

兰承晖

水为生命之源,对于地处欧亚大陆中心的南疆来说,有绿色的地方就一定有水,有生命。因此,自打到了南疆,无论是在戈壁、在大漠、在荒滩,我都无法摆脱这种非常执着的审美情趣——关注绿色。那开着红色小花的红柳让我欣慰,那寂寞孤零的骆驼刺令我惊喜,然而有一种景观更令我的心灵为之震撼——在茫茫戈壁的深处,在浩瀚沙海的边缘,在一片阳光骄纵风沙暴烈的盐碱地上,有一种顽强的植物挑战其间,一片千姿百态的胡杨林展现在我们面前。

将这片植被称之为林,只是胡杨树相对比较集中而已,它既没有莽莽苍苍的气势,

也没有参天蔽日的雄姿,更不闻百鸟来朝的奏鸣。放眼望去,在这片贫瘠得似乎不可能有绿色的地方,胡杨树的分布稀稀落落,大小状况参差不齐,有的活着,有的干枯,有的倒下。活着的,树冠昂扬,树叶繁茂;干枯的,躯体光秃,傲视苍穹;倒下的,木质如铁,叩之有声。一阵漠风裹着浑黄的沙尘卷过林梢,苍劲的枝条沉着而又倔犟地摇曳反弹。吸收了太多盐碱成分的胡杨树叶,不是水灵的嫩绿,也不是浓郁的翠绿,而是显得厚重粗糙的灰绿,又苦又涩连骆驼都不愿啃嚼。这也许是地球上唯一一种不会遭受虫灾的树林。早在进疆之前,我就听过关于胡杨的评说。在长达1300多公里的塔里木河流域,几十万亩以胡杨林为主的河岸植被像一道绿色的屏障,遮挡着疯狂肆虐的沙暴,护卫着"母亲河"两岸的生态系统,滋养着南疆几百万各族人民。这个杨柳科落叶乔木家族,在极其恶劣的生存环境之中,活而不死一千年,死而不倒一千年,倒而不朽一千年。三千年的胡杨,上亿年的历史。无论是纵向还是横向,它都是地球上的生物链条中生命力极为坚韧的一环。

告别胡杨林,我在想,存在即挑战,这是胡杨昭示的生存意义;苦难中奋斗,这是胡杨所选择的生存状态。更令人深思的是,在这个生存条件绝对恶劣的地域,胡杨何以生活得如此粗犷,如此壮丽?塔里木的胡杨印证了这样一条规律:越是死亡之海,越是生命禁区,就越有可能创造生命的奇迹!

提示:这篇文艺作品咏物抒怀,用沙漠中胡杨的形象,歌颂了生命的坚强不屈。前两段主要写景,欲扬先抑,播读时要注意层次的递进;最后一段抒情,充满了感慨和赞美,并给人以深思。

练习十四

第六颗钻石

部门经过严格的考试,我在一家出售珠宝的商店当上了临时售货员。这是我找到的第一份工作。

两星期下来,我听到部门经理对老板说:"她是个好孩子,我建议留用她……"

然而,就在第15天,出事了。那天下午,有个衣衫不整、又高又瘦的人老是在柜台边溜达。从他苍白忧郁的脸庞可以看出,他是一个失业者。

这时,部门经理吩咐我取个珠宝盒。盒子放在高处,要爬上一架小小的扶梯才够得着。我在下来时,一不小心,衣袖带翻了一个盛着钻石的托盘,我赶紧伸手抓住盘子,但还是有六颗钻石滚落在地。

经理走了过来。"赶快捡起来,"他说,"放回去。"

我迅速从地上拾起五颗钻石,却怎么也找不到第六颗了。我找遍了墙角和柜底,就是找不到!"怎么办?"我焦躁不安,像疯了一般到处乱翻。蓦地,我想起了那个人:"准是他拿了钻石。"因为钻石最有可能滚到他刚才站着的地方。这时,他正向外走。

当他就要推门出去时,我喊道:"对不起,先生!请等一下!"

他转过身来,"你有事吗?"他脸上肌肉直抽动,表情很不自然。我想起母亲常对我说,人大都是心地善良的。于是,我看着他的眼睛说:"这是我的第一份工作。您知道,现在工作很难找,请多多关照。"

他也看了看我,脸上浮现出友善的微笑。"是的,工作的确是很难找。"他回答,"我能肯定,你在这里干得不错,祝你好运!"他伸出手握住了我的手。略一停顿,他松开了手,推门离开了珠宝店。

我伸开手,第六颗钻石正躺在手心。

提示:这篇小故事以小见大地表达出善良在我们生命中的意义和作用,通过第一人称的叙述方式,使故事真实可信。播读时要注意语气要吻合一个年轻善良、积极面对生活的青年的形象,以使表达生动鲜明,引人深思。

练习十五

故乡的水土

林清玄

第一次出国,妈妈帮我整行李,在行李整得差不多的时候,她突然拿出一个透明的小瓶子,里面装着黑色的东西。

"把这个带在行李箱里,保佑旅行平安。"妈妈说。

"这是什么密件?"

妈妈说:"这是我们门口抓的泥土和家里的水。你没听说旅行如果会生病,就是因为水土不服,带着一瓶水土,你走到哪里,哪里就是故乡,就不会水土不服了。"

妈妈还告诉我,这是我们闽南人的传统,祖先从唐山过台湾时,人人都带着一些故乡的泥土,一点随身携带、一点放在祖厅、一点撒在田里,因为故乡水土的保佑才使先人在蛮荒之地,垦出富庶之乡。

此后,我每次出门旅行,总会随身携带一瓶故乡的水土,有时候在客寓的旅店,把那瓶水土拿出来端详,就觉得那灰黑色的水土非常美丽,充满了力量。

故乡的水土生养我们,使我们长成顶天立地的男儿,即使漂流万里,在寂寞的异国之夜,也能充满柔情与壮怀。

那一瓶水土中不仅有着故乡之爱,还有妈妈的祝福,这祝福绵长悠远,一直照护着我。

提示: 本篇散文出自台湾著名散文家林清玄,备稿时要对林清玄的写作风格做一大概了解。本片稿件以"水土"表现"故土",以"故土"暗示"母子",蕴藉深厚,含而不露,所以要注意语气的把握,平淡中透着浓浓的思乡情怀。

练习十六

那个曙光初明的时代

蒋勋

在洪荒的大地上,人类摇摇摆摆站立了起来——遥望着远远的辽阔的地平线,遥望着远远的破晓前大地上初初透出的曙光。

将要黎明了,一轮红日将从大地上升起,那个以后被汉字写作"旦"的形象,原来正是太阳从大地上升起的画面。

我们叫作"元旦"的那个日子,是一年三百六十五天中的第一个黎明、第一个日出、第一个充满朝气与喜悦的日子。日出之前,有许多眼睛凝视着大地,凝视着一条广阔的地平线,凝视着越来越盛大的黎明的光。从暗紫墨黑中逐渐透露出的金黄、鱼肚白、玫瑰的粉红,那被叫做"曙光"的时刻,是梦想与渴望的时刻。

那些裁切开的石头——

那些用手盘筑出来的泥土——

那些被编织起来的草绳、棉花或竹片——

那些被敲打成形的金银的花纹——

人类的手是一切美的起点,在曙光照耀下,一双双的手开始了玉石雕刻,陶土抟揉,开始了编织,开始了"切""磋""琢""磨"。

在黄河的两岸,长江的两岸,都有一个一个的聚落,用自己的手,"切""磋""琢""磨",使岩石从粗糙变得细致,从冰冷变得温润,从沉重变得轻盈,从大荒中一块无知的顽石,变成沁透了人的精魂血汗的宝玉。

玉石文化便成为黄河、长江两岸曙光里最早的美学记忆。

曙光的时刻,没有文字的年代,没有金属的年代,河流两岸的居民用双手制作出一片一片的玉璧,完成他们要传承的"圆"的信念。曙光初期,他们抚摸着完成的"玉璧",对着天空将要出现的"日轮",知道"圆"是"周而复始",知道"圆"是"圆满","圆"是"团圆"。因此,"圆"就不只是设计出的造型,而是万民的向往。

我时时回到曙光初明的时代,重新理解"美"在那混沌茫昧岁月中的意义。

提示: 本片是台湾作家蒋勋的著名散文,播讲者在备稿时需了解作者及其文风。本篇的主旨赞扬中华文明,字里行间流露出赞美和崇敬。本篇有几处重点需要读者认真领会,如"旦"的意象、"玉"的意象。

练习十七

生命的震撼

那年,我在南非克鲁格国家公园拍摄风光片,意外地捕捉到了一段动人心弦的真实画面。

那天傍晚,一群野牛正沿着河岸缓缓前行,而在前方不远处,六七只狮子,正藏在草丛里,等待着猎物的到来。两头大野牛和一头小野牛不知道前方危机四伏,它们欢快地向前奔跑,距离队伍越来越远,却离狮口越来越近。

没有任何征兆,埋伏的狮子们就纷纷跃起,3头野牛猝不及防,已与狮子狭路相逢。

野牛急忙掉头逃跑,但是,狮子的速度更快,一只狮子几个起落,就追上了落在最后面的小野牛,并将其狠命地扑进河里。小野牛在河水里挣扎着,几只狮子一起咬住它,它们要把这个战利品拖上河岸来享用。但就在小牛即将被拖上岸时,河水里突然一片翻腾,一条巨鳄从河中一跃而起,它张开血盆大口,牢牢地咬住了小牛的尾巴,向河里狠命地拖拽着小牛。就这样,群狮与鳄鱼在河边展开了争夺小牛的拉锯战。几番撕扯,胜负已见,最终小牛被拉上了岸。

我看着那可怜的小牛,它即将成为狮子的美餐了,这也许是自然界弱肉强食的必然结局。但我突然发现,那刚刚逃走的两头野牛,竟带着近百头身强体壮的野牛狂奔而来。原来,它们在生死关头,丢下小牛逃去,并非为了苟且偷生,而是去搬救兵。

众野牛如风而至,把几只狮子团团围在中间,一头野牛开始狂追一只狮子,这画面让人毕生难忘:在强悍的猛兽面前,这头食草动物的温顺软弱已经荡然无存,它吼声如雷,似威武的战将;而那狮子的威风,早已消失殆尽,它在这头野牛面前落荒逃跑。但是,剩下的狮子依然咬住小牛不肯松口。

野牛们终于发怒了。它们结成战阵,逼近狮子。一头野牛对着狮子疾冲上去,用牛角猛力一挑,一只狮子就飞到了空中,然后狠狠摔到地上。在雷霆万钧的气势下,剩下的几只狮子终于面露惶恐,它们无力地抵抗了几下,便松开口,四散逃窜了。

如血的残阳中,野牛们如一个个勇猛的战士,它们用勇敢与力量,上演了一场悲壮的生命之歌。

提示:这篇作品生动描写了动物世界的一场战斗,战斗的过程艰苦而凶险,在播读时注意基调的把握。在感情色彩方面,要留意到情感态度的色彩和分寸,野牛的勇猛顽强、狮子的凶狠、鳄鱼的残暴,都需要鲜明地表现出来。

练习十八

祖父的园子
萧 红

我家有一个大花园,这花园里蜜蜂、蝴蝶、蜻蜓、蚂蚱,样样都有。蝴蝶有白蝴蝶、黄蝴蝶。这种蝴蝶小,不太好看。好看的是大红蝴蝶,满身带着金粉。蜻蜓是金的,蚂蚱是绿的。蜜蜂则嗡嗡地飞着,满身绒毛,落到一朵花上,胖乎乎,圆滚滚,就像一个小毛球,停在上面一动不动了。

花园里边明晃晃的,红的红,绿的绿,新鲜漂亮。

祖父整天都在园子里,我也跟着他在里面转。祖父戴一顶大草帽,我戴一顶小草帽;祖父栽花,我就栽花;祖父拔草,我就拔草。祖父种小白菜的时候,我就在后边,用脚把那下了种的土窝一个一个地溜平。其实,不过是东一脚西一脚地瞎闹。有时不但没有盖上菜种,反而把它踢飞了。

祖父铲地,我也铲地。因为我太小,拿不动锄头杆,祖父就把锄头杆拔下来,让我单拿着那个锄头的"头"来铲。其实哪里是铲,不过是伏在地上,用锄头乱钩一阵。我认不得哪个是苗,哪个是草,往往把谷穗当作野草割掉,把狗尾草当作谷穗留着。

祖父发现我铲的那块地还留着一片狗尾草,就问我:"这是什么?"

我说:"谷子。"

祖父大笑起来,笑够了,把草拔下来,问我:"你每天吃的就是这个吗?"

我说:"是的。"

我看祖父还在笑,就说:"你不信,我到屋里拿来给你看。"

我跑到屋里拿了一个谷穗,远远地抛给祖父,说:"这不是一样的吗?"

祖父把我叫过去,慢慢讲给我听,说谷子是有芒针的,狗尾草却没有,只是毛嘟嘟的,很像狗尾巴。

我并不细看,不过马马虎虎承认下来就是了。一抬头,看见一个黄瓜长大了,我跑过去摘下来,吃黄瓜去了。黄瓜还没有吃完,我又看见一只大蜻蜓从旁边飞过,于是丢下黄瓜追蜻蜓了。蜻蜓飞得那么快,哪里会追得上?好在也没有存心一定要追上,跟着蜻蜓跑几步就又去做别的了。采一朵倭瓜花,捉一个绿蚂蚱,把蚂蚱腿用线绑上,绑了一会儿,线头上只拴着一条腿,蚂蚱不见了。

玩腻了,我又跑到祖父那里乱闹一阵。祖父浇菜,我也过来浇,但不是往菜上浇,而是拿着水瓢,拼尽了力气,把水往天空一扬,大喊着:

"下雨啰!下雨啰!"

太阳在园子里是特别大的,天空是特别高的。太阳光芒四射,亮得使人睁不开眼睛,亮得蚯蚓不敢钻出地面来,蝙蝠不敢从黑暗的地方飞出来。凡是在太阳下的,都是健康的、漂亮的。拍一拍手,仿佛大树都会发出声响;叫一两声,好像对面的土墙都会回答。

花开了,就像睡醒了似的。鸟飞了,就像在天上逛似的。虫子叫了,就像虫子在说话似的。一切都活了,要做什么,就做什么。要怎么样,就怎么样,都是自由的。倭瓜愿意爬上架就爬上架,愿意爬上房就爬上房。黄瓜愿意开一朵花,就开一朵花,愿意结一个瓜,就结一个瓜。若都不愿意,就是一个瓜也不结,一朵花也不开,也没有人问它。玉米愿意长多高就长多高,它若愿意长上天去,也没有人管。蝴蝶随意地飞,一会儿从墙头上飞来一对黄蝴蝶,一会儿又从墙头上飞走一只白蝴蝶。它们是从谁家来的,又飞到谁家去？太阳也不知道。

天空蓝悠悠的,又高又远。

白云来了,一大团一大团的,从祖父的头上飘过,好像要压到了祖父的草帽上。

我玩累了,就在房子底下找个阴凉的地方睡着了。不用枕头,不用席子,把草帽遮在脸上就睡了。

提示:本篇是萧红的小说《呼兰河传》中的一段,作者回忆了童年时代的无忧无虑的幸福生活,笔端充满天真童稚的趣味,播读者在播读时,要充分调动自己情感中天真无邪的那一部分,表达出作者对那段生活的美好回忆。

练习十九

青虫之爱

我有一个女友,就是今天大家常说的闺蜜,小时候特别害怕虫子。大家不止一次地想法治她这个毛病。早春天,男生把飘落的杨花坠,偷偷地夹在她的书页里。待她走进教室,翻开书,眼皮一翻,身子一软,就悄无声息地瘫到桌子底下了。从此再不敢锻炼她。

许多年过去,我们各自都成了家,有了孩子。一天,她到我家中做客,我下厨,她在一旁帮忙。我择柿子椒的时候,突然钻出一条青虫,胖如蚕豆,背上还长着簇簇黑刺。我下意识地将半个柿子椒像着了火的手榴弹扔出老远。然后用杀虫剂将那虫子扑死,才想起酷怕虫的女友,未曾听到她惊呼,该不是吓得晕厥过去了吧?

回头寻她,只见她神态自若地看着我,淡淡说,一条小虫,何必如此慌张。我比刚才看到虫子还愕然地说,啊,你居然不怕虫子了？吃了什么抗过敏药?

女友苦笑说,怕还是怕啊。只是我已经练得能面不改色,一般人绝看不出破绽。你知道我为什么怕虫子吗？我撇撇嘴说,我又不是你妈,我怎么会知道啊!

女友说,你可算说到点子上了,怕虫就是和我妈有关。我小的时候,有一次叫虫蜇了。从此以后我妈只要看到我的身旁有虫子,就大喊大叫地吓唬我……一来二去的,我就成了条件反射,看到虫子,真魂出窍。

后来如何好的呢? 我追问。

女友说别急,听我慢慢说。有一天,我抱着女儿上公园,那时她刚刚会讲话。我们在林荫路上走着,突然她说,妈妈……头上……她说着,把一缕东西从我的发上摘下,托在手里,邀功般地给我看。

我定睛一看,魂飞天外——一条五彩斑斓的虫子,在女儿的小手内,显得狰狞万分。

我第一个反应是要像以往一样昏倒,但是我倒不下去,因为我抱着我的孩子。如果我倒了,就会摔坏她。第二个反应是想撕肝裂胆地叫一声。但我立即想到,万万叫不得。我一喊,就会吓坏了我的孩子。于是我硬是把喷到舌尖的叫,咽了下去。如果我害怕,把虫子丢在地上,女儿一定从此种下了虫可怕的印象。在她的眼中,妈妈是无所不能无所畏惧的,如果有什么东西把妈妈吓成了这个样子,那这东西一定是极其可怕的。

我颤颤巍巍地伸出手,长大以后第一次把一只活的虫子,捏在手心,翻过来掉过去地观赏着那虫子,还假装很开心地咧着嘴,因为女儿正在目不转睛地看着我呢。那一刻,真比百年还难熬。女儿清澈无瑕的目光笼罩着我,我不能有丝毫的退缩,我不能把我病态的恐惧传给她……

不知过了多久,我把虫子轻轻地放在了地上,我对女儿说,这是虫子。虫子没什么可怕的。有的虫子有毒,你别用手去摸。不过,大多数虫子是可以摸的……

那只虫子,就在地上慢慢地爬远了。女儿还对它扬扬小手,说"拜……"。我抱起女儿,半天一步都没有走动。衣服早已被黏黏的汗浸湿。

女友说完,好久好久,厨房里寂静无声。我说,原来你的药,就是你的女儿给你的啊。

女友纠正道,我的药,是我给我自己的,那就是对女儿的爱。

提示:本篇同样是以歌颂母爱为主题,但切入点非常小,正所谓"一粒沙里看世界",我们在播读时,注意语气要娓娓道来,举重若轻,方能在平凡中提炼出不凡的境界。

练习二十

牵着母亲过马路

周末回家,母亲喜不自禁,一定要上街买点好菜。我便说:"我陪你去吧!"母亲乐呵呵地说:"好,好,你去,你说买啥,妈就买啥。"

到菜场需要走一段人行道,再横穿一条马路。正是下班时间,大街上车来车往,川流不息的人群匆匆而行。她提着菜篮,挨着我边走边谈些家长里短,穿过马路,就是菜场了。母亲突然停了下来,她把菜篮挎在臂弯,腾出右手,向我伸来……

刹那间,我的心灵震颤起来:这是一个多么熟悉的动作呀!

上小学时,我每天都要穿过一条马路才能到学校。母亲那时在包装厂上班。学校在城东,厂在城西,母亲担心我出事,每天都要送我,一直把我送过公路才折身回去上班。横穿马路时,她总是向我伸出右手,把我的小手握在她掌心,牵着走到公路对面。然后低下身子,一遍遍地叮嘱:"要先看红绿灯再过马路……"

20多年过去了,昔日的小手已长成一双男子汉的大手,昔日的泥石公路已改进成混凝土路,昔日年轻的母亲已经皱纹满面,手指枯瘦,但她牵手的动作依然如此娴熟。她一生吃了许多苦,受了许多罪,这些都被她掠头发一样一一掠散,但永远也抹不去爱子的情肠。

我没有把手递过去,而是伸出一只手从她臂弯上取下篮子,提在手上,另一只手轻轻握住她的手,对她说:"小时候,每逢过马路都是你牵我,今天过马路,让我牵你吧!"母亲的眼里闪过惊喜,笑容荡漾开来,像一个老农面对丰收的农田,像一个渔民提着沉甸甸的渔网……

提示:本篇通过描写生活中的细节,歌颂了母爱的伟大,以小见大、见微知著。口语化的文字特点,营造出闲话家常、娓娓道来的风格,这也要求播讲者在播读时要力求自然生动,少夸张渲染,只在重点处着力点染就好。

练习二十一

乌苏里江放歌

每每听到这优美的旋律,这深情的歌声,我眼前便有一条江,一条清澈见底的江,一条碧波荡漾的江,一条白雾迷离的江,一条渔歌袅袅的江……

乌-苏-里-江——守望祖国东北边陲的一条江,我家乡的一条江,我魂牵梦萦的一条江!!!!!

天生丽质的乌苏里,您还记得那个赤着脚丫、光着肩膀的江娃吗?还记得那个在您身边疯起来没完没了的江娃吗?还记得那个余晖散尽忘了回家、和伙伴不时撩起咯咯笑声的江娃吗?

多年以后的今天,我生活在一座繁华纷乱的都市,却有一条江一直在我的梦里流淌,仿佛那么远,又那么近。

与江为伴的童年时光,我心中的乌苏里永远是春天里渔民扎布大叔那声悠长的:"开江喽!"永远是排山倒海般撒野,石破天惊般炸响的大块冰排!永远是夏日中于星罗棋布的小岛上,悠然嬉戏的水鸟。是秋风乍起时,渔网中翻腾跳跃的大马哈鱼,是一夜清雪后,白山黑水间时隐时现的东北虎,是喀尔喀山的漫山叠彩,是珍宝岛上江鸥的低鸣,更是扎布大叔故事里山神的传说……

我依恋着乌苏里江波光水影,我依恋着乌苏里江潋滟秀色,我更依恋江岸长着漫山遍野珍宝的座座山峰。多少年过去了,我依然清晰记着那些绕口的山名。喀尔喀山啊,你还记得曾经年年都来采艾蒿踏青的小孩伢子吗?你或许忘了,但我想参天的古木一定记得,亭亭的白桦一定记得,还有溶进我血液里红红的杜鹃花一定记得。

我童年的伙伴,我的扎布大叔,我的乡亲你们还好吗?我的驻守在流着英雄鲜血的珍宝岛上的兵大哥们你们还好吗?我的热情好客赫哲族大爷大娘、兄弟姐妹你们好吗?

如今在这喧嚣热闹的都市,在这心儿忙碌流浪的都市,我没有少过朋友,身边总是热闹的,但这无法掩饰我内心的孤寂啊!乌苏里江啊,你可知道,我的心是你身边一只鱼鹰,都市的钢铁高楼哪够我纵意翱翔?只有在你宽阔绵长的江畔,还有江畔的茂密森林中,那才是我驰骋纵横的地方;只有你壮美的山岗上,以及山岗上那轮金黄的皓月下,我才能肆意啼鸣,倾诉衷肠!

喀尔喀山的雪啊,万年冰封,听着这歌声久久回荡!

乌苏里江的水啊,亘古横流,看着这民族蒸蒸日上!

乌苏里江,你流淌在我的骨子里,我的血液中,我的心灵上,我母亲的江啊!每当彩霞满天,我多么想再听到低沉优美的"伊玛堪"渔歌在赫哲村落久久回荡。

我多么希望再听到,您轻轻唤一声:我久违的乳名,让我的泪水与江水一泻千里!乌苏里江,我永远挚爱的故乡!

提示:这是一篇抒情散文,通过优美的语言回忆和歌颂家乡的乌苏里江,表达深切的思乡情绪。这种思乡情借助对欢乐童年的回忆来展现,有如画的美景、亲切的乡亲、可爱的动物。在播读中,始终要以情贯穿全篇,真挚而热烈。同时文中有多处直抒胸臆的呼唤和问话,都要体会真听、真看、真问、真感受。

练习二十二

十元钱的红包

乡下的表叔又来了,送来两块自制的腊肉和几把面条,还有我们最爱吃但城里菜市里不易买到的油菜头。临走,还给每个侄孙儿女发一个红包。红包也是自制的,用红纸和带着粮食香气的糨糊粘合而成,上面用毛笔工整地写着孩子的名字以及"新年快乐、健康成长"之类的文字,里面装着一张崭新的十元钞票。这是他多年如一的规定动作,在距春节前十几天一定要完成,然后心满意足地回家,整个正月不进城里来。因为这样,可以躲开亲戚们给他的孙子发红包。他这样的举动,还包括亲戚们每一次婚丧嫁娶的酒席。他通常是在自己能力范围内,送最大一份贺礼,但这份贺礼与另外的贺礼相比,也如他的压岁红包与别的压岁红包之间的差异一样,他为了不占一个酒席位子,而总是悄悄躲得很远。他不想被人当成空手套白狼的穷亲戚。

对于被一年比一年更厚的红包撑大了胃口的孩子们来说,表爷爷那个外表土气且身材瘦小的红包引来的轻视与不屑是可想而知的。拿到表爷爷的红包后,性格内敛一点的孩子,将红包在脸上扇扇,做个鬼脸坏坏地笑一下;而性情外露一点的,则撇撇嘴,有声或无声地说一声"抠门"。对于这些在银行账户上积累的压岁钱都超五位数的小富翁们来说,这十元钱的小红包,实在太小了。而在这个以大小论红包美丑的时代,它的不招待见,也是显而易见的,它决定了某些侄孙儿们对这位表爷爷的观感。

表叔也是知道孩子们对他的看法,但他从不计较,也不争辩,更不会向孩子们解释这10元钱需要他卖5斤米,这5斤米需要收8斤谷子,8斤谷子需要他在1.5平方米的稻田耕种收割忙活几季,他全家可以凭此过两天的生活。在发完红包之后,他总半是愉悦半是遗憾地离开,让观者心中有一种空落落的感觉。

表兄妹们似乎也有此同感,有人曾当面对表叔说让他今后别再给孩子们发红包。表叔总是笑笑,说:"这大过年的,给孩子们送个祝福,添点喜气,你总不能让我们这些穷人,连祝福别人的权利都没有了吧?"他说这话时的表情,平静地让说者在心中暗骂自己混蛋,并忍不住向自己提这样一个问题:现在,许多人都把压岁钱和春节贺礼搞得跟军备竞赛似的,你砸过去三百五百,我报复性地回五百一千。心里并不完全情愿,而嘴里却笑嘻嘻。这样的结果,是红包越来越厚,而人情却越来越薄,亲情中一些温暖的东西在悄悄变冷变淡。每个人都在抱怨不妥,但却没有一个人愿意从自己开始着手改变。

表叔坚持给孩子们发红包,是为了感谢城里的亲戚们在他前些年做胃切除手术时对他的资助。他知道,就数量而言,那些钱是他这辈子永远不可能还得清的。但他多年来很上心地为我们所做的一切,却是我们永远无法做到的。仅举一个小例,如果让城里的亲戚们给他的孙子写一个红包,估计有七成以上的人,不打电话问一下是难以准确书写孩子的名字的。

捡起孩子们扔掉的那些写着他们名字的红包,感受表面如表叔皮肤般粗拙的外表,想象此前几天的某个黄昏,坐在夕阳下的小院里制作它们时,表叔缓慢但心满意足的表情。每一个动作,都充满了仪式感——那是一个穷人不应该被轻视的亲情与尊严。

提示：这篇作品生动形象地塑造了"表叔"善良、质朴、温情又好强的形象，通过人物形象、人物语言、环境场景的描述，以及内心活动的精细刻画，借"十元钱的红包"引发人们对真正的亲情与尊严的思考。在朗读作品时，要设身处地去感受和想象表叔这个人物形象，情感细腻而富于变化，在讲述与评论中感染受众，引发共鸣。

练习二十三

公主嫁给乞丐

在茂密的大森林的尽头，有一座金碧辉煌的王宫，王宫里住着一位慈祥、英明的国王。玫瑰公主就是这个国王的女儿，她有着鲜花一般的容貌，宝石一般的眼睛，杨柳一般的细腰和百灵鸟一般的声音。凡是见了她的人总是禁不住要多看几眼，并夸奖几句。慢慢地，公主便陶醉在人们的夸奖之中，一天一天骄傲起来。

公主渐渐长大了，王国中许多爱慕公主的人纷纷来到王宫向她求婚，但骄傲的公主一个人也没有看中，不仅拒绝他们的美意，还把他们每个人都嘲笑了一番。

"瞧瞧他们这些人，就那种丑巴巴的模样，还想来求婚，简直是癞蛤蟆想吃天鹅肉。"玫瑰公主撇着樱桃般的小嘴，轻蔑地说道。

看到公主这么骄傲，国王想到了一个办法，他决定在王宫举行一次盛大的宴会，邀请许多国家的国王和王子前来参加。他想："本国中没有中意的人，这下来了这么多国王和王子，里面总该有令公主满意的吧。"

宴会开始了，首先入席的是几个尊贵的国王，接着是衣着华丽的王子们。玫瑰公主走了过来，抬着头，眯着眼睛，瞅瞅这个，看看那个，一副目中无人的样子。

"天啊，这是个人吗？简直像一个啤酒桶。""呀！好大的一只蚊子啊！"公主又指着一个高高瘦瘦国王说道。接着，公主每看过一个国王，就挑出一些"毛病"来进行嘲笑。她把稍微矮一点儿的国王称作树桩；把脸色稍白一点儿的国王说成一具死尸；把脸色红润的国王叫做公火鸡；把身板不太直的国王叫做放在炉子后面烤干的弯木头……就这样，公主一边走一边评论着，没有一个人被她看上。

老国王一直在旁边默默地看着公主，女儿如此傲慢地对待每一个求婚的人让他十分生气。他一把拉过公主，当着众人的面对她说："既然你连尊贵的国王都看不上，我只好把你嫁给乞丐了。明天第一个上门来讨饭的乞丐就是你的丈夫。"

第二天一大早，一个走街串巷到处卖唱的乞丐来到了王宫的门口。国王听见了歌声，便把他叫了进来。卖唱的乞丐穿得破烂不堪，衣服上打着许多补丁，脸上还有厚厚的一层污泥。他唱完一首歌之后，便恳求国王施舍他一点儿东西。

"你的歌让我非常开心。这样吧，为了表达我的感谢，我把我的女儿许配给你吧。"国王指着身边的玫瑰公主对乞丐说。

玫瑰公主听了,刚才还很高傲的头马上低了下来,吓得浑身发抖。国王接着说:"我曾经说过,要把你嫁给第一个上门来讨饭的乞丐。身为国王,我必须遵守诺言。"说完,国王就为玫瑰公主和这个乞丐举行了婚礼。

提示:这是一则童话,注意童话世界中公主对每个人讽刺、嘲笑的语气和声音处理,同时把握要嫁给乞丐时公主的失落和害怕。

练习二十四

神奇的魔镜

在遥远的北方,大片的森林中央有一个终年飘雪的国度,这个国家的国王和王后非常相爱。他们都是诚实善良的人,但是结婚多年却一直没有孩子。

于是有一天,他们很虔诚地向上帝祈祷:"上帝啊!我们都是好国王和好王后,我们把国家治理得井井有条,臣民安居乐业,可是我们自己却并不比一对普通的农夫和农妇更快乐——因为我们没有孩子。求您赐给我们一个可爱的孩子吧!"

不久,王后果然怀孕了,她生下了一个可爱的小公主,这个女孩实在太美了,她红红的双唇就像娇嫩的玫瑰花瓣,她的头发又顺又亮。特别是她那洁白无瑕的肌肤,白得就像北国的雪一样,因此,她的父母给她取名为"白雪"。

白雪公主在国王和王后的宠爱之下,逐渐长大了,成为了一个人见人爱的美少女。可是,好景不长,在白雪公主十四岁的时候,她的母亲生了一场大病,去世了。

不久,国王就娶了一位新王后。这位新王后是个精通法术的女巫。她虽然很美丽,但是性格暴躁,非常狠毒。

"白雪,这是你的新母后,快叫母后。"国王将新王后带到白雪公主面前。

"母……母后。"

"嗯,你下去吧。"新王后冷冰冰地回答道。

新王后有一面很神奇的魔镜,这是一面会说话的镜子,当你向它提问,它就会告诉你一切你想知道的事情。新王后住进宫殿后,就在城堡的地下室腾出一个房间,平日里她不允许任何人走进。在这个房间里,王后经常对着那面镜子问:"魔镜,魔镜告诉我,谁是世上最美丽的女人?"

"全世界最美的女人就是您啊,亲爱的王后。"魔镜总是这样回答。

每当听到这样回答,新王后都忍不住得意地大笑起来。宫殿里的仆人们,经常会听到那诡异的笑声……

可是,过了一段时间,当王后再问魔镜同样的问题时,却得到了这样的回答:"您是一位非常美丽的女人,亲爱的王后,但是现在白雪公主比您美得多。"

新王后听了非常生气:"可恶,我不能允许有人比我更美丽,我一定要把她除掉。"

几个月以后国王远征,新王后就暂时成了国家的主人。于是,她找来一位宫廷武士,对他说:"我不想再看到白雪公主,你把她带到森林里偷偷杀掉,并把她的心脏带回来,作为你杀死她的证据。"

"是的,一切遵照您的吩咐。"武士回答。

第二天,武士假装邀请白雪公主出去散步,把她带到森林深处。天真的公主什么都没有发觉,一直背对着武士,蹦蹦跳跳地走在前面。

当武士抽出短剑,想要杀她的时候,正在采花的公主突然转过身来,将一朵白色的小花递给他,并对他说:"喏!武士,这是送给你的,来,别再板着脸了,对我笑一笑。"说完,白雪公主对武士露出甜甜的笑容。

看着公主天使般的笑容,武士的手一松,短剑掉在了地上,他单膝跪地,面向公主哽咽地说:"公主殿下,王后命令我杀掉您,可是我实在狠不下心……不过就算我今天不杀您,她还是会想别的办法来害您的,所以请您赶快逃走吧!逃得越远越好。"

白雪公主听到这些害怕极了,她对武士说:"谢谢你,好心的人……"说完,她便流着泪,向森林深处跑去了。

见到白雪公主走远,武士才放心地离开。他在森林里猎杀了一头小野猪,取出它的心脏,拿回宫殿交差去了。

提示:播讲者的语言需要表现白雪公主的纯真、善良和美丽,同时要运用反差技巧表现出新王后的邪恶,比如她诡异的笑声是塑造她性格特点的有效手法。

练习二十五

《康熙王朝》人物独白

康熙:当朝大学士,统共有五位,朕不得不罢免四位;六部尚书,朕不得不罢免三位。看看这七个人吧,哪个不是两鬓斑白,哪个不是朝廷的栋梁,哪个不是朕的儿女亲家,他们烂了,朕心要碎了!

祖宗把江山交到朕的手里,却搞成了这个样子,朕是痛心疾首,朕有罪于国家,愧对祖宗,愧对天地,朕恨不得自己罢免了自己!

还有你们,虽然个个冠冕堂皇站在干岸上,你们,就那么干净吗?朕知道,你们有的人,比这七个人更腐败!朕劝你们一句,都把自己的心肺肠子翻出来,晒一晒,洗一洗,拾掇拾掇!

朕刚即位的时候以为朝廷最大的敌人是鳌拜,灭了鳌拜,以为最大的敌人是吴三桂,朕平了吴三桂,台湾又成了大清的心头之患,啊,朕收了台湾,葛尔丹,又成了大清的心头之患。朕现在是越来越清楚了,大清的心头之患不在外边,而是在朝廷,就是在这乾清宫!就在朕的骨肉皇子和大臣们当中,咱们这儿烂一点,大清国就烂一片,你们要是全烂了,大清各地就会揭竿而起,让咱们死无葬身之地呀!想想吧,崇祯皇帝朱由检,吊死在煤山上才几年哪?忘了!那棵老歪脖子树还站在皇宫后边,天天地盯着你们呢!

朕已经三天三夜没有合眼了,老想着和大伙说些什么,可是话,总得有个头啊。想来想去,只有四个字——正大光明,这四个字,说说容易啊,身体力行又何其难?这四个字,朕是从心里刨出来的,从血海里挖出来的。记着,从今日起,此殿改为正大光明殿!好好看看……哦,你们都抬起头来,好好看看,想想自己,给朕看半个时辰。

提示:这段人物独白非常生动地展示了康熙皇帝治理国家时,对腐败现象的痛恨和鞭挞,语言慷慨悲壮、荡气回肠。由于是义愤填膺的状态,所以气息量要大,在关键的字句上要敢于发力。

练习二十六

《大明宫词》人物对白

贺兰氏:野花迎风飘摆,好像是在倾诉衷肠;绿草凑凑抖动,如无尽的缠绵依恋;初绿的柳枝轻拂悠悠碧水,搅乱了苦心柔情荡漾。为什么春天每年都如期而至,而我远行的丈夫却年年不见音讯…

李治:离家去国整整三年,为了梦想中金碧辉煌的长安,为了都市里充满了神奇的历险,为了满足一个男儿宏伟的心愿。现在终于锦衣还乡,又遇上这故人般熟识的春天,看这一江春水,看这清溪桃花,看这如黛青山,都没有丝毫改变,也不知我新婚一夜就别离的妻子是否依旧红颜?对面来的是谁家女子,生得满面春光,美丽非凡!这位姑娘,请你停下美丽的脚步,你可知自己犯下什么样的错误?

贺兰氏:这位官人,明明是你的马蹄踢翻了我的竹篮,你看这宽阔的道路直通蓝天,你却非让这可恶的畜生溅起我满身泥点,怎么反倒怪罪是我的错误?

李治:你的错误就是美若天仙,你娴娜的身姿让我的手不听使唤,你蓬松的身发涨满了我的眼帘,看不见道路山川,只是漆黑一片;你明艳的面颊让我胯下的这头畜生倾倒,竟忘记了他的主人是多么威严。

贺兰氏:快快走远点吧,你这轻浮的汉子,你可知调戏的是怎样多情的一个女子?她为了只见过一面的丈夫,已经虚掷三年,把锦绣青春都抛入无尽的苦等,把少女柔情都交付了夜夜空梦。快快走远点吧,你这邪恶的使臣,当空虚与幽怨已经把她击倒,你就想为堕落再加一把力,把她的贞洁彻底摧毁。你这样做不怕遭到上天的报应…

李治：上天只报应痴愚的蠢人，我已连遭三年的报应。为了有名无实的妻子，为了虚妄的利禄功名。看这满目春光，看这比春光还要柔媚千倍的姑娘……

想起长安三年的凄风苦雨，恰如在地狱深渊里爬行。看野花缠绕，看野蝶双双追逐，只为了凌虚中那点点转瞬依恋，春光一过，它似就陷入那命定中永远的黑暗。人生怎能逃出同样的宿命。

贺兰氏：快快住嘴吧，你这大胆的罪人，你虽貌似天神，心却比铁石还要坚硬，双目比天地还要幽深。看鲜花缠绵，我比它们还要柔弱；看野蝶迎风飞舞，我比它们还要纷忙迷乱。看在上天的分上，别再开启你那饱满生动的双唇，哪怕再有一丝你那呼吸间的微风，我也要跌入你的深渊，快快走远吧，别再把我这个可怜的女子纠缠……

李治：看野花缠绵，我比它们还要渴望缠绵；看野蝶迎风飞舞，我的心也同样为你纷忙迷乱。任什么衣锦还乡，任什么荣耀故里，任什么结发夫妻，任什么神明责罚。它们加起来也抵不上你的娇躯轻轻一颤。随我远行吧，离开这满目伤心的地方，它让你我双双经受磨难……

提示：这是一段人物对白，一般在考场上只有一名学生，所以考生很少选择对白的语言形式，但对于练习而言，人物对白可以使双方有更明显的交流感，感情态度更容易调动。这是一段感情流露细腻、层次丰富的对白，语言带有诗意，表达时注意韵律感的把握。

练习二十七

《芈月传》人物独白

你们当初当兵，必定不是为了造反，你们沙场浴血，卧冰尝雪，千里奔波，赴汤蹈火，为的不仅仅是效忠君王，保家卫国，更是让自己活得更好，让自己在沙场上挣来的功劳，能够荫及家人，为了让自己能够建功立业，人前显贵，是也不是？

今日站在这里，都是大秦的佼佼者，你们是大秦的荣光，是大秦的倚仗，是也不是？

我大秦曾经被人称为虎狼之师，令列国闻风丧胆，可就在前不久，五国陈兵函谷关外，可我们却束手无策，任人勒索宰割，这是为什么？我们的虎狼之师呢？我们的王军将士呢？都去哪儿啦？

大秦的将士，曾经是大秦的荣光，可如今却是大秦的耻辱！当敌人兵临城下的时候，你们不曾迎敌为国而战，却在王位相争中自相残杀，这就是你们的作为！曾经商君之法约定，只有军功才可受爵，无军功者不得受爵，有功者显荣，无功者虽富无所荣华。可有些人就是不愿意尊商法，要恢复旧制，所以派人来杀我，你们也不情愿、也不想实行新法，是吗？

为何你们站在了靠祖上余荫吃饭的旧族那边，自愿成为他们的鹰犬，助纣为虐，使得他们随心所欲、胡作非为，使得商君之法不得推行，使得兄弟相残、私斗成风？你们的忠诚，不献给能够为你们提供公平、军功、荣耀的君王，却给了那些对你们作威作福、只能赏给你们残渣剩饭的旧族们，是吗？

将士们，我承诺你们，从今以后，你们所付出的一切血汗都能够得到回报，任何人触犯秦法都将受到惩处，秦国的一切将是属于你们和你们儿女的，今日我们在秦国推行这样的律例，他日天下就都有可能去推行这样的律例，你们有多少努力就有多少回报，你们可以成为公士、为上造、为不更、为左庶长、为右庶长、为少上造、为大上造、为关内侯、甚至为彻候，食邑万户，你们敢不敢去争取，能不能做到？

提示：本段人物独白，发生在秦国和六国战争之前的动员大会上，芈月慷慨陈词，表达出芈月一腔热血的爱国情怀。播读者在为这段影视剧作品配音时，既要抓住芈月的人物身份和性格特征，同时还要注意周围的环境和人物之间的关系，方可使语言生动形象。

练习二十八

《海角七号》第七封信·人物内心独白

友子，我已经平安着陆
七天的航行
我终于踩上我战后残破的土地
可是我却开始思念海洋
这海洋为何总是站在
希望和灭绝的两个极端
这是我的最后一封信
待会我就会把信寄出去
这容不下爱情的海洋
至少还容得下相思吧！
友子，我的相思你一定要收到
这样你才会原谅我一点点
我想我会把你放在我心里一辈子
就算娶妻、生子
在人生重要的转折点上
一定会浮现……

你提着笨重的行李逃家
在遣返的人潮中，你孤单地站着
你戴着那顶……
存了好久的钱才买来的白色针织帽
是为了让我能在人群中发现你吧！
我看见了……我看见了——
你安静不动地站着
你像七月的烈日
让我不敢再多看你一眼
你站得如此安静
我刻意冰凉的心，却又顿时燃起
我伤心，又不敢让遗憾流露
我心里嘀咕，嘴巴却一声不吭
我知道，思念这庸俗的字眼
将如阳光下的黑影
我逃他追……我追他逃——

一辈子

我会假装你忘了我
假装你将你我的过往
像候鸟一般从记忆中迁徙
假装你已走过寒冬迎接春天

我会假装——
一直到自以为一切都是真的!
然后……
祝你一生永远幸福!

提示: 这篇人物内心独白,表达了作者作为失败者的痛苦心境,同时更强烈的是对女主人公的思念。语言隐忍含蓄,冷静中透着悲伤。

第四章 即兴评述训练

第一节 解读即兴评述

即兴评述是目前各大学播音与主持艺术专业艺术考试中最常用的考试形式之一，是对学生语音面貌、思维能力、逻辑能力、知识储备、应变能力、语言表达能力等多方面的综合考察。一般会采用现场随机抽取的方式获得评述话题，准备时间为 5~10 分钟。评述的时长一般为 3 分钟左右，约能讲述 500~800 字。本章将对这一考试形式作详细的解析。

一、话题形式

目前即兴评述的话题形式主要有两大类：

1. 开放型话题评述

这类话题通常看上去简单、开放。例如，谈谈环保、谈谈美德、谈谈服饰、能力与机遇。

2. 给材料型话题评述

这类评述题，通常是给一小段材料，根据材料中所谈到的话题进行评述。相较而言，所谈的话题比较集中，具有针对性。例如，一些地方通过行政干预，把打算报考其他名校的高分考生"绑架"到北大、清华。去年某省一所中学的三名高分学生本想报考浙大，但在填报志愿前夕，这三名学生被学校"软禁"，手机也被没收，最后填的志愿非"北"即"清"，地方官以此凸显自己政绩。当然，这类话题本身也可以变得非常简单，看上去类似开放型话题评述，例如，该题可以理解为"谈谈地方官员强制学生填报北大、清华现象"。但究其实质，仍然是封闭性的、有针对性的话题评述。此外，这一题型还可以以漫画形式表达，如图 4-1 所示：

图 4-1　邀功(图片来源:2011 年 06 月 29 日南方网,赵晓苏作)

给材料型话题评述具有针对性,比较有利于考生在有限的时间里思考出有价值的、具体的、能够体现考生水平的观点。因此,目前采用给材料型话题评述的高校越来越多,而且大多数名校都采用这种方式,比如中国传媒大学、浙江传媒学院等。所以本章将以此类话题的介绍和训练为主。

二、话题内容

从近些年各大学的考试看,即兴评述所涉及的内容比较宽泛,大致可以分为以下三类:

1. **传统话题**

例如,道德、节约、爱心、战争与和平、高分与低能、失败与成功等。

2. **时事话题**

时事话题是指近一两年发生的、在社会上引起一定关注度、影响较广泛的话题事件。例如,南海主权、富士康员工跳楼事件、相亲节目低俗化、郭美美事件、猪肉价格上涨、刘翔伦敦奥运等。这类话题可能涉及政治、经济、体育、文艺及社会生活的方方面面。

3. **学生话题**

学生话题是指与中学生、大学生学习、生活、成长相关的话题。例如,中学生早恋、选择北大还是香港大学、中学生化妆问题、考研与就业等。

三、即兴评述的特点

1. 即刻表现,思维缜密

"即兴"原本是指作家因受某一外在刺激或内在冲动的作用,兴会来临,在文字操作的过程中迅速地创造出某种作品的情况。在这里,所给的话题就是外在刺激,但特殊的是无论考生是否感兴趣,都要产生内在冲动,迅速展示,并且要求给出的观点合理、有特点、有说服力。

2. 口语表达,无稿可依

在考试中,一般各学校留给考生的准备时间只有 5~10 分钟,要想在这么短的时间内想好观点,并详细地写下来,考试时拿着流利地读出来是不大可能的。而且很多学校既不允许在试卷上写,也不发草纸。因此,完全考查在无任何文字依据的情况下考生的思维能力、逻辑能力和表达能力。

3. 有声语言,稍纵即逝

即兴评述实则为"即兴口语评述"。口语是有声语言,有声语言的最大特点便是瞬时性。为了让评委听清评述的内容,考生要注意音量、语言的清晰度等。

四、即兴评述的要领

1. 紧抓核心,不要离题

要想评述精彩,首先必须言之有物、击中要害,即要把握话题的核心点。否则观点再精彩,言语再流畅都是徒劳的。比如说有这样一道题:近年来体育生加分现象混乱,很多人通过各种罕见或奇怪的项目能顺利加分,使高考失去公平性。核心点是谈高考应该规范、公平,但有人却大谈什么样的项目应该加分,什么样的项目不应加分,甚至什么项目应该多加分……紧抓核心,其实就是写作文的审题,需要把握所给材料的大方向和关键点。

2. 观点明确,富有创意

评述的得分点就是要看观点,那么具体而言要看"观点"的什么呢?是看观点的对与错吗?不是,因为很多问题即使在专家的眼里也还没有定论。首先,要看有没有观点。如图 4-2 所示,有考生这样谈,车很多,交通堵塞了,连公交车都被堵住了,路倒是挺宽的,双向六车道……虽然内容描述得很详细,但看不到表象后的分析和观点。其次,要看观点是否明确。要能让评委轻松地明白你的观点,不要把几个观点绕在一起。比如图4-2可以谈到两个观点,一是城市交通堵塞,影响经济发展与市民生活;二是公共交通应当优先,且大力发展。这样的观点中规中矩,是大多数考生都会想到的,但要想打动评委得高分,还得有独特的、有创意的观点。比如从图4-2中我们首先看到的是中国经济的腾飞。这一观点就显示出了高度和独特性。

图4-2　堵(图片来源:百度网)

3. 语言丰富,灵活多样

前面介绍过,进行评述是口语表达,稍纵即逝,要保证评委能听清,但同时要使评委爱听、想听、听得有味、听得入神,这就与语言的表达方法和样式有密切的关系了。比如这样一则材料:某某班有50名同学,今年高考50%的同学考上了本科,10%去了重本,剩下的同学80%选择了读大专,黄国新、赖少华、唐明浩、杜小娟选择复读。这则材料中百分比的数据很多,如果全都按照原文说出就很枯燥,我们可以变个说法。例如,某某班50名同学中有一半都考上了本科,其中5位同学还上了重本,剩下的同学,除黄国新等四人选择复读外,其他同学基本都去读大专。因此,要想方设法地变换用词,比如多用几个形容词;想方设法地变换句型、句式,比如反问句、排比句等。

4. 既重内容,也重表达

在即兴评述中,阐述的观点固然重要,这是此项考试的内核,而丰富的有声语言是内核的外衣。因此,能不能让人们充分地感受到外衣的华丽,以及外衣下面内容的精彩,就要靠有声语言的表现力,靠语流、语调的变化。有些同学的评述乍一听索然无味,但当细细琢磨时,却发现说得还蛮有道理的,这就是语言的表现力不足了。并不是有稿播音时,才存在节奏、停连、重音等播音技巧的运用,即兴讲述对这些技巧的运用甚至更为重要。

第二节 实战技巧

一、根据题型,寻找方法

根据两种话题类型的特点,分析开放型话题评述和给材料型话题评述的基本技巧。

1. 开放型话题

这类话题因为过于开放,容易造成"乱"和"空"的流水账式的评述。例如,谈谈环境保护。我们先看下面这则评述:

一直以来,我对不爱惜自然环境的各种行为都是深恶痛绝的。大家似乎总是乱丢垃圾。很多地方,满山遍野的垃圾让人心痛,美景不再了,大自然的脸上划得满目疮痍。大家有没有注意到越来越多的旅游登山者对植被和动物的影响,候鸟的生活就是其中一个反映。而长江中上游的水土流失和下游的水灾就更加不用说了。去超市购物的时候,总是有人买新的塑胶袋,还以为只要付得起钱就了不起。很多人买车买大排量的,就连五分钟买一瓶酱油也要开车。有些地方还在不断开办污染型工厂,河流都已经被毁了……

上面这则评述,虽然句句与环保密切相关,但看不到清晰的评述脉络,看不到基本思路,也看不到主要观点,只是无休止地罗列自己知道的与环保相关的信息。因此,请大家注意,在做这类评述时,需要归纳出几个最主要的观点。这么大的一个题目,一本书也未必能谈得清楚,不可能在2~3分钟说到方方面面。但评委可以感受到的是,你有没有观点?你有没有阐述清楚观点?像上面这则评述实则没有观点。再来看下面这则评述是否好一些。

20世纪以来,环境问题已经成为人类面对的首要问题。人类美丽的家园已经伤痕累累,气候变暖,很多岛国都正在消失。我记得自己小时候常常玩耍的小河是那么清澈见底,可现在已经污浊不堪了。对此,我们应该做些什么?我们能够做些什么呢?

首先,我们应该使全人类意识到环保的重要性。人类只有一个地球,地球上环境的好坏,直接影响着人类的健康和各种生物的生存与发展。目前,自然环境的恶化已经成为全球性的突出问题,为了使人类有一个美好的生活环境,使各种生物有一个良好的繁衍生息场所,人类必须保护好环境。人类再继续破坏环境,无异于自取灭亡。

在有了意识之后,我们该想怎样从自己做起,从日常生活的一点一滴做起,保护环境。比如我们应该尽量少用或不用一次性的用品;尽量节约资源,比如节约用水、节约用电等;尽量减少污染,不乱扔垃圾;同时注意回收和循环再利用,等等。

我们在不给环境带来麻烦的同时,还要考虑如何修复之前的伤疤。比如,植树造林,森林是地球生态系统的主要成员,它在保持良好的生态环境方面具有重要的作用;再比如,清理已经被我们污染的河流,使它们恢复应有的容貌。

最后,我想说的是,地球是我们自己的,生命是我们自己的,环境是我们自己的,只有我们共同努力才能拯救自己。

2. 材料型话题

材料型话题相对而言谈的问题比较集中,需要就材料谈到的问题作具体的评述,但也并不是说一定只是就事论事,同样可以发散开来谈某类问题,而且很多时候只有展开讨论才有深度,才能评得透彻。来看下面这则材料:

某明星在春晚一炮走红,紧接着在"沈阳五一劳动奖章获得者名单"中出现了他的名字。据相关负责人介绍,该明星成为此次获表彰的艺术传播领域仅有的两名"五一劳动奖章"获得者之一。

这段材料在说这位明星不假,但如果所有评述的话语都围绕该明星这一单一个体应不应该获此殊荣其实有点狭隘,更深层面的探讨应该涉及什么人可以获得"五一劳动奖章","五一劳动奖章"意味着什么,是否知名度高的人就可以成为劳模,是否人气为当选劳模加分,等等。

二、根据重点,寻找方法

从评述的侧重点看,为大家介绍以下四种方法。这些方法对于任何一种类型的话题都是适用的。

1. 单边评述,深入见底

有些话题的是与非是很明确的,如中国成功举办奥运、李娜法网夺冠、中国载人航天飞行成功、某某领导挪用公款等,对于这类话题,不存在多种观点的相互博弈,更多的是分析问题或事件的原因、意义、影响、后果等,在最后提出相关建议。

话题: 位于南京马群的福康苑是南京首个典型的廉租房小区,但是最近有不少居民发现,小区里私家车成灾,甚至不少高档车扎堆。

评述: 我们必须搞清一个概念"廉租房"。廉租房是指政府以租金补贴或实物配租的方式,向符合城镇居民最低生活保障标准,住房困难的家庭提供社会保障性质的住房。也就是说廉租房是政府的一种惠民房,而申请这种住房的家庭必须是低收入家庭,而且是要民政部门认定的。那么试问,一个廉租房小区内,为何会有如此多的私家车呢?这些车都是哪里来的呢?我想只有一种可能,就是住户的,因为实在没有什么理由能让住在其他地方的富人们扎堆把车开到这里来停放。那么问题就来了,拥有豪车的人又为何能买到廉租房呢?很显然,廉租房的使用出现了问题。那些有些权力、有些金钱的人在各个方面似乎能力都很强,他们可以开着豪车拿到廉租房的购房指标,而后堂而皇之地开着豪车入住。这样一来带来了什么后果呢?

首先是坑害了真正的低收入人群。在房价日益高涨的今天,廉租房可能已经成为低收入人群拥有一个固定的家、相对美好的家的唯一期望。而现在,他们似乎与那些富人们在竞争本属于他们的利益时,相当被动。当你盼望的救命草被根本没有资格摘取的人拿走后,你又是何等感受呢?其次,政府的形象被严重损毁。政府的这项政策本是惠民利民的大好事,本是一项让社会鼓掌的工程。但因为审批该用房的也是政府相关机构,一旦不能按政策落实,政府公信力必然受到严重折损。第三,造成相当恶劣的舆论影响,不利于社会的和谐发展。

对于此现象,应该严查到底。应该从可能出现漏洞的每一个审批环节、审批部门、审批人查起,保证此类现象不再发生。同时,对于已经违规占有使用的廉租房,要进行彻底清理,还房屋于真正需要的人。

2. 双边评述,两方辩驳

有些话题可能存在两种完全不同,甚至相互对立的观点。比如同性恋问题、开设少年班、高中校长实名推荐制等,有人支持,有人反对。考生可以持其中一种观点深入阐述和分析。如果能把两方面的观点都给予评述,会使评委认为考生思考问题较全面。对于有观点但很难说深入的同学,从两方面评述更为适合。

话题: 一年一度的高考已经落下了帷幕。但是,围绕作文题的议论,仍然沸沸扬扬,有人觉得不像在考普通高中生,倒像旧时代,学子在皇宫里参加殿试大考。比如,河南、山西、吉林、黑龙江、宁夏、新疆等地的高考作文题:中国崛起的特点;陕西省高考作文:中国的发展;海南卷:中国的崛起。这样的题目足够留给中国社会科学院的专家们,用几年时间,写一本几十万字的研究专著。

评述: 我们知道,高考是一项综合性的语文考试,学生在两个半小时的考试中,既要答语文基本知识,还要翻译古汉语,留给作文的时间最多也就不足一个小时了,要在这么短的时间里从思考到下笔,再到完成文章,想要把这么宏大且深奥的题目说清、写透恐怕是有点困难的。再加上高考作文一般也就800字左右,稍微几句关于祖国的描述也就差不多该收尾了。因此,认为这样的题目不合理是有一定道理的。

但从另外一个角度审视这种命题,也未必不好。首先,这样的题目很开放,留给学生的思考空间很大,考生都能答出自己的所思、所虑。这样的题目能考查学生的洞察力、理解力、思维能力和思考问题的能力。其次,这样的题目至少不偏、不怪,至少保证所有学生都能在自己的能力范围内完成一篇文章,使学生能充分展现自己的语言文字功底,这也是高考作文需要检查的核心元素。再次,这些题目都很贴近时代。能够考查出学生的知识储备、对时事的关心程度和对国情的了解。因此,这些题目,虽有点大,但可以很好地考查出学生各方面的能力。

每年高考结束后,高考作文题都是人们议论的热点,有支持者,有批评者,但我觉得难则都难,易则都易,过多的讨论意义并不大,考虑如何科学地培养学生,如何提高作文水平才是关键。

3. 双边评述,一边为重

有些话题虽然可以从两方面分析评述,但由于更倾向或更了解其中某一方面观点,从而在其中某一方面的观点上谈得更多、更深入,这也不失为一种好的评述方法,既有全面性,又有重点性。下面这则示例,就是把反思与学习对方作为重点。

话题:自1977年恢复高考以来,这项世界规模最大的统一考试,承载着一代又一代人的梦想,但同时也受到诸多质疑,人们对这项考试的争议似乎从来就没有停止过。

评述:对于高考这项我们已经采用了很多年的考试,不断有人提出质疑。比如高考太不人性化,给考生带来的身心压力太大、不能个性化考查学生等。其中,"公平性"是一个重要的质疑点。因为,同样的考试,但各省考生考取的概率却不相同。比如:安徽每7826名考生中才有一个人能上北大,而北京的每190名考生当中就有一个人可以上北大,这样算下来,北京学生考进北大的几率是安徽考生的41倍、是广东考生的37.5倍,是贵州考生的35.4倍、是河南考生的28倍!而复旦比北大更狠,上海考生进复旦的机会是全国平均的53倍,是山东考生的274倍,是内蒙古考生的288倍!这些数据下的质疑,似乎确实不无道理。

但是,更多的人认为,高考是目前为止最公平的方式。这里没有舞弊、没有关系,不论地区、年龄、性别、背景、钱财,人人有均等权利在同一天、同一时刻参加统一考试、回答同样的问题。然后根据得分,获得前往不同等级大学求学的机会。高考从考试方式、考试时间、录取方式等各方面基本保证了无差别化透明和公正,保证了对未来学习资源和机会的公平竞争。至于各省录取比例不同,则有着复杂的历史和社会原因,我们不能因为局部的不均掩盖其整体的透明与公平。试想,如果中国全部改为西方国家的申请制,其后带来的会是多么错综复杂的人际输出与情感录取,家长的作用可就要远远超出当前"生活助理"的角色了。大家不妨再想想,过去这些年有多少省份仅仅是因为特长生考试加分,就出现了无数舞弊现象,出现了无数虚假二级运动员。虽然我们不能否认高考确实有很多弊端,但同时也不能不承认我们还不能制订出比高考更公平和有效的大学录取方式,至少在目前,高考为社会和学生带来的利大于弊。

4. 多边评述，各抒己见

有些话题没有明显的正反两面，可能仁者见仁，智者见智，可以从几个不同的角度对其分析、阐述。例如：某高校表演专业要求学生开微博，粉丝量作为考试分数的参考。有人认为这种做法欠缺考虑，有人认为这种做法很新颖，有人认为学生才最有发言权……这种回答方法可以展示考生的多样化思考角度，但相比之下，可以用这种方法的话题在考试中要少一些。

话题： 清华大学自校庆后规定工作日不向游客开放。近日，有人自称是内部"员工"在校门口收费揽游客进校园，每位游客需交20元，由"员工"驾车带入清华校内。据称，"员工"揽客进清华每天可挣千元。

评述： 凭着对求知的渴望和对名校的仰望，很多人都想到清华、北大等名校参观一下，尤其是在节假日或某些特殊节日，这些地方会大规模爆发"人气"。比如，因樱花出名的武大，每到樱花盛开时节，全校师生总有周期性短暂厌烦与心忧，蜂拥而至的人群把学校门口围堵得水泄不通。这确实给学校的管理造成不便，对师生的教学秩序、校园环境等造成影响。

因此，有些大学不断推出措施。北大每日限制参观人数，原则上不接待旅行社，清华工作日不开放，于是催生了门票经济。这些都不难理解。

但究竟游客参观对学校有多大影响，我想应该见仁见智。外国的著名大学大部分都是免费开放，不设围墙，教学楼、图书馆和所在小镇非常融洽地结合在一起，学术氛围和现代社会和谐地相处，无摩擦与冲突。《哈利·波特》在牛津大学取景，不仅没有惹来师生反对，还使这里成为一个全球旅游热点。

当然，在这场拉锯战中，我们关注的焦点一直都在学校开放和不开放，却忽略了作为主体之一的游客。有人认为游客才是问题的关键。首先，游客的素质是否达到标准。如果游客还处于随处丢垃圾的素质阶段，清华园不就变成垃圾园了吗？大学最繁重的工作恐怕也要从教学变为清扫垃圾。其次，心境的高低。如果游客确实是为了感受大师气息，体会书香氛围，提高自身修养，当然是与大学的精神相符的，但很多游客对清华、北大的向往其实是对权力和金钱的向往与追求，还有带着小孩的家长对孩子说，将来一定要来这里读书，人生才能飞黄腾达。

虽说影响游客素质高低有很多因素，但大学散发着开放包容和严谨治学的气息。如果这些气息能够感染每一位到访者，每位到访者也愿意被这样的气息感染，于是当他们置身于严肃、安静、充满书香气息的校园中时，就会不自觉地在言行上与大学氛围相协调。

三、微观技巧，增添方法

从评述的微观技巧看，为大家介绍以下五种方法。这些方法同样对于任何类型的话题都是适用的。

1. 巧用比喻，惟妙惟肖

比喻是我们在小学就学过的一种写作手法，在口语表达中仍然是很有效的方法。这种方法使语言表达更幽默、更形象、更活泼。在下面这则示例中，就是将政府部门相互推卸责任，比作打乒乓球；把他们的抢功，比作打篮球。

话题： 近日，有网友发帖称，河南省洛阳市规划建设的公共厕所建成后却变成了商务酒店。帖子被各大网站迅速转载，引起网民强烈质疑。记者采访时，各管理部门却相互推卸。洛阳市规划局表示，项目审批过后，就不归规划局管理了，事情弄到这一步，问题出在洛阳市城乡和建设委员会。但是，洛阳市城乡和建设委员会称，此事和他们没有任何关系。洛阳市机构编制委员会办公室负责人说："根据洛阳市政府的职能、编制和机构设置，此事属于洛阳市城乡和建设委员会管理范围内。这是市政府有关文件已经明确的。"

评述： 我们知道，体育运动中，篮球被抢来抢去，乒乓球被推来推去。一些政府部门在履职过程中，这两种"运动形式"交互存在。有利的事情，大家都抢来抢去，争先恐后，如同抢篮球；没利的事情，推来推去，唯恐躲避不及，如同打乒乓球。河南洛阳公厕变酒店事件，折射的便是这种政府履职的打乒乓球式作为。

当然，打乒乓球式作为的绝不止这两个部门，此前沈阳的毒豆芽事件，当地工商、质监、农委等部门也是如出一辙，照例声称这事不归我管，你们找什么什么部门去。这么推来推去，最后以乒乓球飞出案台之外结束，问题往往到最后也没有有效解决。所幸这些年，网络舆论的力量越来越大，给这种行为造成了一定压力。但我们想知道，假如没有"多方压力"，最后会有谁主动出来"接招"呢？

被推来推去的多是涉及公共利益、百姓利益的事情，这些事情往往对部门和个人利益不利，让接手的人很棘手，还可能"吃不了兜着走"。相反，对于那些有利可图的事情，争面子、得实惠的事情，诸如罚款收费管理的事情，有关部门会抢着干。

甚至还有更牛的部门，其作为乃是一手抢篮球、一手打乒乓球。简单来说，就是把利益好处吞掉，把麻烦问题扔出去。能直接收费或能间接捞好处实惠的，握在手里，至于收费之后需要的管理、需要承担的责任抛在了一边。瘦肉精、染色馒头等恶性食品安全事件之所以频出，一个重要原因就在于监管部门在收费或用权的时候在位，在监管的时候却缺席了。

政府职能部门是干什么的？就是要担负起保护人民利益、公共利益的责任。自己不但没有特殊利益,不能与民争利,更要把不利的事情解决掉,把有利的事情创造出来。权力部门化、部门利益化,这个老问题有没有制度性的建树来解决?如果一些政府部门总是在作为中既抢篮球又打乒乓球,试问,政府的公信力还有多少可以丧失?

（改编自2011年4月人民网《人民时评:政府不能既抢篮球又打乒乓球》）

2. 合理比较,突出主旨

这种方法是指,运用自己已有的相关知识与话题内容做横向、纵向的比较,使表述更生动、观点更明确、意思更突出。下面这则示例中,就引入了外国大学冠名的历史和现状与清华大学的情况做横向比较,同时举出宋山木的例子做纵向说明。

话题: 当清华大学第四教学楼挂上"真维斯楼"的匾额时,清华学生和网友一片哗然。清华大学新闻中心则表示,为建筑物命名是通行做法。而记者在清华大学教育基金会官网上发现,14个院所、实验室和楼宇等筹款项目也给出了"冠名费",金额共计7.5亿余元。

评述: 冠名赞助,原本不是什么新鲜事。真维斯楼之前,清华校内已经有了富士康纳米研究中心、罗姆电子工程馆,更不用说以富商名字命名的逸夫楼、何善衡楼、伍舜德楼,等等。企业出钱支持教育,作为被捐助方的学校给人冠名、树牌、立碑等行为,在全国乃至全世界的高校都有。

1718年,英国东印度公司高层官员伊莱休·耶鲁先生向一所教会学校捐赠了9捆总价值562英镑12先令的货物、417本书以及英王乔治一世的肖像和纹章。为了表达感谢,这所学校更名为耶鲁学院,也就是耶鲁大学的前身。熟悉美国大学史的人应该知道,类似耶鲁这样的案例,在美国比比皆是,哈佛大学、斯坦福大学、康奈尔大学、杜克大学等名校,无不是以捐助者命名。走在美国大学校园里,随处可见捐助者的塑像、铭牌。

此番真维斯楼命名引起诸多争论,尤其清华学子愤愤不平,很重要的原因在于大家觉得真维斯这个品牌无论从档次还是从影响范围上讲,跟清华大学这样的高层次学术机构都不匹配。但也有很多人认为学校发展需要资金,企业冠名,学校获得一定经济资助,这是双赢之举。但要知道,企业之所以愿意为教学楼冠名,正是看中了大学的声誉。一旦企业出现问题,大学的声誉也会受损。一个典型的例证就是2009年山木教育集团前总裁宋山木因涉嫌强奸女下属被判刑4年,而以宋山木名字命名的华东师大闵行校区一教学楼,引发了争论。最终,"宋山木楼"字样被悄然移除。因此,企业冠名不是想冠就能冠的。

但从另外一个角度来讲,这样的担心未免有些多余。要知道,企业也是一天天壮大的,回到20年前,联想也不过是个无名小卒。再大的公司都可能有丑闻,都可能倒闭,凭什么富士康、罗姆可以冠名,真维斯就不行?国家兴盛,教育第一,但办教育需要花钱,特别是在当前我国教育投入还不是很足的情况下,企业家慷慨捐资助学,没有什么不妥的。

持有这两种观点的人似乎都各有道理,但相信有一点是不变的,大学的最终目的是教书育人,所有一切行为都应围绕这一核心展开。

3. 事例引申,加深厚重

这种方法是指,在评述中引入与话题具有相近意义的同类事件,以此提升此类问题的深度和广度。下面这则示例中,就引入了与话题中主人公命运相似的邹春兰、艾冬梅等几位退役的运动员,以此让人们知道,运动员退役后生活无着落是一个较为普遍的问题。

话题:一位网友在微博上表述了这样一个人:有多少人在王府井地铁口看过一个前体操世界冠军?每天我还没到公司他就到了,我8点回家他还在。跟腱断了,现在在乞讨,倒立、而后托马斯的结果是一天几十块……此人就是张尚武,曾经在2001年顶替李小鹏入选世界大学生运动会阵容,除了跟邢傲伟、杨威等名将夺得男团比赛冠军之外,还获得了吊环项目的冠军,年纪轻轻就成了世界冠军。由于没能入选2004年雅典奥运会的大名单,心灰意冷,选择了退役。后来因盗窃罪几经入狱。

评述:这一场景不免让人想起一桩桩旧事。全国女子举重冠军邹春兰曾因生活所迫,在吉林长春当搓澡工维持生计;前国际马拉松冠军艾冬梅,因生活贫困摆地摊,甚至想卖掉自己的奖牌;亚洲赛艇冠军陈又香当环卫工……过去的荣耀与掌声似乎微不足道,一旦离开了那个燃烧了身体与青春的行当,一些运动员连基本的温饱都无法维持,留下无处安置的人生。可能这种现象在很多人看来是不可思议的,运动员拿金牌,参加各种商业比赛,代言各种品牌,不是很有钱吗?对于一些市场效益很好的运动项目,如足球、篮球,或者是站在金字塔尖的极少数运动员,如郭晶晶、李小双等,确实是这样;但还有大批不为人知的运动员和一些无人问津的体育项目,如技巧、地掷球等,这些运动员退役后过着艰难的生活。因此,运动员退役后如何重新就业,甚至说如何生存,是一个必须解决的问题。因为如果我们总看到运动员的悲惨结局,以后谁还敢把孩子送去当运动员,而曾经令国人骄傲的运动员们乞讨也是令国人从感情上无法接受的,甚至很多人会认为这是国家的耻辱。解决这一问题,应该从自身造血和外在补血两方面入手。

首先,我们应该提高运动员的知识文化水平和综合能力,使他们不至于在退役后完全没有能力从事其他工作。在西方国家,很多专业运动员本身也是大学的在校生,这样不但保证了退役后在社会上立足的基本条件,同时由于文化水平的提高,对理解运动战术也大有帮助。

其次，国家应该有运动员保障体系、帮扶计划，对运动员退役后有适当的补血。比如退役后发放基本生活保障，送他们去相关机构学习，提供低息贷款帮助他们建立体育培训学校，等等。

最后也要提醒广大运动员，你们是这些造血和补血计划的最核心要素，你们的努力是最关键的。就好像我们今天为张尚武感到悲哀，但我们又不能不说今日之遭遇，他自己本身负有不可推卸的责任。

4. 边描边评，夹叙夹议

这种方法主要用于图片评述。因为在图片材料中，画面中可能有一些很有意思的看点，我们可以一边进行栩栩如生的讲解，一边品评。

话题：如图4-3所示，2010年秋季招生中，西安电子科技大学附小收取择校赞助费。为此，陕西省有关部门对西电科大附小做出了免去该校校长职务、清退违规收取的所有费用的处理。

图4-3 卖座（图片来源：2010年12月2日南方网，赵晓苏作）

评述：校长老板，正在指挥着会计：收钱吧，只要有人愿意交择校费，我们大不了再多加几条板凳。可问题是，教育资源是这样随便加出来的吗？受教育的权利就应这样买来吗？不是九年义务教育吗？怎么会有人这么明目张胆地收钱呢？

择校热，在一些城市已由"小升初"向"幼升小"传递，知名中小学收取赞助费已成了"公开的秘密"。其根本原因还是教育资源的不均衡。在全国很多地方，所谓重点学校的资金投入、人员配备都远远优于普通学校。比如就在这件事的发生地——陕西,绝大多数考入清华、北大的学生都来自西安的五大名校,这就足以说明为什么这边桌子上是一摞摞的钞票,那边家长们正拿着一堆堆钞票往这里跑,还怕来晚了有钱也没用。

家长的望子成龙心理,是这一现象形成的另外一个重要原因。在我国多数父母对孩子都有很高的期望,从牙牙学语就开始了漫漫的求学长征,无论孩子能否出人头地,至少在外部条件上尽量达到最好。

在这样一场多年的不公平交易中,谁是赢家?谁又是输家呢?有人会认为学校是赢家,因为他们得到了大把的钞票。有人认为,成功择校的孩子是赢家,因为他们得到了比其他孩子都好的教育机会。但静下心来想一想,其实他们都输了。

政府、学校输掉了公信力、公平性和教育的根本;孩子们输掉的是快乐的童年和用金钱换来的"优势"。站在民族未来的立场上,我们为这种现状悲哀,但我们更要深思解决的方法。在我看来应当从两点入手,首先严惩收择校费的学校,让画面上的校长和会计不会笑得那么开心;同时加大基础教育投入,平衡教育资源,前来送钱的家长也就自然消失了。

5. 算术推理,力度最强

很多时候为了说明问题,我们需要用推算出的数据说明问题。请注意,这种推算只是为了说明问题,并不要求数据严格精准。比如下面这则话题中,就用计算普通家庭收入的方法,说明中戏学费之贵。

话题:近日,有媒体盘点中国收费最狠的10所大学,中央戏剧学院以近14万的学费高居中国大学收费榜的榜首,成为最贵的高校。但奇怪的是每年报考中戏的考生多得数不胜数。

评述:四年大学14万,真有点儿吓人。但想进中戏的人,用倾尽全力、挤破脑袋来形容绝对不夸张。

中戏的魅力首先在于它是创造明星的摇篮。巩俐、章子怡、刘烨、汤唯、秦海璐等多得没法数,很多班干脆全是明星,能不让人羡慕吗?因此,很多考生和家长就认为,只要跨进中戏,不管花多少学费都是超值的。

同时,明星拥有高额的社会回报。他们的工资高出普通职业若干倍,14万还不就是将来随便拍上几天戏就赚回来了。看看现在的明星,哪个不是日进斗金,开豪车、住别墅?

这些听起来似乎没什么不合理的,但其实在无形中,打破了社会的公平性、受教育的公平性。因为14万对于经济状况较好的家庭来说,还可以承受,但对于父母收入偏低的孩子来说就是天文数字了。我们可以算这样一笔账,中国二三线城市,普通家庭的平均月收入大约为5000元,除去最基本的生活费,就算可以存下2000元,每年共存

24000元,14万就需要父母积攒6年。再加上上学后的生活费,岂不是要全家人八九年过着节衣缩食的生活。农村的孩子就更是可望而不可即了。

可能又会有人想,这14万其实就是一张进入明星圈子的"门票"。不买有没有其他方法?从目前的形势看很难。比如王宝强是现在的当红演员,他没有进过中戏,也没有上过北影。但是,想复制王宝强的路又谈何容易?当年陪着王宝强一起当群众演员的,至今仍在当群众演员,王宝强已经算是一个奇迹了。而中戏、北影则是一条光明大道,即使学费再高,恐怕依然会有人追捧。

6. 经典建议,胜似评论

评述不仅是发表观点,有些时候需要给出合理的建议。尤其是在问题的是与非比较明确的时候,建议就是最好的观点。下面这则示例中,就是将观点集中在了怎样可以避免此类事件的发生。

话题: 近日,武夷山市的武夷山公馆大桥北端发生垮塌,一辆旅游大巴坠入桥下,当场造成1人死亡,22人受伤。不久前,江苏盐城境内328省道通榆河桥也发生了垮塌。于是,桥梁安全成为人们热议和担心的问题。

评述: 在每次事故之后,人们总是首先会想到,这项工程是谁管的、是谁建设的,是不是又因为豆腐渣工程夺去了无辜的生命。然后,再追究事故责任方是不是已经找到,是不是绳之以法了。但即使这些全都顺利完成了,也找不回失去的生命。

痛定思痛,桥梁垮塌事故除了工程质量的因素外,对桥梁定期"体检"制度的缺失也是一个重要原因。因而,建立桥梁定期质量"体检"制度相当必要和紧迫。必须通过对所有运营桥梁的检查,建立"健康状况"档案,防患于未然,发现问题桥梁及时采取措施,将安全隐患消除在萌芽之中。尤其是一些年久失修的桥梁,通过安全"体检",及早发现问题,及时采取措施进行补救,可以避免安全事故的发生。

当然我们也希望"体检"中的问题越少越好,这就需要"预防",也就是在病菌感染之前就采取措施将病菌挡出去。比如很多拉货车为了赢取更高的利润经常是严重超载,这就在一定程度上加重了桥梁的负荷量,损害了桥梁本身的健康。而这样的事,几乎天天发生。

因此,我们应将桥梁"预防"和"体检"常态化、制度化。用制度为桥梁提供最有效的安全保障,也是一种积极主动的责任意识,可在一定程度上改变事故发生时才想到"质量"和"责任"的短期行为。与此同时,桥梁"预防"和"体检"制度也可以强化政府的服务意识和责任心,减少民众对桥梁交通安全的担忧。

第三节 示例与解答

本节给大家提供了十道练习题及相关评述,涉及时政、社会热点、文化娱乐、教育等多个方面。希望考生看完每道题后,先自己评述,再翻看给出的评述,这样会提高更快。

示例一

话题: 据报道,《广告法(修订送审稿)》对现行广告法进行了较大修改,送审稿在广告主、广告经营者、广告发布者三大主体的基础上,把参与广告代言、证明、推荐的"广告其他参与者",包括名人、明星等公众人物也列入需要规制的广告主体,把连带责任的主体扩展到个人。也就是说,名人如果代言了虚假广告,也要受到牵连。

评述: 用法律规约名人广告代言,名人也许感到委屈无辜。在他们看来,自己除了有点知名度之外,也就是一个普通人,又不是检测机构、执法部门,怎么知道人家的产品质量是否过关,怎么知道其宣传是否是虚假的、夸大的?厂家来找明星代言广告,明星往往只能靠常理和常识来分辨和决定是否代言。这也许是不少名人代言广告时的真实心态。

然而,在社会和公众看来,名人代言无疑是虚假违法广告的帮凶。为什么商家喜欢找名人代言,为什么名人就能把东西卖出去,或多或少来源于他们的知名度和魅力。大家是爱屋及乌才买名人代言的产品,你能说这和名人没关系吗?更何况名人代言广告,又不都是公益免费。巨额的代言费,绝不只是名人知名度的广告价格和市场价值,还意味着在获利的同时必须承担相应的责任。一些名人代言广告屡屡出问题,就在于只看到了这个价格和价值的"诱惑",有意无意淡忘了"诱惑"背后的"骷髅陷阱"。

因此,用法律约束名人广告代言,不仅必要,而且必须。法律如果就位,名人代言广告除已有道德的堤坝之外,还有了法律的堤坝。更重要的是,这种法律责任的明确,对于大多数名人来说不单是枷锁,也是保护自己的有效武器;对于名人广告来说,也绝不是束缚此种行业发展的障碍和阻力,恰恰是良性发展的保驾护航者。

示例二

话题: 不久前,"共和国脊梁系列活动颁奖盛典"评选结果揭晓,主持人倪萍获得了共和国脊梁功勋人物、杰出人物等称号。一时间,倪萍成为众矢之的。

评述: 人人都会认为,成为"共和国脊梁"是多么的光彩和荣耀,可就因为获奖人是倪萍——一名主持人,引起了轩然大波。听到不少网友纷纷调侃,有的说,应该叫"共和国脊髓灰质炎奖"或"戳脊梁奖"比较合适;有的说,不如叫"腰椎间盘突出奖";更有人质问:"就这样的脊梁,共和国能站直吗?"

大家之所以不支持倪萍,应该有两大主要因素。一是认为她不够格,"共和国的脊梁"应该是响当当、顶天立地的人物,对国家有杰出贡献的人物,比如华罗庚、钱学森等,不是谁都有资格参选的,更不要说当选了;二是很多人觉得即使在艺术工作者中倪萍也谈不上对共和国贡献多大,甚至还提不到国家贡献的级别,充其量是服务了电视观众,比如张艺谋、成龙等人无论从世界影响力、艺术成就等各方面来讲都要远远胜于倪萍。

大家在探讨这个问题前首先应该搞清楚什么人才算得上是"共和国的脊梁"。假如是以知名度为评选标准,倪萍当选就不用觉得奇怪了,甚至所有知名的艺术工作者当选都成了情理之中的事,但如果这样的话,此项奖项的名称是不是就应该改一下了;其次,无论谁当选,既然是"共和国的脊梁"就应该是中国人所公认的,大家应该有知情权和发言权,可结果都出来了,还是有人出来大骂我们才知道,显然评选本身就有问题。因此,我想对于这样一个几个评委就决定的共和国的事,本身也不具有权威性,大家就看看热闹算了。

示例三

话题: 据悉,某城市决定对各县区"蓝天数量"进行考核。每月二级以上优良天数与上年同期相比,每减少一天,罚缴20万元;每增加一天,奖励20万元。市环保局负责对奖惩金进行核定、核算,财政局负责奖惩金的收缴和管理。

评述: 以经济奖惩为手段督促各县区注重环保,改善空气质量,这种做法看起来倒是挺雷厉风行的。不过,跟头上的蓝天相比,一个县区不过巴掌大的地方,想精确监测一个县区的"蓝天数量",想必不会是一件容易的事情。

我们知道,污染的烟尘不是妖精架起的那片黑云,只会罩着自己的那片地方。企业的烟囱里冒出了黑烟,老天爷刮点风,就从张家飘到了李家;风向一变,又从李家跑到了赵家,没有个准地儿。日本的一个小小的核电站爆炸,几千公里外都能测到污染。一个县区不过方圆百里,周边有点风吹草动,监测数据肯定发生变化。到时候不管谁家的天不蓝了,都会指责是别人家肇事。

而且就算烟尘真的能善解人意,从哪个县区冒出来就识趣地待在哪个县区,也可能惹出很多麻烦。比如邻县的人开车进入本县,需不需要加收污染费?某些地方为了完成节能指标,曾经拉闸限电冬天连暖都不供,而为了达到规定的蓝天数量,一些县区会不会限制群众出行、限制居民取暖,甚至不让老百姓呼吸出气?我们某些为了政绩无所不用其极的领导,这样的事情恐怕真做得出来。

从另外一个角度来看,各县区政府花钱都是有预算的,要经过人大的批准才行。市政府一句"环保局负责对奖惩金进行核定核算,财政局负责奖惩金的收缴和管理"就把奖惩的事情定了,好像并不符合规范。况且各级政府的钱从本质上讲都是纳税人的血汗,不能谁想罚就罚、想奖就奖。天蓝了,老百姓要出钱奖;天不蓝,老百姓要被人罚,这是什么逻辑!

查污要查源头,一定得抓住重点才行。其实哪个烟囱冒黑烟、哪个水管排污水,从源头查一下要远比考核"蓝天数量"更符合实际。不管什么工作都定个指标,完成了"重重有赏",完不成"先罚再说",说白了还是官僚主义那一套,还是形式大于内容,而真正的问题能不能解决,谁也不知道。

示例四

话题:近日,一则20年来500多名北大保安考学深造的新闻,在朋友圈刷屏。"北大保安"成为一支充满传奇色彩的保安队。

评述:尽管高考一再扩招,但每年仍有无数全职高考生落榜,可为何在北大当保安就能成为大学生,这的确是一个值得关注和思考的现象。

有人说,北大有得天独厚的学习氛围。我们都知道人是环境的产物,环境对人的影响作用是巨大的。北京大学不仅集中了全国最优秀的学生,也营造出了难以复制的学习氛围,未名湖边、博雅塔下、林荫路上,到处都可能看到读书的学生,空气中充满着学习的分子。而校园里的保安与学生是同龄人,他们一方面会受到这种环境的浸润,开始有了读书的欲望,另一方面同龄人间身份的差别也会促使他们通过考学来实现身份的转变,通过考学来争取同样的人生未来。

但也有人说,氛围只是辅助作用,没选择考学或没考上大学的保安仍是大多数。的确,这个说法也不错,因为20年来北大雇佣过的保安绝对远远超过500多人。其实无论有什么样的外因影响,最终选择权还是在个人。只有个人有足够的毅力,对未来有不懈的追求,才可能在工作之余利用好北大得天独厚的环境全力拼搏,最终获得大学文凭。

在大多数人眼里,保安是最没有上升空间的职业,但"北大保安"给整个社会传递了一个信号:命运掌握在自己手中,通过努力就能改变自己。这一事例同时也说明,我们国家不断开放和多元的办学方针是正确的,为各个年龄段、各种背景的人提供了相对公平和多选择的学习途径。我们应该坚持并继续加大办学的开放力度,圆所有努力并有所需的人一个学习梦。

示例五

话题：第52届国际小姐中国大赛重庆赛区前三强近日揭晓，却引来人们的一片质疑，网友们大呼"坑爹"，声称："这就是盛产美女的川渝地区选出来的三强吗？太对不起观众了！"面对质疑，大赛重庆赛区执行主席回应称，比赛是绝对公正公平的。

评述：为什么人们会对国际小姐重庆三甲产生如此大的异议？相信首先是与人们印象中的和期望中的此类比赛胜出者的美貌有一定差距。是否够漂亮，是大多数人对这种比赛最直接的关注。这也难免，因为我们熟知的很多非常漂亮的影视明星，像赵雅芝、张曼玉等，就出自港姐比赛。而此次比赛之所以饱受争议，也正是因为这一点。有人说，我邻家女孩比她们漂亮多了；更有人说，我家楼下卖包子的小妹妹都比她们强百倍……这不得不让人们首先质疑国际小姐的评判标准是什么。如果说美貌并不是此次选举的最重要元素，而其他方面，比如才智、道德、合作精神等占有更重要的评判比重，众人的反应就显得有点不完全有道理了。如果是这样，评委会就应该站出来解释比赛的评判标准，而不仅仅是简单且含糊地说：比赛是公平的。

可从另外一个角度想，即使是此项比赛的评判有失公正，为什么一个区域的比赛，其结果会引起社会的如此强烈反应呢？其实是大家对很多比赛、考试存在不公的一种心理抵触情绪的反应。"潜规则""因人设岗考试"等现象在各种比赛和考试中屡见不鲜。因此，我们不能不说大家的"愤怒"来的不无理由。但是在网上乱骂一通绝不是解决问题的合理方法，想一想如果真的是因为不了解比赛评分标准而骂错了，对当事人可是极大的不公和伤害。因此，大家一起呼吁有关部门通过制度加强各种比赛或考试的透明度和监管力度才是最根本的解决之道。

示例六

话题：一则"山西永和县副县长冯双贵4名亲属夜闯民宅，大打出手，将人捅成重伤"的帖子在网上流传。发帖人称，参与事件的冯双贵次子冯源在殴打受害人过程中，针对受害人的质问不断宣称："我爸是县长，在永和我爸就是国法……"

评述：从"我爸是李刚"之后，"我爸是××"话语经常出现在大家的日常用语中，也时不时出现在各种媒体报道中。这次的冯源更嚣张，潜台词都已经不是我爸能摆平，而是直说"我爸就是国法"，官二代的嚣张似乎到了不治不行的境地。他们的"霸气"从何而来呢？

首先，与家庭的耳濡目染分不开。冯源的"我爸就是国法"的底气何来？恐怕与平时的耳濡目染是分不开的。试想，冯双贵是永和县分管政法的副县长，工作范围自然就离不开"法",回家后也少不了谈及"法"。如果冯双贵每在家中谈及"法"时,谈的都是国法而不是"权法",官二代冯源肯定知道什么是真正的法;如果冯双贵谈的是"守法"而不是"违法",冯源就不会有闯民宅殴人致伤的违法表现,更不会有"我爸就是国法"的叫嚣。"近朱者赤,近墨者黑"这是亘古不变的道理。

其次,再看看我们的权力机关是怎样"支持领导工作"的。据说此事发生后,当地公安不予立案。直至受害人妻子、儿子找到永和县主要领导,并给其下跪,公安局才勉强开始办案。我们无法不怀疑冯副县长是"权"大于"法"。我们不知道公安是为老百姓服务的,还是就为几个领导服务的,是不是这样的公安局才是领导眼中的"优秀单位",这样的公安局长才是领导表扬的"骨干"?

最后想说的一点是,如果我们的社会是一个法制健全的社会,一个区区的副县长之子敢说我爸就是国法吗?这恰恰说明我们的法制不健全,我们留给了某些官员过大的权利空间,而这部分空间是游离在法律的约束力之外的。如果我们的社会处处都有法律制约,权利的使用最起码会规范很多。

此类事件如果接二连三地发生,又不能快速地给老百姓一个明确的说法,社会的安定和谐何在?政府的公信力何在?老百姓的生命谁来保障?

示例七

话题:

图 4-4 高速公路费(图片来源:2011 年 6 月 23 日红网,王乃玲作)

评述: 公路收费聚财已经成为人们普遍关心和不满的问题。从图 4-4 中,我们可以清楚地看到,他们只是一味地伸手收钱,至于钱袋子已经大到什么地步了,从不向老百姓公开,或者再说直接点儿,消费者是无法知道的,大有"此路是我修,想从此路过,留下买路钱"之意。就拿目前中国最繁忙的高速公路——广深高速路来说,投入逾百亿元,目前已收回两百多亿,却仍在收费。面对疑问,有关部门还曾表示,广深高速收费标准不算高,属于经营性公路,即使收回成本也可继续按规定收费,具体赢利数据属企业内部经营事项,并不需要对外界公布。

注意观察的人们会发现,在我国的很多公路收费站都能看到大大的标语"贷款修路,收费还贷",在这种理念下收费本身没什么问题。毕竟人家也是借款修的路,为社会做了贡献,现在大家一起来还钱嘛;但可能几年以后这则标语就该卸下了,否则就应改为"路是我修,钱就我收"。我们不可否认我国这二十年,通过贷款修路的方法使高速公路得到普及,使我们提前享受到了高速的快乐。也就是说,这种方法本身是有利于国家发展、人民幸福的,问题实际出在监管机制上。就好像杭州、苏州两位前副市长被处以极刑,他们本身也为地方发展做贡献,但因为监管机制不完善,使他们手中的权力可以随意为个人谋私利,最后成为一代罪人。透明度本身也应是监管的一部分,连国家机关都可以亮三公,为什么一个小小的高速公路公司可以说不。我看还是机制本身不健全。

只有将目前这种机制合理化,高速公路才能继续高速发展,国家经济才能高速发展。

示例八

话题: 目前,很多人都感觉到高校同质化现象严重,什么专业热,各类大学、各个层次的大学就纷纷开设此专业。不知您怎么看待这样的现象?

评述: 高校同质化,是中国高校发展中应该认真对待和解决的问题。同质化,首先表现在高等职业教育与普通高等教育的同质化。许多高职院校想"专升本",升本之后想招硕士,招了硕士又想招博士,最终都想办成研究型大学。这样大家都在一条道上走,势必形成"千校一面"。

同质化,还表现在由于扩招和合并,许多本科高校办学规模求大,专业设置求全,行业特色型高校的特色专业被"稀释"。以前,地矿院校专门搞地矿,农林大学专门研究农林,各有所长;但现在很多高校都朝着学科齐全的方向努力,专业设置也差不多。大多数院校都有英语、计算机、财经与会计等专业。

造成同质化的原因很多,最关键的是现行的高校考评模式和评价标准存在问题。评估体系基本上是根据精英教育、研究型大学的标准来设定,着重于学术评价。在评价体系中,最重要的衡量参数是学校规模、层次和学位点数量。高校之间比"高"与"大",而不比"学",这对高校是一种误导。

高校同质化所带来的问题不可忽视,那就是很难满足社会对多样化人才的需求。

社会需要科学家、理论家,但也需要大量工程技术人才、大量服务第一线的技能型人才。如果应用型、职业型教育没有受到应有的重视,必将影响社会经济的发展。

要克服同质化,应坚持多层次办学、多种方式培养人才。各高校应有特色定位,实现差异化教学。我们的生活需要海鲜鱿鱼,也需要五谷杂粮。

示例九

话题: 据《广州日报》报道,原佛山市顺德区伦教镇副镇长郭锐燎,因贪污罪、挪用公款罪、受贿罪被判处有期徒刑17年,他为此哭瞎了眼睛,写下了让人心酸的忏悔书,"坐监真的好痛苦,与世隔绝,见不到自己的亲人……"

评述: 一个副镇长,因贪污被判处17年,从人物的级别到量刑的多少本都不是什么很大的新闻,但就因为他哭瞎了眼睛,便引起了人们的关注,也让人深感怜悯。但在替他心酸的同时,我们更应清楚地知道,纵使他再可怜,也不可能走出牢房了,因为很多错误一旦犯下,就会给国家和人民造成巨大的损失,这是无法补救的。哭的意义更多地在于向世人宣讲,不要再重蹈其覆辙。

反腐倡廉是党和国家常抓不懈的工作,近年来一些高级别领导的落马、一大批基层干部的服刑,无不告诉我们这样一个真理:贪腐必被抓。可奇怪的事实是,抓一批打击一批,继而又冒出一批,官员腐败就像雨后韭菜,一茬接一茬层出不穷。是我们打击贪腐的力度不够大,还是贪官丝毫都不惧法?显然都不是。首先,我们有些干部的权利过于集中,只要某个领导签个字或说句话,什么事就都办了。这种权力集中化间接地使领导成为某些人要打通的对象。很多失足领导事后都说,贪腐并非自己的本意,自己的失足很大程度上在于各方利益相关者的"绑架"。另外一个重要原因是,我们的监督机制不够健全,致使我们的一些领导干部总是心存侥幸。任何人都是有私心的,任何人都是有软肋的,如果没有强有力的监督机制,再强硬的人都难免在拥有大权时不为自己着想一点,都可能会在别人的糖衣炮弹下有所动摇。

我想,惩治任何一个官员都不是最终目的,我们也不想看到哭瞎的眼睛,关键是怎样才能防止这样的悲剧发生。

示例十

话题: 2017年一部反腐题材电视剧《人民的名义》受到全国人民追捧。无论是收视率、好评度都是近年来罕见的。《人民日报》等主流媒体都对这部剧给予了极高的评价。

评述: 我也是《人民的名义》这部剧的粉丝,这部剧之所以能够赢得老中青的一致追捧和认可,是因为它确实值得点赞。

首先,《人民的名义》关注的是官场腐败、社会焦点、反贪斗争,贴合了我党的反腐政策。人们常说,得民心者得天下,我们党能够从弱变强、从建党到建国,成功经验就在于"得民心"。习近平总书记曾说:"不得罪成百上千的腐败分子,就要得罪十三亿人民。"在剧中,我们看到了对贪官的惩治,大快人心,也凸显了不为金钱诱惑、全心全意为人民服务的党的好领导的本色,从群众中来到群众中去、不忘初心。习近平总书记说:"人民既是历史的创造者、也是历史的见证者,既是历史的'剧中人'、也是历史的'剧作者'。"正因为反映了人民的心声,才能获得人们的热情。

其次,这部剧的确具有非常强的故事性和观赏性。与闪现于各大卫视的抗日神剧、宫斗剧、穿越剧、美剧、韩剧相比,《人民的名义》中反映的事件非常接地气,也许就曾发生在我们身边,比如丁义珍式的窗口,官商勾结;塑造的人物特点鲜明,形象逼真,爱憎可见,比如小官巨贪的赵德汉、不作为的丁义珍、长期扎根基层的好干部易学习、不畏危险的侯亮平,等等;故事叙述打破了大家熟悉的各种套路,新奇不断,耐人寻味。

第三,电视荧屏上已十余年没有大制作的反腐影视剧。而在全国上下一致反腐,反腐成效显著,中央要将整治腐败坚决进行到底的时代背景下,国民对"反腐"本身就具有很高的敏感度,此时把这样一部题材剧搬上荧幕,同时又表现得真切、真实,自然迎合了大众的心理需求。

于是有的网友说:"聚焦社会热点,反映现实问题,正能量又极具观赏性,怎么会不令观众痴迷呢?"

第四节 练习与提示

本节为大家提供二十道评述练习题,同时在后面的"要点提示"中,为大家列举了一些与话题相关的评论点,希望大家先做练习,再看提示。

在评述过程中,请注意以下几点:

一是,审题不清。

例如,某大学老师说:"每位学生购置一台 iPad,如果你没钱去赚钱买。如果你暑假两个月赚不到区区四千元,你不适合学金融,也没必要做我的学生。从下学期开始,我将使用 iPad 上金融课。所有的讲义、考试、资料只提供 iPad 兼容的格式"。此话题的核心是这位老师的这种要求是否正确、合理,而有人却大谈 iPad 作为学习工具有什么好处。

二是,渐渐离题。

有些考生会在评述时,一点一点地偏离话题核心。例如,世界各地学习汉语的人越来越多,据估计,到 2025 年,将有至少 2.5 亿人把汉语当作外语来学习。该话题的核心显然是谈汉语的兴起和中国的强盛，但有同学从汉语说到中国文化再说到针灸再谈到针灸对什么样的病效果好，离题越来越远。

三是，生搬硬套。

有些考生考前背了一些他们认为的万金油的表述方法、常识甚至观点，考试中生硬地套用，结果文不对题。

一、练习试题

第1题：韩群凤曾是某银行大堂经理，照顾脑瘫的两个儿子13年。因家庭经济困难，同时也不忍心看到两个脑瘫儿子继续受苦，在绝望中亲手溺杀了两个孩子，自己服毒自杀，后来被救活，被诉故意杀人罪。东莞市第一人民法院宣判：韩群凤被判故意杀人罪，获刑五年。

第2题：昨日清晨，成都金牛区府河苑横街一小区花坛处，播放着阵阵轰鸣的广场舞音乐，舞者伴着音乐扭动。不料，当他们正跳得酣畅时，身后传来"啪"的一声。一位七旬老人，痛苦地捂着后脑勺，身上还沾有不少碎鸡蛋壳和蛋黄……随后，记者走访该小区，附近多位居民反映，此次丢鸡蛋砸人，是因为楼下的广场舞噪声扰民。

第3题：近日，上海地铁第二运营有限公司官方微博发布了一则这样的微博："乘坐地铁，穿成这样，不被骚扰，才怪。地铁狼较多，打不胜打，人狼大战，姑娘，请自重啊！"配图是一名身着黑色丝纱连衣裙妙龄女子的背面，由于面料薄透，使旁人能轻易看到该女子内衣，确实非常性感。但也正是上述提醒微博引来了诸多非议。

第4题：近日，在河南商丘学院的校园内，19岁"无腿女孩"王娟迎来了她梦寐以求的大学生活。13年前一场突如其来的车祸让一个6岁的她从此失去了双腿。不堪压力的母亲竟投井寻了短见，随后父亲也离家出走，一直杳无音信。可怜的她与70多岁的爷爷奶奶相依为命。失去双腿后的王娟，并没有因为命运的不幸遭遇而悲观放弃。她以手代步，依靠双手撑着地一步一步地挪动，从小学读到初中，从高中考到大学。

图4-5 无腿女孩

第5题：有报道称，"中国毕业生向耶鲁大学捐款 8888888 美元，金额创耶鲁管理学院毕业生个人捐款纪录！"这则新闻引起广大网民的热烈讨论。一时间，据称 Hillhouse Capital Management 创建人的张磊立刻被网友展开"人肉搜索"。不少网友对"中国辛辛苦苦培养的高材生帮着人家发展"表示不满甚至气愤，也有网友则认为，张磊支配自己所赚得的钱根本无可厚非。

第6题："在 1999 年至 2010 年之间，北大校友中诞生了 79 位亿元富豪，连续三年高居内地高校首位。"近日，在北京大学企业家俱乐部成立仪式上，北京大学校长周其凤骄傲地宣布了以上数字。

第7题：头戴"学士帽"，手里拿的不是课本，却是摊煎饼的工具……如图 4-6。近日，泰安市东湖公园附近的早市上，一名叫卖"本科生煎饼"的商贩格外引人注意，附近的居民叫他"煎饼哥"。今年 27 岁的杨玉龙是洛阳师范学院 2009 届本科生，毕业后他考过公务员，下过工厂，当过保安，经历了十几次挫折后，毅然决定回老家做煎饼。

图 4-6　本科生煎饼

第8题：有媒体报道称，某三线城市市长近日讲话时说："该市很快将有 12 栋摩天大楼拔地而起，其市容市貌要在 10 年内达到二线城市水平。"

第9题：有媒体报道，有些领导干部退休后选择去上市公司担任独立董事，以这种方式"发挥余热"。据统计，在市值排在前 50 位的上市公司中，有 34 位政府退休高官任独立董事。独立董事不乏副部级以上高官，在上市企业中领着几十万元的年薪。如中石油独董刘鸿儒曾为中国证监会原主席，年薪 22.7 万元；独董崔俊慧为国税总局原副局长，年薪 24.4 万元；浦发银行的独董为中国人民银行原副行长、党委原副书记刘廷焕,年薪 20 万元。

第 10 题:有网友爆料称中石化广东石油分公司花几百万元买高档酒。该公司对此予以证实,并辩称"这批酒属于公司非油品经营项目"。此事引发社会广泛关注。

第 11 题:"我真苦/俺是一个兵/一个了不起的兵……我一天能上三四次战场……妈妈是侦察员/天天跑东跑西打听消息……现在的小升初啊!真是比战场还战场/最苦的可不是老师、家长/而是我们/一群快要枯掉的花朵……"这是一位六年级小学生的原创诗《我真苦!》,它在准备小升初的学生中间悄然流行。

第 12 题:在日本民谣歌手高田渡的《涨价》歌中,镜头慢慢俯瞰列队的备受日本消费者喜爱的棒冰品牌嘎哩嘎哩君员工。最后,嘎哩嘎哩君全体员工齐刷刷地向观众鞠躬致歉。荧幕上浮出大字——我们坚持了 25 年。这是嘎哩嘎哩君最新发布的一则涨价广告。这家日本知名棒冰品牌,自 1981 年开始发售时售价为 50 日元,1991 年涨至 60 日元(约 3.5 元人民币)。此后的 25 年,一直维持这一价格。直到最近,嘎哩嘎哩君涨价 10 日元(约合 0.58 元人民币),到 70 日元(约合 4.08 元人民币)。原因是企业通过各种努力已无法压缩不断上升的成本,企业经营困难。

第 13 题:据江苏本地媒体披露,已有 600 年历史的南京市江宁区窦村为美化景观,"只给在高速路上能看见的房屋墙面粉刷涂料,看不见的就不刷",以致这个有大量石屋的古村落"一栋栋屋子成了'大花脸''阴阳脸'"(如图 4-7)。

图 4-7　古村落窦村

第 14 题:不久前,柳州市工人医院接到要求转诊救治融安县纪委书记覃俊的电话,医院第一时间成立医疗救治领导小组和救治工作专家小组,制定严谨科学的治疗方案,采取合理有效的治疗措施。先后组织了 10 次院内会诊,4 次区内外会诊,共有

130人次专家参加了会诊,出色地完成了救治任务。柳州市市委常委会议决定对抢救覃俊作出重要贡献的市工人医院和相关人员予以通报表扬,并奖励市工人医院40万元。

第15题:恢复高考40年来,中国大陆高考状元选择就读专业基本上是各个时期社会公认的最具竞争力、最赚钱和最热门的本科专业。特别是2000年以来,全国高考状元纷纷抛弃理学和工学专业,就读经济、管理等热门专业。

表4-1　2016中国大陆高考状元青睐专业排行榜

名次	专业名称	学科门类	状元人数	所占比例
1	经济学	经济学	343	20.4%
2	工商管理	管理学	324	19.27%
3	电子信息工程	工学	113	6.72%
4	法律	法学	102	6.07%
5	北大元培班	基础实验班	89	5.29%
5	生命科学	理学	89	5.29%
7	计算机科学与技术	工学	88	5.23%
8	建筑学	工学	66	3.93%
9	物理学	理学	57	3.39%
10	自动化	工学	48	2.86%

第16题:新华网消息,河南省灵宝市投资上千万元修建巨型老子像(如图4-8),并且用紫铜锻造贴金,在网上引发广泛争议。对此,开发商接受记者采访时承认,老子像实际投资并没有对外宣传的那么多,之所以进行夸大宣传,是为了通过炒作来引起关注,进而给景区形成卖点。

图4-8　老子像

第17题:近日,一组"当西财没有了凳子"的图片在微博疯传。网帖说,西安财经学院(以下简称"西财")为迎接校庆,征用了学生寝室中的凳子。于是,没有凳子的学生就被拍到各种雷人"坐法",有人用书本、暖壶和自行车,有的甚至用上了残疾人坐便椅。更雷人的是,有网友上传了一张坐在拖把棍上的照片,图中两名男生抬着两端,另一名同学就坐在棍子上操作电脑。网友称其为"舍霸",大呼"耍杂技啊"。

第18题:2016年中国队夺得了多少枚奥运金牌,似乎很多国人已经不像曾经那样记得清楚,奥运的第一枚金牌是谁摘得的,能一口说出的不多,但傅园慧这个名字却被大家清楚的记住了,不是因为她夺得金牌或打破世界纪录,只是因为怪异的表情。

第19题:"配合着煽情的音乐,台上的演讲者声嘶力竭,台下几千个孩子抱头哭成一团,给父母磕头、洗脚。"这是山西某小学在给学生上的一堂"感恩教育"课。

第20题:近日,半月谈网进行了《阅读,体味书香——您一年读几本书?》问卷调查,在1500名受访者中,每年读书2本以下的人占37%,还有一些受访者一年也读不完一本书。当被问及不阅读的原因,受访者中有24%的人选择"没有时间",这成为最主要的原因之一。

第21题:图片评述,见图4-9。

图4-9 乡村开学典礼

第 22 题：2014 年 7 月 15 日，因持续数天的特大暴雨，凤凰古城沱江边的洪水猛涨，江边街道部分楼房一楼被淹，水深达 1 米多，城内沱江上的一座风雨桥垮塌，15 日早上被冲走。全城停电。但有专家认为，持续多日的降雨只是其中一部分原因，根本原因是违规建筑过多，已经改变了古城原有的地理地貌，必然要受到自然的惩罚（见图 4-10）。

图 4-10　凤凰古城被淹

第 23 题：图片评述，见图 4-11。

图 4-11　超"快"教授　（图片来源：南方网，赵晓苏作）

第 24 题：图片评述，见图 4-12。

图 4-12　本地招待（图片来源：红网，王乃玲作）

第 25 题：图片评述，见图 4-13。

图 4-13　公平算个"球"？（图片来源：《羊城晚报》，春鸣作）

图片说明：深圳市龙岗葵涌街道篮球赛为鼓励领导参与出奇招，领导进球多算一分。比如，投中 2 分算 3 分，3 分球就算 4 分。

二、要点提示

第 1 题提示：

（1）这是一位母亲煎熬和挣扎了 13 年后做出的最痛苦的决定，我们应该从法律和情感两方面辩证地看待这位母亲。

（2）国家救助制度不完善，比如很多国家有残障儿童家庭补助。

（3）呼吁社会力量救助，比如，家庭一帮一，社会各种基金帮助。

第 2 题提示：

（1）首先值得肯定锻炼身体这一行为本身并没有错。

（2）但是打扰他人正常生活、工作、休息确实不妥。

（3）两者时间怎样相互协调是关键。

（4）政府出台相关规定也很重要。

第 3 题提示：

（1）地铁公司做出这样的提醒目的是什么？为乘客的安全着想？地铁环境？为自己减轻治安麻烦？

（2）从乘客的角度出发人们是否愿意听到这样的建议？

（3）是否有更委婉的言辞表达或更巧妙的传播方式，可以带来更好的传播效果？

第 4 题提示：

（1）很显然的是这种精神值得钦佩、学习。

（2）社会保障是否完善值得思考。

（3）建议学校为特殊学生贴心服务。

第 5 题提示：

（1）分析理解支持者和反对者。

（2）深思张磊为什么会向美国学校捐款，美国大学带给了他什么。

（3）带给我国大学教育和体制的反思。

第 6 题提示：

（1）以经济指标来衡量一个学校的成功对不对。2009 年美国身价在 10 亿美元以上的超级富豪多出自美国的名校，12 所大学培养出的超级富豪达 192 人。可以说，美国是世界上超级富豪最集中的国家，而美国的名校也成为超级富豪的摇篮。

（2）大学的最终目的是什么？是为社会培养各种有用人才，包括科学家、学者、政治家、商人等。

(3)为何很多人对周其凤骄傲的数字不感兴趣?由于中国大学产业化严重,很多人很不想再看到纯真的学术和经济的瓜葛。也有人质疑这些大学的"造富"可能并不是因为它们货真价实地培养了富翁,而是极力吸收了先富起来的人。

第7题提示:

(1)怎样看待大学生就业和创业。

(2)主人公的做法是作秀?是显示出大学生有更出色的经营理念?

(3)带给当代青年人的启示。

第8题提示:

(1)我们应该反思什么是好的城市建设。

(2)城市建设应听从市长的个人意愿还是科学的论证。

(3)城市建设应该与城市定位、能力相匹配,应突出城市特点。

第9题提示:

(1)大企业为什么青睐退休高管,显然是发挥其关系网作用。

(2)退休官员为何喜欢退而不休,找兼职,是想发挥余热,还是为了拿高薪?

(3)这种结合是否合理?西方有不少成功案例,西方国家的高官退休后也有很多人到企业兼职,比如美国前总统克林顿就曾在卸任后到尤卡帕集团担任高级顾问,美国前国务卿鲍威尔退休后成为一家著名风险投资公司的合作伙伴,曾负责美国空军采购的达琳·珠云退休后到波音公司担任了副总经理。但要注意西方国家的法律相对完备,约束性强。

第10题提示:

(1)中石化是国企,是全国人民所有的,其资产属于国有资产,怎么可以任几个高管随意支配。

(2)此事之所以引起公愤,与中石化的平时行为有关。油价只涨不降,动不动说亏损,结果年终盈利无数亿,职工年薪好多万……

(3)怎样设置国企制约机制。比如中央各部委晒三公,那么国企是否也应该这样呢?

第11题提示:

(1)小学升初中近些年越来越畸形,竞争激烈,已是高考的预演。学生夜以继日地补英语、上奥数、考竞赛,牺牲了应有的户外活动和游戏空间。

(2)近几年教育改革很失败。比如:提出"减负""素质教育"等,越搞反而学生越累。

(3)怎样从根本上解决问题。比如:提供充足的教育资源、公平的受教育机会等。

第 12 题提示：

(1)着实令人感动,涨价前向市民说明缘由并道歉的方式不仅会赢得国民的理解还会赢得对企业的尊重。

(2)这家企业 25 年不涨价的服务理念值得很多企业学习。

(3)反观很多企业"利润至上""涨价没商量",一个能赢得消费者尊敬和爱戴的企业才能长久生存。

第 13 题提示：

(1)到底什么是真正的"美",什么是更有价值的"景观"?

(2)是什么原因导致很多地方这种急功近利的做法?

(3)呼吁用制度、法律保护文化遗产,保护历史古迹。

第 14 题提示：

(1)生命有无轻重之分,如果是普通老百姓会有那么多专家、那么多次会诊吗?

(2)嘉奖一所医院的标准是什么? 是救治领导的级别吗?

(3)奖励的钱全是纳税人的,老百姓的钱可以这样随意"集中消费"吗?

第 15 题提示：

(1)改革开放,发展经济的社会环境对新生代的影响很大。

(2)考生对未来的选择缺乏理性思考,这种选择将出现同门相斗制约其未来职业发展的问题。

(3)说明当代青年既没有社会责任心也没有学术精神,更重视个人"钱途"。

(4)国家和社会应积极主动加以引导。

第 16 题提示：

(1)灵宝市函谷关既是历史上的军事要塞,同时也是老子当年写作《道德经》的地方。但利用贴金和夸大事实的方法吸引游客博得经济利益的做法是否与《道德经》的理念相矛盾。

(2)这种以弘扬文化为噱头、获得钞票为目的的做法是对传统文化的一种玷污和庸俗化。

(3)国家相关部门应该制定严格的规章制度,使历史文化得到合理的开发和利用。

第 17 题提示：

(1)学校这种临时"征用"的方法有无道理?

(2)大学生的年轻、活力、创意。

第 18 题提示：

(1)说明中国国力不断增强的同时,在世界各个舞台上都展示出中国力量,奥运会已经不是国人为数不多的骄傲平台了。

(2)中国人对金牌有了一个平和的心态,已经不是看奥运,即看金牌,人们以一种放松、欣赏、包容的心理观看奥运。正如习近平总书记对"奥运精神"的阐释:"奥运会最重要的不是胜利,而是参与;正如在生活中最重要的事情不是成功,而是奋斗;但最本质的事情并不是征服,而是奋力拼搏。"

(3)傅园慧的走红一方面显示出国人心理的变化,另一方面也是新媒体传播力的展现。

第 19 题提示:

(1)教育不是"传销培训",不是"洗脑"。

(2)"感恩教育"的目的不是要激起孩子的负疚感,不该指向愚孝和偿还。

(3)"感恩"有更广阔的含义和对象,包括感恩父母,但不仅仅是对父母。

(4)感恩是一种发自心底的情感,而不是来自外界激发的一时表现。

第 20 题提示:

(1)读书的重要性、意义。

(2)网络时代碎片化信息阅读替代了深度阅读。

(3)功利性阅读现象严重,实用类、培训类、升学类、考证类书籍热卖。

(3)到底是没有时间,还是没有意识。

第 21 题提示:

(1)先描述画面,乡村小学的简陋,一个老师,几个不同年龄段的孩子……

(2)我国目前教育资源还严重不均衡

(3)要以各种方式关心和支持乡村教育。

第 22 题提示:

(1)到底是经济先行还是环境保护、文化保护先行。

(2)这些违规建筑是谁建的,为何能得到批准,是否应该有对当地政府官员的问责。

(3)各地古城是国家的文化遗产,国家应该出台针对古城开发的具体指导方案。

第 23 题提示:

(1)画面勾勒出的故事:学者一生到老才有可能得到的教授头衔,某些人一首歌,以火箭般的速度就达到了。比如,2006年超级女声全国第2名谭维维、2007年快乐男声全国10强王铮亮受聘担任四川音乐学院副教授。

(2)有人认为这是一种有效的机制。既刺激学生去比赛拿大奖,又对母校有认同感,同时明星上课学生也喜欢。

(3)有人认为这是对教授头衔的玷污。教授的意义是什么?一首歌怎能和多年的学术研究相提并论。

第 24 题提示：

(1)漫画告诉我们,有些地方大吃大喝一通,竟然还以本地化标签遮人耳目。我们可以想到的是,不久前信阳市对全市所有行政事业单位的公务接待费实行限额管理,以此刹住公款吃喝风。《规定》要求公务接待不追求奢侈名贵,在本市范围内公务接待活动中,要抽河南烟、喝本地酒、吃信阳菜。

(2)这种行为到底是为了带动经济,还是控制公款消费？抑或是给领导政绩做贡献？

(3)怎样才能杜绝公款过度消费。比如素质教育、账目公开等。

第 25 题提示：

(1)领导投篮多一分是从何而来的道理？领导的真正含义是什么？

(2)下属这样不惜一切地让领导投篮是为了赢球,还是为了赢得领导的青睐？

(3)这到底是篮球赛还是行政级别讨论会？

(4)这样的篮球比赛意义是什么？健身了吗？心情愉悦了吗？

第五章 模拟主持训练

第一节 解读模拟主持

模拟主持要求考生在规定时间内，模拟一名主持人，根据抽取的试题内容做适当的改编或加以拓展丰富，以口语表达的形式较为完整地完成一档广播电视栏目或片段的主持，或依托题目要求的场景完成现场即兴主持。在此过程中，考生的思维能力、语言表达能力、策划能力及镜头前的综合表现力等都得到了充分的考核。因此，模拟主持不仅是艺考中的重要科目，同时在当前的广播电视行业考试中也常被选用。本章将对这一考试形式做详细解析。

一、考查目的与要求

1.语言流畅，条理清晰

模拟主持，考查的是考生的口语表达能力，即"说"，要说得流畅，说得清晰，层次分明，重点突出。在此过程中，考生的逻辑思维能力和语言组织能力得到充分体现。这也就意味着在训练过程中，考生要以"说"的形式作为训练的主体。反对拿到题目就动笔"写作文"的习惯，你可以勾画出关键性词汇作为思维的节点，但切忌写好文章拿来"念"的练习方法。

2.主题明确，内容充实

模拟主持的考试题目，一般都会提供文字资料，要求考生能迅速地从资料中理出主题，从而确定栏目的类型、主持内容的主线思路，以防止材料的堆砌。另外，要有充实的内容作为栏目的血肉，有形象的画面描述，有感人的细节陈述，而非毫无意义的套话、废话满天飞。这就要求考生要有良好的知识储备和积极的创新意识，以及敏锐的观察生活、感受生活的能力。

3.面对镜头,积极自如

模拟主持考试,大多采用现场录像的方式,这就要求考生除了语言本身的表现力之外,还要注重在镜头前的表达状态。眼神、表情、手势动作,都将成为镜头前增加交流感、增强表现力的有效手段。同时,作为一名主持人,对节目的整体驾驭也是考查的内容之一,不能成为"背词"的机器,要心怀观众,以积极、自如、主动的传播状态进行展现。

二、考查形式

模拟主持考试,一般会采用考前 5~10 分钟随机抽取的方式获得题目,要求考生模拟主持人的身份,根据题目所给的资料设定一个广播电视栏目或者一个场景进行主持活动。考试时长通常不超过 3 分钟,约能讲述 500~800 字。根据题目要求不同,总体上可分为栏目主持与非栏目主持两种考查形式。

1.栏目主持

考生抽取的题目中,明确要求根据材料设计栏目进行模拟主持。这就要求考生首先要树立"栏目"概念,即要有栏目名称,甚至设计出独具匠心、带有标志性的栏目口号,同时根据试题给定材料确定栏目定位,并考虑个人主持语言及镜头前状态要与栏目整体风格相符;其次,要讲求节目或节目片段的完整性,由于考试时间的限制,有些节目不能完整展现,但即使是节目片段也要注意开场白、串场词、结束语的完整,并力求做到精彩。

根据材料形式不同,可以分为改编主持和拓展主持两种形式。

(1)改编主持

这类题目通常给出的文字材料比较丰富,篇幅较长,可利用率较高。考生对材料的使用主要以改编为主。改编包括两个方面。

其一,语体变化。文字材料往往以书面语为主,长句多,逻辑关系复杂,有一些书面语词汇。而模拟主持考试中,考生需要以口语交流的方式表情达意,这就需要将书面语转化为口语,遵循多用短句、简单句的原则,以双音节词为主,注意同音误读导致的歧义,将一些过于书面化的词汇转化为日常口语表达的习惯用语。但语体的变化,绝不是盲目在语言中加入"呢、了、吧、啦"等语气助词就叫做口语,简洁精粹的口语表达才是我们所需要的。

其二,结构变化。文字材料往往冗长复杂,在做栏目主持时要根据需要确定栏目主线,理清各部分材料的逻辑关系,调整材料顺序,并对材料进行删改,有选择地利用。这个过程除了考查学生对文字材料的理解能力之外,更重要的是考查他们的策划能力及创新能力,这也是主持人的必备素质。

材料: 网上购物作为一种新型消费模式,因其节省时间、交易效率较高等,成为不少上班族的首选。近一段时间,黑龙江省消协多次接到消费者关于网上购物的咨询和投诉,为此消协人士提醒广大消费者实现网上安全购物的注意事项。

上网购物前要认真选择专业购物网站,核实网站是否有经营许可证,尽量选择信誉度高、历史较长、访问量较高的网站购物。

选择商品前要先查看销售单位或个人的信用度。付款前注意支付安全,先查询对方银行账户或信用卡所在城市,若开户地与公司地址不一致,就应提高警惕。

网上购物时切勿贪小失大,不要抱贪小便宜的心理,对于比市场价格异常偏低的商品,一定要谨慎。

尽量选择货到付款和同城交易的方式。交易前后,尽量索取和保留售货凭证,交易前认真阅读交易规则和附带条款。

网上交易遇到恶意诈骗行为要及时报案。

这则材料是网上购物的一系列消费提醒,语言比较干涩,不利于口语传播,更缺少广播电视节目的生动性。实际考试中,要注重语体和结构的改变。

模拟主持: 您好!观众朋友,欢迎收看《生活小贴士》。

现在,上班族平时忙工作,没时间逛商场,于是,坐在电脑前轻点鼠标,琳琅满目的好东西就尽在"掌"握啦!这网上购物越来越成为年轻人的首选。可是,随之而来的也有不少问题,比如:看不见实物仅凭画面会出现偏差,不是面对面交易也会产生一些欺诈行为。今天我们就来跟大家说说网上安全购物的问题。

首先就是选对卖家。就像我们平时逛街一样,在规模比较大,经营正规的商场,一般情况下商品质量就会比较有保证。所以在网络购物时,也要选择那些知名度比较高、开通时间比较长的购物网站,比如京东购物商城、当当网等。还可以看看它有没有经营许可证,这样就更安全些。在选择卖家的时候,尽量选择那些信誉度高的,其他网友的评价也具有参考价值。

其次要注意付款安全。付款有很多方式,同城交易和货到付款相对好些。如果必须要网上银行付款,那就得多个心眼儿,看看对方的银行账户或信用卡所在城市与他的公司地址是否一致,如果不一致,就要提高警惕啦!

最后啊,我们还是要提醒大家,千万可别贪小便宜,碰到那些比别家都低很多的价格,一定要谨慎!网络购物也应该索取发票,付款之前还是得认认真真地看看商家网页的那些条款。万一出现了恶意诈骗行为,也别光顾着生气,一定要赶紧报案!

总之啊,网络购物有风险,实际操作需谨慎!感谢您收看《生活小贴士》,下期见!

(2)拓展主持

这类题目通常给出的文字材料比较少,篇幅较短,如果单纯只说材料给出的内容通常达不到考试时长的要求。这就需要考生根据材料进行拓展,可以结合自己日常生活中的体验感受,也可以发表自己的观点评论,等等。但归根结底,要从材料本身出发,并且利用好材料给出的核心点。拓展,绝不是完全抛弃材料的另辟蹊径,而是依据材料的锦上添花。

材料:中国海外三峡希望小学近日开学,531名移民小学生将在这里学习。该小学采用欧式建筑,周围环境非常好,学校各项设施至少50年不落后,被网友们称为"中国最美丽的希望小学"。小学总投入350万元,相当于捐建17个希望小学。对此,网友褒贬不一。

这则模拟主持材料不过一百来字,加上开头结尾也不过一分钟,实际考试中就需要考生根据材料进行拓展,发表议论。如:

模拟主持:今日视点,天天新鲜!观众朋友,您好,欢迎收看《今日视点》。

背依大山、面朝长江、瑞士古典建筑风格,加上夜晚璀璨的灯光照明,这所有的元素构成了传说中的"中国最美丽希望小学"。面对这个"中国之最",有不少朋友质疑,花350万元建一所小学值吗?希望小学怎能成为奢侈的代名词?对此,很多人并不这么认为。教学设施本来就应该享受社会的最高规格待遇,只不过我们一直没有正确理解而已。

在欧美发达地区,最好的建筑是教育等公共领域建筑。在日本乡间,最好的房舍也是学校,有些还是明治时代留下的。相比较而言,我国又有几所环境优美、能够50年不落后的花园学校呢?特别是在农村地区。难不成"简陋"就应该成为希望小学的代名词?今天,重庆一所350万元的希望小学建成使用了,我们就如井底之蛙般大呼"奢侈",真是叫人贻笑大方——事实上,不是三峡希望小学太美了,而是因为全国的小学普遍"太丑"了。

这必然涉及我国对于教育尤其是基础教育的投入问题。早在2001年,国务院就出台了《关于基础教育改革与发展的决定》,对农村义务教育实行"在国务院领导下,由地方政府负责、分级管理、以县为主"的管理体制。但是,这样的模式之下,地方财政很难最终落实到校舍修建中去,要么地方财政拨款过少,要么被中间环节层层分剥。更多的时候,地方政府的投资根本达不到国家规定的教育经费增长要求。

因此,与其质疑350万元可以捐建多少所希望小学,还不如质疑350万元的小学为何如此之少?我们希望"中国最美丽的希望小学"不仅在硬件上达到一流标准,在师资等软件上也能够得到更多的援助,打造出中国农村小学甚至是中国小学的新样板。

好,感谢您收看《今日视点》,明天同一时间,再见!

(改编自2009年8月28日《今日早报》网络版《"最美希望小学"不是太美而是太少》)

2. 非栏目主持

考生抽取的题目中,没有明确给出设计栏目的要求,而是要求考生依据文字资料描述的场景作现场报道,或者是根据特殊情境作即兴主持。这就需要考生深入分析环境特征、场景的特殊要求,并充分利用好现场的时间、人物、环境等要素完成对事件的表述、观点的传达、情绪的渲染等任务,以"我就在"的姿态凸显现场感。这其中特别要注意三点,一是要能迅速抓住话题或材料意向,定位定点;二是要能调动一切积极因素组织材料,懂得"借势";三是注重情绪恰切,渲染气氛。

根据材料形式不同,可以分为现场报道和情境主持两种形式。

(1)现场报道

现场报道是指记者在新闻现场采录画面的同时进行采访、解说报道的形式。目前,在一些高校的播音与主持艺术专业面试中,也要求考生依据材料,模拟完成现场报道。通常这类材料的内容相对于普通模拟主持的材料更注重画面性、翔实性,往往选取新闻事件的某一节点,有特定的新闻场景,也有部分材料掺杂了一些采访对象的语言。而有些给定材料仅给出新闻场景,没有过多的内容,这就对考生的日常生活积累和体验、知识储备以及对电视新闻节目的认知能力等提出了更高的要求。

例:请结合图5-1及文字材料,就深圳地铁试点设立女士优先车厢做现场报道。材料如下:

材料:深圳地铁从今天起在4条地铁线路试点设立女士优先车厢,优先供女性乘客使用。

据深圳地铁相关负责人介绍,地铁运营期间,深圳地铁1、3、4、5号线双方向列车的第一节和最后一节车厢为女士优先车厢,其他车厢则作为普通车厢使用。在试行首日,记者在地铁3号线看到,女士优先车厢站台等候区的屏蔽门,以及列车车厢内已经布置上了粉红色的女士优先车厢标识。同时,站内广播也在用多种语言就女士优先车厢进行提示。

据了解，女士优先车厢并非对男女乘客进行强制隔离，也不是女性乘客专用，而属于优先女性乘客使用的性质。相关负责人表示，如果普通车厢较为拥挤而女士优先车厢相对宽松时则可以共享，不会造成社会资源的浪费。

深圳地铁方面表示，此次试点女士优先车厢，主要是考虑到在条件允许的情况下，积极尝试有利于提升城市文明、提高市民出行舒适度的措施。

图 5-1　深圳地铁试行女士优先车厢

模拟主持：我现在在深圳地铁 3 号线福田站为您报道。从今天开始，深圳地铁将在 1、3、4、5 号四条线路上专门设置女士优先车厢。进入站台，我们首先看到在候车区两端的屏蔽门上都贴上了醒目的粉红色"女士优先车厢"标识，与此候车区相对应的是每趟地铁列车的第一节和最后一节车厢，他们也就是我们此次要体验的女士优先车厢了。站台上有不少女性乘客正在排队候车，男士们都远远地站在列车停靠的中间区域。站内广播也在用多种语言就女士优先车厢进行提示。好了，列车来了，让我们上车去看看。车厢内确实以女性乘客为主，大多是青年学生和上班族，也有几位男士仍然坐在这节车厢内。在车厢连接处的顶部，同样是粉红色的"女士优先车厢"的标识，连车窗上都被装饰了粉红色的花瓣，弥漫着温馨浪漫的女性色彩。但是根据我们的了解，女士优先车厢也不是女性乘客专用，更不是对男女乘客进行强制隔离，而是属于优先女性乘客使用的性质。相关负责人表示，如果普通车厢较为拥挤而女士优先车厢相对宽松，这时就可以共享，也不会造成社会资源的浪费。

夏日炎炎，身着清凉单薄，很多女性感觉在人多拥挤的地铁车厢里与异性挤在一起很不方便。现在深圳地铁专门设置了女士优先车厢，可谓贴心之举。这项措施大大提升了市民出行舒适度的体验，更有利于提升我们的城市文明。我们也希望这项措施能够得到大家的支持，并且在更多的线路和城市得到推广。

这则现场报道以体验式报道的形态呈现,一方面根据材料介绍清楚深圳地铁设立女士优先车厢的基本信息、目的,另一方面充分调动个人的视觉、听觉、触觉等多重感受,借助于文字材料和新闻图片展开合理想象,还原新闻现场,产生"我就在"的现场感。

(2)情境主持

这一类题目通常给出一个特定的情境或场景,如中秋晚会、赈灾义演、主题班会等,或进一步给出更多的限制性要素,考生需根据要求做一次即兴主持。一般是单向表达,要求符合规定情境,情感丰富,入情入理。在这一环节,考查考生的临场应变能力、语言组织能力、策划能力、控场能力等。因为没有过多文字材料的限制,考生可以充分设计,渲染情绪,融入互动元素,甚至巧妙展示个人才艺,但归根结底,主持语言和状态是考官考核的根本。

例: 请为一场主题为"青春有约"的高中毕业晚会做主持人开场白。

模拟主持: 十六岁,我们相识在那一排白杨树下;十七岁,我们徘徊在那一季淅淅沥沥的雨中;十八岁,我们携手并肩战斗在通往梦想之门的路上……一路走来,与青春有关的日子,都有我们年轻的脚步,靓丽的身影。在离别之前,今晚,就让我们许下诺言,与青春有约!

青春是希望,即使有人落空,依然会有坚定执着的梦。青春是拼搏,让人懂得攀登才能览胜,奋斗才会成功。青春是一条不悔的路,岁月的尘埃会将曾经走过的道路深深掩埋,或许有一天,我们会怀着对青春逝去的留恋。但梦想不逝,拼搏不止。那时就会发现,青春是一本厚重的书,可以填满快乐,也可以写下孤独,却不能在它的扉页上因等待停下前进的脚步。

入学报到的情景还如在眼前,我们竟在此时——在高考结束的六月就要说再见。三年,我们一同走过了求知的三年,一同走过了辛苦的三年,也一同走过了人生最靓丽的三年……

来吧,音乐响起来,让我们手挽手跳起来,写下我们的《青春纪念册》!

情境主持中以"青春"为主题,"从十六岁到十八岁",明确是高中阶段;"离别之前"符合毕业晚会的情境要求;然后从"希望""拼搏""不悔的路""厚重的书"等角度进行主题推进和情绪渲染;因为是开场白,结尾有一个领起,用颇具号召性的语言增强现场的参与度。整个开场白结构完整,语言优美。

第二节 实战技巧

一、栏目定位，对象明确

第一步，分类对号。拿到模拟主持题目后，根据题型可以马上判断是栏目主持，还是非栏目主持。

第二步，确定方向。在栏目主持中，根据稿件的具体内容，考查最多的是新闻评论类栏目主持和社教服务类栏目主持。在非栏目主持中，按照题目要求分别指向以还原新闻现场为主的现场报道和以调动观众情绪、组织现场活动为主的情境主持。

第三步，确定受众。在确定不同方向之后，考生需要开始考虑这不同的节目要做给谁看，即受众。不同的人群特征，包括年龄、性别、职业、爱好等导致受众对节目的需求也是不同的。这种需求会直接影响到考生对节目风格以及自己作为主持人这个身份的设定，比如表达方式、语言内容等。例如，有关老年人的话题，就要考虑到老年人接受信息比较慢，要尽量把话说得清楚明白；而面对小朋友的话题，就要考虑孩子喜欢的方式，一味地说教肯定会影响节目的效果。尤其在情境主持中，要能够运用有限的资料快速定位定点，摸清究竟在一个什么样的"场"当中，才能找准情绪方向，否则极易偏题。

二、确定主题，理清逻辑

无论是栏目主持还是非栏目主持，一次成功的主持一定有一个明确的主题，有一条清晰的主线，各部分之间才能围绕主题合乎逻辑地推展开来。在模拟主持考试中，要做到主题明确突出并且符合给定材料的要求，避免舍本逐末或抓住个别细枝末节白费时间。

此外，无论是庞杂的资料还是简单的要素，都要理清各部分之间的逻辑关系，例如并列、递进，还是因果、从属等，并合理安排调用。这样也可以避免在备考时想得很充分，一到镜头前就乱了阵脚。记忆逻辑关联比记忆具体内容要简单而且易于保证节目的完整顺畅。

三、拎出重点，用好细节

面对庞杂的文字资料，许多考生会感觉不知从何下手。这就需要大家在提炼出主题后，围绕主题选择相关的重点部分，其余非重点部分可以简略带过甚至省略不说。

在重点部分运用多种手段进行浓墨重彩的表达,比如举例子、用引证、画面描述、深入分析等,这要比均匀分布力量,面面俱到,从而导致节目温吞无趣要强得多。

比如有一则资料讲述一位七旬老人为了还20元钱而苦苦寻找借款人47年的新闻。资料详细讲述了当年借款的过程、寻找的经历和还款的情景,如果按照稿件原文,观众只是听到了流水账,而无法激发大家对老人这份诚信的敬仰。其实,我们如果把重点放在这几个数字上,"七旬""20元""47年",这种对比的冲击力就远比罗列事情的发展经过对大家内心的震撼强得多。

此外,对细节的把握,也是为模拟主持增色的法宝。无论是在评论节目中对关键性细节的发问、论述,还是社教类节目中对细节的解析,甚至在情境主持中利用细节渲染情绪,于情于理都容易让观众感受到亲近、自然、清晰、质朴。

比如在一次以歌颂母爱为主题的情境主持中,一位考生选择了"妈妈的微笑"这样一个切入点,并运用生活中每个人都会经历的细节来表现不同内涵的妈妈的爱。

模拟主持:当我第一次站在学校的领奖台上,稚气地代表三好学生发言时,我看到,台下的人群中有一个人睁大眼睛、抿着嘴角,调皮地在冲我微笑,那是妈妈。

当我因为没能顺利保送高中而一个人躲在房间哭泣时,一只温暖的手轻拍我的肩膀,把我揽入怀中,我抬头透过朦胧的泪眼,看到一双慈爱的眼睛,翘起的嘴角在冲我微笑,那是妈妈。

当我离开家踏上南下的列车为梦想而努力时,站台上,我看到那渐渐远去的身影,紧锁的眉头、坚定而又有点担心的眼神,还有仍然冲我叮咛又装作微笑的嘴巴,那是妈妈。

这三个细节的描述,让我们即刻感受到妈妈的鼓励、宽慰、牵挂、自豪等多种爱的表达。这比用华美之词去直接歌颂母爱要更可感、亲近,也更巧妙,不是吗?

四、排比比喻,句式多变

模拟主持中的语言,不仅要流畅自然、观点清晰,也要生动多元,尤其是在艺考的考场上。同质的话题太多,如何能吸引考官的注意,除了语言内容本身,句式多变和随之而来的语气多变,也会让考官获得新鲜感,从而增强关注度。比如,排比句有助于增强语势,比喻有助于表达形象,感叹句有助于直抒胸臆,反问句有助于发人深省,等等。总之,要让语言在变化中向前推进,语气、语调、情绪状态始终处在符合题目要求的变化当中。

五、开头结尾，巧妙完整

前文已经讲到，模拟主持要注意完整性，而开头结尾对于一个广播电视节目而言是必不可少的。但此处讲的必不可少，并非完全指代开头问好、结尾再见。考生应该力求使自己的回答带有明显的个人特征，同时又能够与给定材料本身有较好的结合。

在开头部分，可以设计富有个人特征的节目名称和节目口号。根据不同节目类型如新闻评论节目、社教节目等进行典型类别的对位设计，让考官一听你的节目名称便知道是哪种类型的节目。同时，在练习过程中尽量将某一类节目的名称和口号固定下来，不必每次拿到一个选题就重新设计，从而使某一类节目的开头相对固定。只需根据不同选题，选择不同的切入角度。这也是一个开场稳定情绪的好办法。

此外，结尾部分，要少而精，重复点题，重在升华。千万不要陷入联系方式的播报以及一些无谓的感谢词、征询意见稿等。

六、话题切入，灵活深入

相对稳定的节目开场白之后，与每次选题相关的应该是话题主持的切入点，这个是需要精心设计的，但也有一定的方法可循。

1.关键词法

找出给定材料中的关键词，这个关键词可以是核心人物，可以是核心事件，可以是观点主旨，也可以是极富争议性和关注度的其他任何词汇，只需与给定材料和节目目的相关即可，由小及大，推而广之。例如，以介绍"最美妈妈"吴菊萍徒手接住从十楼坠落女孩的事迹作为节目开头：

7月的杭州，生死瞬间，一个平凡的女人用她柔弱的双手，创造了一个爱的奇迹。吴菊萍，她不顾个人安危的惊人一抱，挽救了一个幼小的生命，更警醒了世人冷漠的心。人们称她是中国的"最美妈妈"，全世界都知道了吴菊萍救起小妞妞的故事。在关于她的故事中，我们发现，有几个词反复出现：本能、普通、习惯性流露。

在这则模拟主持中，你可以选择"最美妈妈"这个称号做关键词，更可以深挖人物背后所折射出的"本能""普通""习惯性流露"等人物的精神实质。

2.数字法

这种方法尤其适用于给定材料中有较为惹眼的数字信息。通过数字的对比、推演等进入主题。例如，针对肯德基豆浆被网友曝光为豆浆粉兑冲而成的新闻评论，我们可以这样开头：

老实说，我一直以为7.5元一杯买来的肯德基豆浆就是现磨的，所以一直喝，觉得也健康。可事实是，肯德基的豆浆是拿豆粉泡出来的，成本只有7毛钱！显然我们被忽悠了。我们知道，在卖早点的小摊上，买一杯豆浆也就1.5元左右。我们之所以愿意多花6块钱买肯德基的豆浆，也是看重它与众不同的品质，正如它在广告中一直宣称的"新鲜"健康理念。可是，结果呢？根本不是那回事儿。

在节目开头算的一笔账，即刻就能引起大家的兴趣，并跟着展开思考。

3.画面法

这种方法以感性的画面描述进入节目，可以是宏观场景的概述，也可以是细节画面的解析，都更容易使听者跟随画面进入联想和思考。例如，电影《变形金刚5》隆重上映，铺天盖地的评论和介绍大多都从小时候的玩具说起。我们不妨试试这个开头：

我还记得中学课堂上那位方言浓重的数学老师，他一边讲授因式分解的变形技巧，一边拍着黑板强调："同学们注意，我要变形了！"多么可爱的老师，多么可敬的老师啊！为了迎合当时我们喜爱变形金刚的小心思，不知是无心还是有意，做这么巧妙的关联！《变形金刚》承载着我们那一代人的回忆啊！

4.引经据典法

以名人名言、古语名句等开场指向节目主题。比如，同样是关于"最美妈妈"的一则模拟主持，也可以采用这样的开场白：

孟子曰："挟泰山以超北海，语人曰'我不能'，是诚不能也。为长者折枝，语人曰'我不能'，是不为也，非不能也。……老吾老，以及人之老；幼吾幼，以及人之幼。天下可运于掌。"依此来看，现实社会中人们在需要帮助的人或事面前止步，确实是"非不能也，是不为也"。"最美妈妈"就像一缕温暖的阳光，照进人们的心灵。她于平凡中孕育出人性的光辉，激发了人们心底向善的力量。

（改编自2011年7月18日新华网《"最美妈妈"的精彩为何赢得全社会喝彩》）

5.大事引入法

一开头先不说给定材料的核心，反而从类似的重大事件说起。用一些与之有通用意义的更受关注的类似事件做引子，以提升自己节目的信誉度。比如题目给定的是"上海海事学院有位老师要求学生买iPad，买不起暑假就去打工，并扬言挣不到钱就不配当他的学生"这个事件，考生就可以从北师大教授发微博称"当你40岁时，没有4000万身价不要来见我，也别说是我学生"的言论说起。两件事的主角都是高校教师,都是对学生发表的言论和要求,话题都是关于高学历者的财富问题,具有一定的相似性,而后者影响力相对更大。

6.应用生活法

从生活中的日常小事说起。比如关于环保节目的主持,可以这样说起:

还记得刚到大学时,就看到宿舍楼下放着一个小纸盒,写着废旧电池回收,我这才意识到,自己曾经的随手一扔造成了多大的环境污染。

话题切入的方式还有很多,同学们可以在实践中自己摸索出适合自己思维习惯的方式,建构自己的"模式"。这样在专业考试中,既免去了备考时的慌乱,又能够凸显个性特点,何乐而不为呢?

七、状态积极,交流自如

模拟主持时要心怀观众。要去思考观众需要什么,听到你的语言后观众的反应是什么,建构这种意识当中的交流习惯。虽然在考试中是单向表达,但流露于语言表达当中并通过眼神、表情和肢体动作辅助展现的交流感却是必不可少的。同时,积极、自如、主动的表达状态,也是赢得高分的重要一招。

考生们可以通过日常训练,如照镜子演练,或找同学搭档面对面演练等来提高表达的积极性和目的性,不仅仅是自己说得明白,还要让对方听得明白并随之产生感受和思考。镜头前的表现,要以真诚自然为根本原则,那些忸怩作态或撒娇发嗲只会留给考官负面的印象。表情自如、语言流畅、积极热情、落落大方,是一名主持人最基本的表达样态。

第三节 节目分类解析

依据模拟主持考试题型和材料内容,本节将按照不同节目类型来具体讲解应试技巧。

一、新闻评论类节目

新闻评论类节目一直以来都是广播电视节目的重头戏,它传递信息,以报道新近发生或正在发生的事实为主要内容,同时通过传播意见性信息而引导舆论。有述有评,这是区别于仅播报新闻信息的资讯性新闻节目的一个重要特征。比较典型的新闻评论类节目有中央电视台的《焦点访谈》《新闻1+1》,凤凰卫视的《新闻今日谈》《有报天天读》及粤方言地区观众较为喜爱的广州电视台《G4视点》,广东广播电视台《马后炮》等。

考生在做新闻评论类栏目时,在语言上要尽量严谨客观、真诚质朴,依据新闻内容的不同可以有庄重的、严肃的、幽默的、俏皮的等不同表达样态,但归根结底要把握好公信力与亲和力的结合。不能因为过度追求个性而影响了新闻传播的真实表达。

根据叙述内容与评论的比例不同,可以分为以评为主、述后点评及边述边评三类。无论是哪一种评论方式,都要注意是在一个完整的节目内去呈现。此处在节目的完整性要求方面不做赘述。

1. 以评为主

在考生抽取的试题中,新闻事实叙述非常简单明了,这时候往往选择"以评为主"。把新闻事实的叙述作为模拟主持节目中的新闻由头,此后进入条理清晰的评论。关于具体评论的技巧,考生可以参照前文即兴评述的相关内容。

例: 请根据以下材料做小栏目主持。

材料: 近日,成都一个醉心国学的父亲叫李里,为了让三岁儿子更好地学习国学,用牛送他上幼儿园。三岁幼童在众人注目中骑牛穿行闹市,颇有点两千年前老子骑青牛而问道的味道。对这事,网上有些人调侃道:骑牛就可以领悟国学?那无意中我小时候就已经开始学国学了!

模拟主持: 观众朋友您好,欢迎您收看《主播视点》。

醉心国学的老爸李里,为了让娃更好地学习国学,就用牛送三岁的儿子上幼儿园。可能很多人首先疑问的是,骑牛上闹市,交通法规允不允许?难道就不考虑下三岁幼儿的安全?对于此事,成都交警部门表示,现今的《道路交通安全法》没有规定马或者牛等动物不能骑上路,因为这毕竟只是个例。但应当注意到,如今这样的雷人雷事是越来越多了,比如2015年时台州温岭就有一个人常骑马上街甚至去小学接女儿。但最终的结果有些悲催,半夜时连人带马被迎面而来的车辆撞倒,幸亏人无大碍。所以针对这种情况,有关部门是否应该修改一下交规,对这方面做出规定?

言归正传。李里为什么要让儿子骑牛上学呢?他的解释是:"我觉得,传统文化应该贯穿到我们的衣食住行当中。"而骑牛在他看来,便是在"行"方面的尝试。他举了个例子,"碰上下雨,可以带儿子背'牧童遥指杏花村',骑牛的时候读'牧童归去横牛背',骑驴时读'细雨骑驴入剑门'。"

对此说法我只有呵呵一笑了。知行合一固然重要,但当人文环境发生了变化时,拘泥于形式难免有点泥于古而异于今!当年老子骑青牛而问道,那是因为牛就是那个时候的交通工具。现在如果这样,纯属哗众取宠。就比如现在很多人想恢复汉服,但理想和现实始终脱钩让其无法实现。为什么?长袍飘飘的汉服穿上虽美,但已经无法适应今日,穿上汉服,难保上地铁公交时这衣服后摆不被拖进门缝里,连累脑袋被车门夹了;难保干活的时候长袖不被卷进机器里连累胳膊被绞伤。所以汉服始终不能像与时俱进的旗袍一样大放异彩甚至漂洋过海。

《易经》有句名言:"穷则变,变则通,通则久。"国学重要的是内容和精神,而不是形式。学国学应该更加注重国学的精髓,不能只看面上的东西。国学的精髓是什么呢?我想应该是先秦老子那种超然大度的情态、庄子纵横宇宙的心胸、孔子谆谆教导的从容。这些伟大的国学先哲们从不拘泥于形式,所以让自己的思想到达旁人难以企及的境界。

就李里而言,热爱国学是好事,一心教幼儿学国学更是让薪火有相传,但如此拘泥于形式则贻笑大方了,难免会陷入形式主义之中。学国学,最主要的还是领悟先贤的思想,学其精神而与时俱进,从而懂得做人的道理。体验一下骑青牛问道未尝不可,但每天骑牛上学就真的大可不必了!

好了,感谢您收看《主播视点》,我们明天见!

(改编自2017年6月24日钱江晚报《幼儿骑牛问道,纯属哗众取宠》)

2.述后点评

这种方式主要针对题目给定资料比较充实,新闻事件本身比较复杂,叙述的比例相对较多,只是在节目结尾处做三言两语的点评。一般点评可以在概述完消息后发表议论,引导受众注意新闻要点;或者根据报道的积极方向,倡导社会新风尚;再者也可以寓情于理,将内心情感与理性思考相结合,引发观众共鸣;对待一些特殊的时刻或事件,如刘翔夺冠和汶川地震全国哀悼日等,也可以采取激情述评的方式,与受众达成情感上的沟通。述后点评,关键是精辟、到位。

例: 颇受关注的"斑马线悲剧",在材料中有众多数据、事实以及公开发布的相关法律法规,考生也可以结合现实生活中的交通实景做以描述分析,在结尾处给出建议性点评。

材料: 人行横道线,通常被称为"斑马线",用以引导行人安全地过马路。然而,由于机动车常与行人争抢通行斑马线,这道行人的安全线,在近年来却成为交通事故的多发线,甚至屡屡酿成血案。日前,公安部网站对外发布,近3年来,全国共在斑马线上发生机动车与行人的交通事故1.4万起,造成3898人死亡,其中机动车未按规定让行导致的事故占了总量的90%。公安部交管局已部署各地重点围绕不礼让斑马线等严重交通违法行为启动集中整治。

模拟主持：观众朋友您好，欢迎收看《新闻点一点》，今天我们要点的就是"斑马线"。

"机动车行经人行横道时，应当减速行驶；遇行人正在通过人行横道，应当停车让行。"这些文字是《道路交通安全法》的明文规定，也是交通法规的考试内容，但在大多数情况下，中国马路上的司机都不是这样开车的。无数行人也都不知道自己享有这项权利，他们在斑马线上遇到的汽车往往不仅不会停车让行，更可能加速抢道。普遍存在的野蛮驾驶习惯，是交通事故频频发生的根源。据统计，近三年来全国共在斑马线上发生机动车与行人的交通事故1.4万起，造成3898人死亡。

一讨论文明驾驶，就会有司机抱怨行人不守规矩。但统计情况不支持司机的抱怨，机动车未按规定让行导致的事故占了全国事故的90%。更重要的是，行人闯红灯不是野蛮驾驶的理由。现在很多城市开始治理行人闯红灯，但不能忽略，机动车是马路上的强者，司机文明守法才是减少悲剧发生的最关键因素。

目前中国机动车保有量已突破3亿辆。汽车走进寻常百姓家，这是历史性的进步，但如果驾驶习惯跟不上，这就是一个恐怖的数字。所有在斑马线上不礼让行人的司机，都是马路杀手。必须提醒的是，斑马线不礼让行人不仅是不文明，也是违法。

鉴于"车不让人"的普遍、长期存在，我认为有必要像当年治理酒驾一样集中治理。用有力的执法行动，建立起机动车对斑马线的敬畏，让"车让人"不再只是空洞的文字。

当然，我们也同样不能忽视代表了行人责任的10%。斑马线上行人虽然享有优先权，但并不代表不需要任何规则的约束。抢黄灯、闯红灯、看手机等行为无异于把自己的安危完全交给了机动车司机。一些车辆为了躲闪突然冒出的行人而导致的事故也时有发生。因此，对斑马线和交通规则，行人同样要保持十分的敬畏。

每一个生命的消失都令人哀痛并惋惜，当这么多生命以非正常的方式消失时，我们是否需要更深刻的反思呢？杜绝"斑马线悲剧"，不能只依赖交管部门一家的执法，需要人与车相向而行，开车的把好手中的方向盘，行人管住自己的两条腿，共同恪守底线。

好的，《新闻点一点》今天就点到为止，明天见！

（改编自2017年6月19日新京报《像治理酒驾一样治理"斑马线车不让人"》）

3.边述边评

边述边评，类似议论文写作中的夹叙夹议。既有事实的报道，又有观点的碰撞。在模拟主持考试中，这也是新闻评论类节目主持的一种好办法。考生将给定资料进行重新筛选、整理,找出最具有话题性的几点进行评论;或者按照一定逻辑关系以事实或观点为线索,进行推进。

例:下列材料围绕有关高考"送考""助考"的诸多方式,在主持节目过程中将事例讲述与观点表达相结合,同时以叙述性的建议作为节目结尾,意见信息与事实表述有机融合。

材料:高考前夕,为博考试好彩头,各路支招尽显"奇葩"。第一天得穿红色(开门红),下午穿绿色(一路绿灯),第二天穿灰色和黄色(走向辉煌)。送考的妈妈要穿旗袍(旗开得胜),送考的爸爸要穿马甲(马到成功)。考生一定穿紫内裤,寓意紫腚赢(指定赢)。早上还得吃粽子,叫高中。有一位沉迷于网络上各类"算命网站"的考生家长黄女士,几乎每天都要到网上去为孩子求高考运程,输入孩子的生辰八字后,获得了许多"有针对性"的提醒。比如,进考场前,必须右脚先跨进考场,出考场时则要左脚先迈出去等。

模拟主持:观众朋友,您好,欢迎您收看《热点关注》。

进入升学考试季,一则有关临考准备的旧段子又在朋友圈流传开来:第一天得穿红色,寓意开门红,下午穿绿色,寓意一路绿灯,第二天穿灰色和黄色,寓意走向辉煌。送考的妈妈要穿旗袍,表示旗开得胜,送考的爸爸要穿马甲,那叫马到成功。就连考生也有要求,一定要穿紫内裤,寓意紫腚赢,就是"指定赢"。哦,对了!早上还得吃粽子,叫高中。

看到这则"源于生活,高于生活"的段子,很多人不免会心一笑。在我看来,这个段子之所以博人眼球,在于用一种略带夸张戏谑的手法勾勒出相当一部分人的临考心态。从这个意义上讲,这不仅是个搞笑段子,而是现实的浓缩,许多人都可以不同程度地"对号入座"。比如为讨个好彩头,很多学校通常会组织老师集体穿上红T恤,甚至不乏给全体考生发红T恤,将考场变成红色海洋的。如果说学校的行为还算是积极的心理暗示,那么有些沉迷于"算命网站"为孩子求高考运程,按照"指点"要求孩子进考场前,必须右脚先跨进考场,出考场时则要左脚先迈出去的家长就真是有点夸张了。

试问,"不信苍生信鬼神"的家长,难道只是个案吗?四处求神拜佛,祈求神明护佑的家长,恐怕不在少数。平心而论,没有几个人真的坚信一"烧"就灵、一"拜"就行。说白了,绝大多数人无非就是寻求心灵慰藉,图个吉利和彩头而已。从心理学角度看,这样的举动属于自我调整心态的方式之一,有时能对自己的紧张心理起一定的缓解作用。

但如果真的站在考前心理调整角度看,烧香祈福式的自我调整不过是一种被动消极的做法,不仅虚无缥缈、难以依靠,而且如果过于在意穿什么衣服和先跨哪只脚之类的细节,恐怕还会对孩子的备考产生负面影响。"求人不如求己",与其等待"神明"和"运势"的眷顾,不如积极行动起来,做点实实在在的事情,帮助孩子缓解紧张与焦虑。比如在家里悬挂写有励志话语的便条,或者在案头放置一张精致的便签,誊写几句孩子平素最有感触的格言警句……总之,与其把精力花在"旁门左道"上,不如在"不要唠叨,不要吵嘴,照顾好孩子的生活起居,凡事体谅不要批评"等平常处做好做足文章,营造一个轻松自然的迎考氛围,帮助孩子保持稳定良好的心态。不慌乱、不苛求、不攀比、不反差、不冲突,一切以顺其自然为要旨。

(改编自 2017 年 6 月 7 日中国青年报《穿旗袍着马甲 如此"送考"为哪般》)

此外,考生在做新闻评论类栏目时,要注意副语言的合理运用。在镜头前与受众是一种平等交流的心态,不要高高在上,也不必唯唯诺诺;眼神笃定,表情自如,不必时刻追求微笑,要与播讲内容的情感色彩相符;可以适当加入手势动作,但幅度应较小,避免干扰信息的传递。

总之,以平和的谈话样式、主动的交流样态、情理交融的语言引发观众的思考,这是考生在完成新闻评论类节目时的基本要求。

二、社教服务类节目

社教服务类节目以提供教育和服务为主要目的,传播知识、引导观念、提供服务信息等内容大多通过这类节目来呈现。因此,内容的贴近性、实用性、指导性、针对性是这类节目的主要特点。例如,既有针对某一类人群的《大风车》《每日农经》,也有对象群体宽泛的时尚女性节目《美丽俏佳人》,有以传播知识信息为主的《走进科学》《人与自然》,也有以互动娱乐为主的购物节目《越淘越开心》,等等。

考生在做社教服务类节目时,要注意以下几个问题。

1.节目的对象和定位

是否依据给定资料的内容确定节目的受众和对象,将会直接影响到作为主持人的身份设定和表达样态。例如,以传播科学知识为主的科普类节目相对要严谨庄重,以传递时尚生活理念为主的服务类节目相对就轻松活泼,少儿节目则要处理好与小朋友的关系,以一颗童心与孩子交流等。

2.语言的专业与生动

也许考生抽到的试题所给定的材料知识性较强,有不少专业术语,生涩无趣。然而没有人愿意听主持人板着面孔说教,于是如何在专业与生动之间找到平衡成为做好社教服务类节目的重要一环。将书面语改为亲切的口语,将生涩的专业词汇以日常可感的表达形式进行解释说明,在语言表述中运用一些有趣的小例子或更多使用描述性的语言增加生动性,这些办法不妨一试。

3.服务与交流的心态

社教服务类节目的目的就是提供服务,所以考生在考场上要快速将自己的情绪调动到积极热情的状态,要想受众之所想,真诚地给予他人帮助。比如提供生活小窍门的节目,考生在"说"的过程中,一定要去思考观众是否听懂了、看明白了等问题,这样的心态自然会让考生的表达样态亲切贴心又容易接近。

4.表情动作与道具

社教服务类节目不像新闻评论类节目那么严肃,丰富的表情、适度夸张的动作,只要不影响传播的真诚感都可以做一下尝试。但还是要提醒一下,切忌撒娇发嗲、矫揉造作。另外,在条件允许的情况下,可以运用小道具来增强表达的真实性与生动性。

例:请根据以下材料做小栏目主持。

材料:番茄冰淇淋

原料:番茄100克,牛奶100克,奶油30克,水70克,鸡蛋两个,白糖50克,香精少许。

制作方法:①将番茄洗净去皮,切成碎块,加水煮沸成酱汁备用,牛奶煮沸备用。②将糖、鸡蛋加入稍凉的番茄汁内,边加入边不断搅拌,再加牛奶,搅匀备用。③将混合液加热、过滤、晾凉,加奶油、香精,拌匀。④把上述混合液置冰箱冷冻,并经常搅拌,凝冻后即可食用。

特点:酸甜可口,具有番茄特有风味,食之不腻。

模拟主持:快乐小窍门,生活大智慧。欢迎收看《生活大智慧》,我是主持人小机灵鬼。

番茄含有非常丰富的营养,比如胡萝卜素、维生素C,还有B族维生素,吃起来酸甜爽口,多吃有益啊!但是习惯上,番茄的做法大多就是凉拌、做汤、炒鸡蛋。你有没有想过还有别的新花招?今天,我们就为大家介绍一种番茄的夏季另类做法。隆重推荐,番茄冰淇淋!

首先准备好原料。一个番茄,半杯牛奶,杯子不要太大哦!还有30克奶油,这大概是多少呢?可以根据您买来的奶油规格切出相应的分量就可以啦!此外准备两个鸡蛋、糖和香精。

接下来就开始动手吧。第一步,把番茄洗干净剥掉皮,一般用开水烫一下会比较好剥,然后切成小碎块,加入水煮开,再用小火煮到类似番茄酱的状态,所以水千万不要放太多,一般一杯就足以了。同时也要把牛奶煮沸。

第二步,等煮好的番茄汁稍微凉一些,先加入糖和鸡蛋,一定记住要边加边搅。然后再加牛奶,同样要搅匀哦!

第三步,把这个鸡蛋、番茄汁和牛奶的混合溶液放在火上加热,使溶解更充分,然后用滤网过滤,再晾凉,这时候的液体已经非常细滑了,再加入奶油、香精,搅拌均匀。

最后,把这杯混合液放在冰箱冷冻室开始冷冻,半小时拿出来看看,搅拌一下,千万可不能丢进冰箱就不管啦!那样就只能变成一个大冰块,而没有丝滑的口感啦!这样经常拿出来搅拌,直到它凝冻成冰淇淋样态就可以吃啦!

哇!这样一杯酸甜可口具有番茄风味的冰淇淋就做好啦!尝一下,真是又健康,又美味!您也快来亲自动手尝试一下吧!趁夏天番茄大量上市,您不妨自己也开发一下,试着多做几种花样。

快乐小窍门,生活大智慧。感谢您的收看,我们下期再见!

在这则模拟主持演练中,考生要注意把题目中的程序化、书面化语言转化为清晰生动的生活化口语,但又不需要太多的"嗯、吧、啦、呢"等语赘。将一些专业性量词用形象可感的表述方式体现,比如用"一个番茄""半杯牛奶"替换掉"100克"。同时适当加入番茄的营养价值以及一些细节化的小提醒,都会增加节目的服务性。此外,在考试中,虽然没有实际的番茄、牛奶,但考生可以用手势动作进行模拟展示,以体现更为自如积极的镜头前状态。

三、现场报道

现场报道,是电视新闻记者置身于新闻事件发生现场,面对摄像机镜头,以采访者、目击者或参与者的身份向观众叙述、评述新闻事件,并同时伴以图像报道的一种报道形式。这类节目时效性强、信息量大、参与度高、现场感突出,已经越来越成为电视新闻报道的一种重要样式。

考生在面对现场报道环节的考试时,要着重考虑以下三个方面。

1. 我在现场

虽然抽取的资料可能是相同的,但每个考生此刻要呈现的现场报道是由自己的眼睛看到、感受到的,所以要将稿件中的作者转化为自己,这种身份感的转化在现场报道考试中格外重要,要突出"我"个人的感受去观察现场、报道新闻、评述话题。另外,"在现场"就是要凸显新闻事件发生的现场感、进行时,将"我"与"现场"融合在一起。因此,明确自己的时间、地点是现场报道的重要内容,情绪也要与新闻现场的气氛相融合。比如通常情况下,热烈的足球比赛现场要求记者的情绪也要热烈充满激情,而类似卫星发射现场的报道就需要沉着冷静,等等。"看画面解说"是这项考试中考生常常出现的环节。

2.语言的准确生动

考生在现场报道考试中,要力求语言描述的生动、细致,如眼所见;采访时要注意身份的自然转换,也可以巧妙运用转述;现场评论要精辟到位等。这些技巧也都是辅助获得现场感的好办法。

3.身姿动作的合理把握

有些考生一到现场报道考试环节,就真的如临其境,满场乱跑。请大家注意,这是"模拟主持"!所以,你可以在动作手势上有相对指向性的表达,但行动的位置尽量不要发生太大的变化,以免摄像机镜头无法捕捉。要知道,评委老师还是以你的语言为主要关注点的。另外,站姿一定要挺拔,眼神表情要与镜头有交流。

例:以农历腊八节,饭店腊八粥热卖的材料做一次现场报道(如图 5-3 所示)。

材料:

图 5-3　腊八粥

模拟主持: 观众朋友,您好!今天是腊八,又过节了,只要跟吃沾边儿的节我都爱过。

我现在是在护国寺小吃店,外面已经排上队了,都是等着喝粥的,想知道这儿的粥为什么这么受欢迎吗,北京护国寺小吃店经理李秋华告诉我们说,他们这儿的腊八粥,光辅料就17种。借用现在一个时髦词"混搭"来形容腊八粥最合适,除小米、高粱米、红小豆这些五谷杂粮,枸杞、红枣、桂圆、花生等,只要有营养的,尽管往里搁,熬啊熬,就熬成了腊八粥。

今年护国寺小吃店的腊八粥是3块5一碗,我是连喝两碗啊!店里的负责人告诉记者,很多客人都是特意来他们这儿喝的,今天一天他们估计能卖掉2000多碗。

中国的饮食文化源远流长,所以跟吃沾边儿的传统节日都挺热闹,大多数人都知道过腊八讲究喝粥,至于为什么喝,有什么传统文化在里面,并不清楚。

中国民间文艺家协会秘书长向云驹介绍说,因为是在腊月,这个月,要祭祀,把所有的粮食放在一起,是让大家分享丰收的快乐,同时也祈求来年五谷丰登。

营养专家介绍,虽然腊八粥的名气、价格都和月饼、元宵没法比,但论营养,腊八粥却是老大,因为现在人们吃的食物比较单一,应该讲究"混搭"着吃,因为这样有利于吸收。拿小米和红豆来说,单小米的吸收率是74,红豆是64,两种一块吃就变成89了,所以从科学的角度看,喝腊八粥特别有利于人体吸收营养。因此有专家提建议,应该把腊八节这天定为中国营养日。

以上就是记者在护国寺小吃店发回的现场报道。

这则现场报道中,考生首先将时间、地点明确告知观众,这是现场报道的第一要素;此后有对护国寺小吃店环境和粥品的描述,有对相关嘉宾采访的转述,在结尾处还有应时应景的营养提示。节目虽然只是片段,却完整充实。

四、情境主持

情境主持,一般在综艺娱乐节目、体育节目、互动游戏类节目中使用较为广泛。它要求主持人依据现场环境和气氛组织语言进行即兴主持。

考生在准备这类题目时需要注意以下问题。

1.把握场境,定位立点

考生抽取的试题,表述较为简洁,如"请主持一段学校中秋晚会的开场白"等。这就需要大家快速把握话题意向,即在一个什么样的场景和环境下做什么工作,这里的场景和环境不仅有实时的物理环境,也包括社会背景和人们的心理状态。依据对场境的分析来确定语言样式、主持风格等。

2.快捷组材,理顺结构

没有文字材料的支撑,情境主持要依靠考生自己去选择与话题相关的材料,并运用逻辑链条将这些材料有机组合起来,让人觉得合情合理。例如一说到春节联欢晚会,大家首先能够想到的就是辞旧迎新、合家团圆,再结合中国的生肖文化、传统年俗,等等。在这一部分,我们尤其鼓励大家运用创新思维,比别人想得再深入一点,看看能否另辟蹊径,比如"外国人眼中的中国年"等。

3.语言丰富,情绪恰切

这里所指的语言丰富除了包含前面介绍的实战技巧中已经提到的句式多变、运用修辞之外,更重要的是指语言表达样式的丰富,比如在文艺活动的开场白中可以适当加入庄重的朗诵体,在游戏环节可以运用讲解式,而大多数的即兴主持还是以口语谈话式为主。考生对停连、重音、语气、节奏的把握在这样的即兴主持中也显得格外重要。

而与现场报道相类似的一点就是,情境主持也要体现"我就在"的现场感,而且这种现场感不仅要与题目要求相一致,还需要通过考生的语言、行动等将自身情绪渲染至整场,因此,适度的互动、巧妙的小才艺的恰当运用也是不错的选择。

例:请自己设定主题做教师节联欢晚会的开场白。

模拟主持:各位来宾,各位朋友,老师们,同学们,大家晚上好!欢迎大家光临《情动师恩》教师节联欢晚会的现场!

在人类社会发展的历史长河中,教师担负着承前启后、继往开来的光荣使命。教师——人类灵魂的工程师,用勤劳和智慧,开启着下一代人的心灵。无论是领袖、将军、作家、科学家、学者,还是千千万万的普通劳动者,在成长过程中,都会受到老师的教诲与启迪。"一日为师,终身为父"。在我们国家,教师历来备受人民的尊重和爱戴。

"春蚕到死丝方尽,蜡炬成灰泪始干"。老师,您守着一方净土,勤耕三尺讲台;您用粉笔挥洒激情,用生命熔铸崇高;您默默无闻,您无怨无悔。从您的身上,我们知道了什么是人梯,什么是奉献,什么是言传身教,什么是永恒的真善美……在您的身上,充分展现了人类最崇高的精神——为人类进步而无私地奉献。

在这特别值得纪念的日子里,老师,我们有很多话要对您说,我知道:加减乘除,算不尽您作出的奉献!诗词歌赋,颂不完对您的崇敬!千言万语汇成一句话:老师,您辛苦了,我们永远感谢您,祝您节日快乐!

请欣赏歌曲《感谢你》!

在这则情境主持中,考生选取"情动师恩"这个主题,开门见山,明确情境。然后从我们每个人都有老师入手,来赢得大家的共鸣;接着歌颂老师的崇高精神,为感谢做好铺垫;此后顺理成章地表达感谢,并引出呼应主题的歌曲介绍。在具体语言组织上,运用了排比、比喻、对仗等修辞手法，使语言符合晚会开场主持的规整精美。在具体语言样式上可以借鉴一些"诵"的手法，但前提还是以情真意切的"说"为根本。

第四节 示例与解答

本节给大家提供了十道模拟主持练习题及参考答案，涉及时政、社会热点、文化娱乐、教育等多个方面。希望考生看完每道题后，先自己作答，再翻看给出的参考答案。

示例一

请根据以下材料，模拟主持一档新闻评论类栏目。

材料：2011年7月23日20时38分，北京至福州的D301次列车行驶至温州市双屿路段时，与杭州开往福州的D3115次列车追尾，目前已造成39人遇难。

铁道部新闻发言人王勇平在7月24日举行的新闻发布会上称，"既然今天我来了，我肯定会面对所有的问题，而且我不回避任何尖锐的问题，包括我可能答不出来的，我就告诉你，我确实还不了解。但是我必须坦诚地回答你们每一个问题，请你们相信我，你们相信吗？给予我信心。""我仍然跟社会说一声，中国高铁的技术是先进的，是合格的，我们仍然具有信心。"一系列言论引发媒体和民众的质疑与问责。

7月25日，"甬温线"恢复通车。

模拟主持：您好，观众朋友，欢迎收看正在直播的《新闻1+1》。

今天我们都得到了这样一个消息，铁路7月23号的事故路段，今天恢复了通车，但是恢复的仅仅是通车。由于近一段时间以来，接连出现的各种各样的铁路事故，要想让我们恢复对铁路的信心和信任，那可就大大需要时间了。可能也正是因为这样的原因，7月24日晚上铁道部的新闻发言人王勇平在举行新闻发布会的时候也意识到了这一点。我帮他统计了一下，他向所有的记者和在场的人员提出这种反问，你们相信吗？一共提出了不少于三次。他的回答是我相信。是，我相信他必须得说"我相信"。但是你要问我呢？我的答案是，一个多月之前我愿意相信，但是现在我不敢信，不能信，我就是简单地信了，对铁路纠错也不一定很好，要想真信，可能还有很多的工作要做。

谅解建立在真相之上，没有真相，没有谅解。这对于铁道部，以及相关的部门提醒就是，必须要坚持说真话。绝不能说你已经说了二十句或者三十句真话，觉得说一句假话也没关系,这一句假话就会使你前面的真话所积累的某种信任全部丧失殆尽。要不停地、不断地、永远说真话,直到大家的信心真正建立起来。当然,仅有真话和真相是不够的,建立大家对中国铁路的信心和信任还需要做大量的工作,甚至有很多是处理这次事故当中的一些细节。

王勇平在记者招待会上说"中国高铁的技术是先进的,是合格的,我们仍然具有信心"。我有点不太认同。为什么呢?我们不能把技术是先进的,就等于合格,就等于我们拥有信心。话为什么要这么说呢?仅仅是技术先进,但是你的管理是否先进?运营整个给予的实验答案是否是先进,监督是否是先进,对人的尊重是否先进,所有的细节是否先进?归根到底,综合下来你的运行能力是否先进。如果综合下来的运营能力是先进的,我们才可以说,它是先进的,是合格的,我们才会有信心。举一个例子,比如我们形容一个人身体非常健康,怎么去说呢?说他心脏功能40岁像20岁一样,肝、肺都是40岁像20岁一样,你觉得他身体好极了是吗?但是他弱智。你能说他是健康的吗?只有当他各种身体器官,包括智慧、大脑全部是健康的,我们才可以得出健康的结论。因此,只有技术是先进的这一点不能说是合格的,也不能等同于信心,需要一个综合运营下来,给予我们一种先进的感受。

很多人在这次事故出完之后,开始质疑速度,说速度是不是可以降下来?其实跟京沪高铁的300公里每小时比起来,动车速度没那么快,尤其这次出事的是第一代的动车,它的公里数可能也就是一小时200多公里。针对这方面,今天我看到英国的交通事务学者胡德说的一句话,"高速交通的关键在于调度和轨道维护。是否仅仅把速度降下来就能保证安全呢?2002年的英格兰赫特福特郡脱轨事件后来被发现原因不在车速,而是路轨接轨处螺钉没拧紧。"回到《三联生活周刊》李鸿谷的这句话"速度,看来是我们必须面对并且认真思考的重要问题。不仅火车的速度、铁路发展的速度,甚至中国经济发展的速度……我们要跟着配套。"所以我个人的感觉,不是我们的高铁太快了,速度不是问题,而是另一种速度有问题。什么呢?关键是只求效益,只求政绩,一路向前走,但是忽略了以人为本,忽略了规律,忽略了科学,忽略了我们生活中很多乘客的感受,尤其忽略了科学的管理和监督。这样的一种快速度才是真正可怕的,所以还是要给我们的铁路部门的速度正一下名,速度不可怕,大家另一方面的冒进可就太可怕了。

非常感谢收看今天直播的《新闻1+1》,明天再见。

(改编自2011年7月25日中央电视台《新闻1+1》《白岩松评"我反正信了":我不敢信,不能信》)

示例二

请根据以下材料进行改编，模拟主持一档新闻评论类栏目。

材料：近日，一位名叫刘洪滨（"滨"有时写作"斌"）的"老专家"被发现多次在各大电视台的"健康医药"节目中，参与推广的药品也是五花八门。他有时是苗医传人，有时是蒙医传人，偶尔还会客串一下北大专家和医院退休的老院长……由于刘洪滨出现在电视画面中的身份完全不同，也被网友戏称为"虚假医药广告表演艺术家"。

模拟主持：新闻新鲜看，视点大家谈！欢迎收看今天的《新闻视点》，我是主持人××。

我们看到画面上这位满头银发、面目慈祥的老太太，叫刘洪斌，文武斌，也叫刘洪滨，哈尔滨的滨。这绝对是一位超级"劳模"，不过是打引号的劳模。她一会儿在西藏卫视、青海卫视说自己是苗医传人，大谈治疗咳嗽的秘诀；一会儿在甘肃卫视，就变成了"著名中医养生保健专家和高级营养师"；再一转脸儿，在东南卫视，又变成了医院的退休老院长，开始推销号称是自己研发的"老院长祛斑方"。

名字随意更改，身份随时变换，内容信口开河、毫无科学依据，这位"虚假广告的表演艺术家"也算创造了一个奇迹。她居然在如此多的频道中，换身衣服、换个身份，公然胡说八道，可见老太太的心理素质是相当好，更可见某些监管人员是何等悠然自得。

稍有思考能力的人都明白，这位频频出镜、粉墨登场的虚假广告表演艺术家，仅仅是一个台前形象，甚至只是一个提线木偶。更重要的力量在幕后，包括假药制造方、广告制作方，以及至关重要的节目播出平台。有关虚假医药广告的危害，魏则西一案曾给我们巨大的教训，以竞价排名收取不良医疗机构广告费的百度公司备受责骂。公众舆论普遍认为，作为一个信息传播平台，如果不能恪守最基本的客观公正立场，那么平台本身就该承担责任。

然而，值得注意的是，在电视中播出的大量虚假医疗广告，却始终未能获得一次众人瞩目的清理机遇。在电视这样一种"单向输出平台"，向中老年人推销各类医疗保健品，既是电视台重要的收入来源，同时也钻了监管的空子。

中老年人对于电视台尤其是卫视的信任，超过了许多机构。承载着该群体的信任，这些播放虚假医药广告的电视频道最擅长的也是挥霍他们的信任。没有能力辨别科学，这是许多中老年电视观众面临的普遍困境。在此困境下，食药监局、电视台这些公立机构，本应成为虚假广告的过滤器，成为他们用药的一道安全阀。

但现在的情况是，过滤器和安全阀已经失效。我们看到的是那个面目慈善、看起来十分可信任的老太太，成天在电视上信口雌黄、招摇撞骗。尽管这个老太太只是一个提线木偶，但她却成了销售的关键，成了药商、电视台获取利益的关键，也成了坑害民众的帮凶。

（改编自 2017 年 6 月 22 日中国青年报《谁滋养了"虚假广告表演艺术家"》）

示例三

请根据以下材料，模拟主持一档新闻评论类栏目。

材料：在广州白云机场高速黄石南入口的高架桥，上桥处和下桥处的桥面下，近 200 平方米的平地上长满了森然的"牙齿"，约 2000 个水泥锥整齐地排列其上，每行约 100 个，每列约 20 个。底座呈正方形，边长及锥体高度约 10 厘米，每个间距约 10 厘米。从远处望去，如同一排排让人不寒而栗的矛尖（如图 5-4）。附近的居民和路人表示，这些水泥锥是为了阻止流浪汉居住，现在一些流浪汉只能睡在人行道上。目前，这些水泥堆尚无单位站出来认领。

图 5-4 "锥子"桥底

模拟主持：观众朋友，您好！欢迎收看《今日关注》。

近日，记者采访途中发现，广州白云、天河确有多处天桥和高架桥底，浇筑了水泥锥。询问是哪个部门负责管理，却又无单位站出来"认领"。其中在白云机场高速黄石南入口的高架桥桥面下，近 200 平方米的平地上整齐地排列着约 2000 个水泥锥，远望去如同一排排让人不寒而栗的矛尖。附近的居民和路人告诉记者，这些水泥锥是为了阻止流浪汉居住的。因此，一些流浪汉只能睡在人行道上。

这样的场景，着实让人吃惊。阳光何其灿烂，城市何其之靓丽，竟无流浪汉的立足之地。如果用这样的简单的、粗暴的方法来驱赶可怜的流浪汉，本可以遮阴的桥面之下无疑变成一片缺失温度仅有水泥硬度的锥林。

更让人称奇的是，"创新"的机构与主人，却在水泥锥林刺痛公众视线之后又公开玩起了"隐身术"。记者到现场调查，没有一个部门站出来认领锥林。其实，躲是躲不开的，或许还会适得其反。能出此招的单位，不外乎还是有市政建设与城市管理公权力的机关。城市越来越大，楼宇越来越高，而管理者的气量却越来越小。

是的，城市的面子重要，大白天有时桥下住着流浪汉，的确不太好看。让管理者不容，让视察者不悦。但作为城市的管理者，是否该宽容对待流浪汉，采取更加人性化的管理方式呢？试想，如此简单地立锥驱人，不仅让城市由内到外顿失美感，而且给城市管理埋下安全隐患。比如车不小心冲上去怎么办？老人小孩儿在这儿摔着了怎么办？况且，如果有地方可以躲一会儿雨，谁又会愿意睡在这四面透风的冰冷地面呢？对付弱势群体用这种招数，其实比流浪汉睡桥下更不光彩。难怪有网友发帖说：这是要逼流浪汉练好睡钉床的武功之后再来。

城市化作为现代化的重要维度，可谓大势所趋，不可阻挡。不过，我们生活在城市里，不仅需要丰裕的物质，洁净的城市，清新可人的空气，还需要精神上的慰藉，不断升级对弱者的怜悯与关怀之情。给包括流浪汉在内的城市弱者一片避雨之地，更是城市的良心所在。因为我们和流浪汉一样，都是莘莘城市人，都是一片阳光之下的国家公民。

感谢您收看《今日关注》，我们明天再见！

（改编自2012年7月2日新华每日电讯《高架桥下的水泥锥是城市良心之刺》）

示例四

请根据以下材料，模拟主持一档新闻评论类栏目。

材料：上海宝山区一所公立中学，下午3点半，穿着粉红、蓝白校服的"西部"学生（农民工子弟）已经放学，穿着蓝黑色校服的"东部"学生（本地生源学生）则要去上课。同一学校屋檐下"东部""西部"间有看不见的"围墙"。

模拟主持：新闻日日谈，日日看焦点。欢迎收看《新闻日日谈》。

节目开始，我们首先来看一张照片。这是上海宝山区的一所公立中学，下午3点半，穿着粉红、蓝白校服的"西部"学生已经放学，穿着蓝黑色校服的"东部"学生则要去上课。所谓的"西部"学生就是以前农民工子弟学校并入的学生,而"东部"学生则是本地生源。

出身境遇的不平等,造就了受教育权利的不平等,造就了学生分贵贱,但是知识总是不分贵贱的,能力也是不分贵贱的!"农民工"的标签,烙下了身份的贵贱,但是劳动不分贵贱,城市里钢筋水泥构筑的桥梁高楼不分贵贱。一道围墙隔离了身份,不同的校服颜色涂抹出了差距,这会不会成为构建和谐社会宏伟蓝图上的一个败笔呢?

这样的隔离带形成后,会不会让所谓的"西部"学生陷入自卑的漩涡呢?会不会在他们幼小的心灵里产生阴影,产生敌视呢?这和我们教育的本质是不是背道而驰呢?这是给我们政府搞的东西部"手拉手"计划打了狠狠的一记耳光。

尽管学校会用便于管理之类的话来为自己辩解,但是在"西部"学生低头走出校园的一刹那,在"东部"学生昂首挺胸迈进校园的一瞬间,这一鲜明的对比,我们的老师们,会不会觉得那样的借口显得很苍白呢?

无形的"围墙"隔离了孩子们的心灵,在孩子的心里犹如一道无法逾越的鸿沟。它隔离了"东部"学生面对困境的勇气和丰富的人生,隔开了"西部"学生童年的快乐和奋进的激情,隔离了和谐社会的一片升腾,隔离了政府关注民生的种种善行,却始终阻隔不断农民工那漂泊的生活和城市人那种异样的眼睛。

好的,感谢您收看今天的《新闻日日谈》,我们明天见!

(改编自 2010 年 6 月 11 日大河网《隔离带"隔"离了啥?》)

示例五

请根据以下材料,模拟主持一档新闻评论类栏目。

材料:日前,外籍专家刘先生坐高铁去宁波开会。同车厢的三个家庭大人讲话非常大声,小孩也很吵闹。刘先生提醒他们小声,结果被一位小孩的母亲怒打耳光,导致左眼眼球出血。

模拟主持:目之所及,心之所向,观众朋友大家好,欢迎收看《"评"心而论》。

这是一起足以令友邦惊诧的事件。前两天,一位外籍专家刘先生坐高铁去宁波开会。同一节车厢里有三个家庭,大人们讲话都非常大声,小孩也很吵闹。于是,刘先生就好心提醒他们小声一点,没想到一位小孩的妈妈反手就是一记重重的耳光,打得刘先生左眼眼球出血。我们没必要纠结于"外籍"两字,此事与国别无关,只与文明有关。这起鲜血淋漓的事件再次证明了一个颠扑不破的道理:"熊孩子"问题的根源是"熊家长"。孩子"熊"熊一个,家长"熊"熊一家。

事情发生在高铁一等座车厢。打人者的经济层次应该不低,但文明层次之低已经有目共睹了。面对这个案例,"衣食足而知荣辱"论者该头疼了。有些人衣食足、仓廪实,举手投足却毫无文明人的气象。

"熊孩子"是一个典型的"知易行难"类问题。人人都知道问题出在"熊家长"身上,但"熊家长"往往冲动易怒,破坏力惊人,教训起来谈何容易。这位刘先生大概是来中国时间还不够长,不了解在中国个人挺身而出维护公共秩序的风险。经此一役,如果他还敢回来的话,再次乘坐高铁时或许会提前准备好降噪耳机。更稳妥的办法是,报个散打班。

亚里士多德说,人是社会的动物。有些人却活脱脱是刚被放进社会的动物。如果说"熊孩子"确实是刚进入社会,那么"熊家长"早已进入社会许多年,还不改动物本性,只能说明社会对他们教育力度太小。当他们每次"野性爆发"时,得到的惩罚太轻,占到的便宜太多。

这些"熊家长"颇有一种古代名士的风范,即所谓"幕天席地,纵意所如"。不管高铁、地铁、飞机场,走到哪里都不见外,想撒泼撒泼,想打滚打滚。谁要碍着他们,都是干涉他们家事。每一位"熊家长"都有"家天下"的理想。他们的脑门上似乎刻着一副对联:"四海之内皆我家,六合之间没外人"。他们的领地是无远弗届的,咖啡厅是自家客厅,餐馆是自家餐厅,游泳馆是自家浴缸,所以自家孩子可以随时随地解放天性。

我有时候想,那句"××是我家,文明靠大家"宣传语是不是该改改了。这句话的本意不错,倡导人们像爱护自己家一样爱护公共空间。但有些人把它理解成了,可以像糟蹋自己家一样糟蹋公共空间。对这些人我们只能说一句话:社会不是你家!

(改编自2017年6月26日新京报《"熊孩子"问题的根源是"熊家长"》)

示例六

请根据下列材料,模拟主持一档电视节目。

材料:

国内最美的主题公园

香港迪士尼乐园

香港迪士尼乐园位于大屿山,环抱山峦,是一座融合了美国加州迪士尼乐园及其他迪士尼乐园特色于一体的主题公园。香港迪士尼乐园包括四个主题区:美国小镇大街、探险世界、幻想世界、明日世界。每个主题区都能给游客带来无尽的奇妙体验。

大唐芙蓉园

大唐芙蓉园位于古城西安东南曲江新区，建于原唐代芙蓉园遗址之上，占地1000亩，其中水面300亩，是中国第一个全方位展示盛唐风貌的大型皇家园林式文化主题公园。全园景观分为12个主题文化区域，从帝王、诗歌、民间、饮食、女性、茶文化、宗教、科技、外交、科举、歌舞等方面全面展现了大唐盛世的灿烂文明。园中亭台楼阁、雕梁画栋，包括有紫云楼、仕女馆、御宴宫、芳林苑、凤鸣九天剧院、杏园、陆羽茶社、曲江胡店、大唐新天地等众多景点。

昆明世博园

昆明世界园艺博览园（简称世博园）是1999年昆明世界园艺博览会会址，设在昆明东北郊的金殿风景名胜区，距昆明市区约4公里。博览园占地面积约218公顷，植被覆盖率达76.7%，其中有120公顷灌木丛茂密的缓坡，水面占10%～15%。园区整体规划依山就势、错落有致、气势恢弘，集全国各省、区、市地方特色和95个国家风格迥异的园林园艺精品、庭院建筑和科技成就于一园，体现了"人与自然，和谐发展"的时代主题，是一个具有"云南特色、中国气派、世界一流"的园林园艺精品大观园。

横店影视城

横店影视城已成为目前亚洲规模最大的影视拍摄基地，被美国《好莱坞》杂志称为"中国好莱坞"。去这里参观游玩，您在不经意之间就会偶遇明星。景区包括：清明上河图、秦王宫、明清宫苑、广州街/香港街、屏岩洞府、大智禅寺、梦幻谷（所有景区1.2米以下儿童可免票）。

模拟主持：观众朋友，您好！欢迎您搭乘《旅游大篷车》！

暑假将要过去一半了，总觉得玩得还不够尽兴，8月份的假期究竟该如何度过呢？屋里电风扇不给力，空调房又不透气，去哪里寻找清凉呢？不要着急，小朋友们可以跟随爸爸妈妈去公园逛逛！跳到水里游个痛快，坐上过山车感受一下刺激，动物园里来个亲密接触……都是不错的选择哦！今天我们的《旅游大篷车》就带大家到全国各地的主题公园去逛逛！出发咯！

第一站，香港迪士尼乐园。

迪士尼乐园位于香港大屿山，是一座以美国迪士尼动画为主题的乐园。这里虽然面积不大，但是包括四个主题区：美国小镇大街、探险世界、幻想世界、明日世界。每个主题区的机动游戏都借助迪士尼动画中的人物和场景，比如"小熊维尼的蜜罐车""疯帽子旋转杯"等，还有许多精彩的表演，比如"米奇金奖音乐剧""迪士尼花车游行"，最难忘的还有每天晚上8点钟睡公主城堡上的焰火表演。这里就是一个充满童真和梦幻的世界，大人小孩都忍不住流连忘返。

第二站,大唐芙蓉园。

大唐芙蓉园在古城西安,是在原唐代芙蓉园遗址上修建起来的,是咱们国家第一个全方位展示盛唐风貌的大型皇家园林式文化主题公园。园中亭台楼阁、雕梁画栋。全园景观分为12个主题文化区域,从帝王、诗歌、民间、饮食、女性、茶文化、宗教、科技、外交、科举、歌舞等方面展现了大唐盛世的灿烂文明。到这里游玩啊,真像穿越剧,不仅欣赏了风景,更追忆历史,品味盛唐文化,回味无穷呢!

第三站,昆明世博园。

昆明世博园是1999年昆明世界园艺博览会的会址,设在昆明东北郊的金殿风景名胜区。博览园占地面积约218公顷,相当于200多个足球场!有3/4以上的面积有植被覆盖。园区整体规划依山就势、错落有致、气势恢弘,既有各式各样的珍奇植物,又有碧波荡漾的湖泊水域,既有极富美感的庭院建筑,又有世界顶尖的科技成就,真是体现了"人与自然,和谐发展"的时代主题啊!置身美景当中,还可以做一下科普学习呢!

第四站,横店影视城。

这里是目前亚洲规模最大的影视拍摄基地,被美国《好莱坞》杂志称为"中国好莱坞"。来这里参观游玩,说不定您在不经意之间就会偶遇明星!看看这些经常在影视剧中出现的场景吧!清明上河图、秦王宫、明清宫苑、香港街……是不是也过了一回明星瘾啊!而且,在横店所有景区,1米2以下的小朋友是免票的哦!

抹上防晒霜,顶着遮阳帽,背起包包……即使是大朋友也请跟随我们,去寻找童心,逛逛公园,在八月让我们尽情享乐吧!感谢您搭乘《旅游大篷车》,下一站再见啦!

示例七

请根据下列材料,做一次现场报道。

材料: 北京时间7月8日消息,作为唯一华人女演员获邀担任伦敦奥运火炬手的李冰冰,于伦敦时间7月6日在剑桥小镇完成火炬传递,原本一直下雨的剑桥还突然放晴。道路两旁围满热情居民,不少华人影迷替她呐喊助威,"Bingbing Li"欢呼声不绝于耳,气氛热烈,她还获当地媒体称赞是"来自东方的圣火使者"(如图5-5)。

李冰冰继北京奥运之后,第2次参加奥运火炬传递,身为第123棒火炬手的她是负责区域的第一棒,跑完400米全程。李冰冰穿着白色运动服,扎起辫子,健康清爽。之前剑桥地区下着大雨,不过李冰冰开跑前突然放晴,她说:"体育不但能强身健体,更激发一个人的斗志和积极的正能量。"对于获赞"来自东方的圣火使者",李冰冰感到很荣幸。

图 5-5　李冰冰剑桥传递奥运圣火

模拟主持：观众朋友，大家好，今天是伦敦奥运圣火传递的第 49 天。此刻，我所在的位置是英国剑桥小镇。道路两旁围得水泄不通的是当地热情高涨的观礼居民。他们穿着盛装，有的拿着乐器在吹奏，有的跟随音乐在翩翩起舞，为奥运圣火来到家乡而鼓掌欢呼。

作为华人女演员中唯一一位伦敦奥运火炬手，李冰冰刚刚在这里完成了她的火炬传递。其实啊，刚才这里还大雨如注，在冰冰开跑之前，天空却突然放晴，真是让人格外的兴奋。

李冰冰作为第 123 棒火炬手，也是剑桥小镇的第一棒，跑完了 400 米全程。我们看到，她一身白色运动服，马尾扎在脑后，健康清爽。在英伦小镇的乡间公路上，她手擎火炬，一路小跑，阳光的笑容感染了路边观礼的群众。虽然是东方面孔，但有不少当地居民认出她是《功夫之王》《天下无贼》里的李冰冰，也有不少华人影迷赶来为她呐喊助威，现场"Bingbing Li"的欢呼声不绝于耳。在结束火炬传递后，热情的民众将李冰冰团团围住，要求合影，场面热烈，当地媒体也夸她是"来自东方的圣火使者"。

结束火炬传递后，李冰冰在接受媒体采访时表示："体育不但能强身健体，更激发一个人的斗志和积极的正能量。我希望通过传递奥运火炬，能让这种生活观念得到更大范围的传播。奥运不应该只是一场竞技比赛，它能激发更多人对运动的喜爱和对生活的热情。"

我想，北京是上一届奥运会的东道主，与李冰冰一起来自中国的奥运火炬手，一定会将我们中国人乐观向上的一面传递到海外，让全世界的人再次感受中国人的奥运精神。

以上就是记者在英国剑桥发回的现场报道。

示例八

请根据下列材料，做一次有关"光盘行动"的现场报道。

材料：北京一所大学的食堂里，墙壁上、取菜口、餐桌上，倡导节约的宣传标语随处可见。中午时分，食堂里的人渐渐增多。用餐的人大多一份主食，两份配菜。因天气较热，有些还会再加份水果。该食堂一楼有多个餐具回收点。每个回收点都有一个书桌大小的操作平台，下设大号垃圾桶。同时配有两名工作人员，整理分装送来的餐具。其中一个餐具回收点，20分钟内有近30人用餐完毕，送来餐具。其中，大部分人都只剩些汤水或者红辣椒等配料。但也有2人，餐盘中的剩菜剩饭较多。

模拟主持：观众朋友大家好，2013年初，为了倡导厉行节约、反对铺张浪费，"光盘行动"在全国推行，倡导市民打包剩饭，"光盘"离开，各大高校、餐馆纷纷响应。如今四年过去了，"光盘行动"成效如何呢？我们今天一起去考查一下。

我现在所处的位置是北京一所大学的校园食堂。我们可以看到墙壁上、取菜口、餐桌上，到处张贴了倡导节约的宣传标语，比如"光盘行动，有你有我""一粥一饭，当思来之不易；半丝半缕，恒念物力维艰""浪费不以量小而为之，节约不以微小而不为"等。现在是中午11点40分，食堂里的人渐渐多起来。用餐的人大多一份主食，两份配菜。因为天气比较热，有些还会再加一份水果。这个食堂一楼有多个餐具回收点。每个回收点都有一个书桌大小的操作平台，下面放着一个大号垃圾桶。同时配有两名工作人员，整理分装送来的餐具。我在其中一个餐具回收点观察了一会儿，20分钟内有将近30人用餐完毕，送来餐具。其中，大部分人都只剩些汤水或者红辣椒等配料。但也有2人，餐盘中的剩菜剩饭较多。对于没有吃掉的饭菜，有同学解释为"过敏，菜太辣了"，有的表示"量有点多，吃不掉。"工作人员也介绍说，食堂里的剩菜剩饭也不会很多，正常工作日的时候每天有三桶。周末因为食堂就餐人数少，每天在一桶半左右。而剩下的饭菜，都会有统一的工作人员负责回收处理。看来，倡导"光盘"，但实际上难免仍会有剩菜。

中科院地理科学与资源研究所课题组的调查结果显示，我国餐饮食物浪费量约为每年1700万至1800万吨，相当于3000万到5000万人一年的口粮。联合国粮食及农业组织统计，全球每年食物浪费可达13亿吨，由此造成的损失在发达国家约为6800亿美元，发展中国家为3100亿美元。如此巨额的浪费着实让人心痛。其实我们每一个人只需做到按需取用、适量点餐，食堂的菜量单位更加灵活，就可以从源头上杜绝浪费。另外，学校食堂也可以在科学方法的指导下尝试将剩饭剩菜进行环保堆肥，变废为宝,共同携手,共建节约型社会。

示例九

请根据以下材料,模拟主持第十一届中央电视台电视模特大赛总决赛开幕词。

材料:"让世界看到中国美"——这是在5月25日第十一届中央电视台模特大赛开启仪式上,组委会向全中国、全世界喊出的响亮口号。这也是这届大赛的主题与目标。

十岁的大赛已经不仅把眼光停留在国内,而是放眼世界,邀约世界瞩目别样的中国美。为了实现这个目标,本届大赛一改传统风格,吸收了国际电视界、模特界最新理念和元素,进行了诸多创新设计,让大赛亮点频现。

1. 首设网络赛区,吸纳网络审美。
2. 选手聚赛江西宜春,展现自然中国美。
3. 增设真人任务环节,记录美丽成长过程。
4. 顶级公司现场签约,体现模特市场价值。

模拟主持:各位来宾,女士们、先生们,电视机前的观众朋友们,大家好!

您现在收看的是第十一届中央电视台电视模特大赛总决赛。我们在"月亮之都"——江西宜春为您做现场直播。

CCTV电视模特大赛历经10年艰辛磨砺,经过栏目组不断完善和创新,收视率屡创新高。每届赛事,不仅充分炫亮了时尚元素,更充分展示了新世纪中国青年健康向上的心态和风采。

走过十年的电视模特大赛把一个中国人曾经陌生的模特职业介绍给普通大众,让人们了解它、爱上它。同时,也把亮丽的东方时尚展现于缤纷的电视屏幕。目前,这项大赛已经成为观众最喜爱的时尚节目,成为中央电视台的著名品牌,也是中国时尚界最具影响力和号召力的权威赛事。

十年赛事也圆了无数年轻人的青春梦想,那么本届大赛经过层层选拔,有70位选手最终走到了总决赛的舞台上,让我们欢迎他们!

本次大赛可以说是亮点多多啊!除了传统分赛区外,我们第一次增设了网络赛区,近500名网络选手通过视频面试的方式参与了节目,今晚的70名选手中有10名就来自网络赛区。这打破了一贯的评委专业审美,使老百姓的平民眼光也真正参与到大赛中来。同时,本届大赛选取了江西宜春这个美丽的小城,就是希望参赛的男女模特比赛期间徜徉在当地优美的自然环境中,沐浴在宜春浓郁的传统文化里,把中国人传统的朴实自然之美体现得淋漓尽致。

当然,除了展现服饰之美,还要以真人秀的方式考验选手的综合能力,这才符合未来模特行业对人才的要求。也正因为此,优秀的选手将会得到顶级公司现场签约的好机会啊!

好啦,"让世界看到中国美"!不同的挑战,不同的T台,让我们出发吧!

示例十

请自己设计一段主持词,模拟主持圣诞晚会的游戏环节。

模拟主持:"叮叮当,叮叮当,铃儿响叮当!我们滑雪多快乐,我们坐在雪橇上!"(唱)

吱——(模仿一个急刹车,被撞了一下鼻子)

哦,天哪!我的鼻子,鼻子!(摸鼻子)我的鼻子给撞飞啦!这可怎么去给大家送礼物啊!呜呜……看来,真不能开快车啊!

哎!我有个主意,现场这么多好朋友,请大家帮帮忙,帮我先画个假鼻子!谁画的最像,我就先把今天最大的一份礼物送给他!求求你们啦!

不过,我有点害羞,离那么近看我,多不好意思啊!请你们蒙上眼睛好吗?嘻嘻……哎哟,我撞得还有点晕呢,你们也得晕着画,这样才能对上号呢!谁来试试?

好啦,请你先蒙上眼睛,在原地转三圈,然后走到我跟前,我就在这块图板的后面,我的鼻子就拜托你啦!

这段主持词,巧妙借用圣诞老人拉雪橇撞车找鼻子的情节,组织现场观众开展《给圣诞老人画鼻子》的小游戏,符合圣诞晚会的气氛。同时,在主持过程中,有许多需要表演的桥段,亲切有趣的语言样态、身姿、动作、眼神、手势都要到位。考生要融入角色,融入场景,利用圣诞老人的角色完成主持人的任务。

第五节 练习与提示

本节为大家提供十五道模拟主持练习题,同时在后面的"要点提示"中,为大家列举了一些与题目相关的答题要点,希望大家先做练习,再看提示。

模拟主持中常见的问题是:

一是,通读材料。

在模拟主持考试中,因为有文字材料的支撑,大多数考生并不担心没话说,而有些考生完全忽略了考试要求的"对材料进行改编、设计小栏目"等要求,从头至尾把试题材料通读一遍,或是简单加个开头问好、结尾再见就算了事。这种情形在实际考试中不在少数。有些人是因为没有掌握考试的技巧,有些人是因为没有理解题目的要求,但是呈现给考官的却是语言组织能力差、缺乏创新意识甚至是态度敷衍了事的负面印象。

二是,套话连篇。

在一些艺考培训课程中,老师往往会设计好一些固定模式的开头、结尾,甚至节目主持过程中的模式化语言。无论是"上次节目我们谈到……"的回顾,还是"屏幕下方的联系方式……",都是在浪费有限的考试时间,看似流畅的语言外表下的内容,与题目却毫无关系,没有任何有效信息,全是些白开水般的废话、套话,得分又怎会高呢?语言是思维的外壳,通过模拟主持的考试环节,考官们要选拔的依然是思维与语言能力并重的学生。

三是,自我陶醉。

有些考生知识储备丰富,语言表达能力也比较强,但是当碰到自己"很对味"的题目便容易陷入"自顾自说"的另一极端。他们自己说得激动热烈,或低头看地,或抬头看天,或眼神飘忽不定,就是不看前面的摄像机镜头。这些考生只关注了自己的语言内容,却忽略了作为一名主持人所特别需要的语言的交流感,以及你所设定的广播电视栏目背后那些受众的需求。主持人这个职业,绝不是一个自我陶醉、自我展现的职业,它更需要一份强烈的社会责任感和使命感。

四是,糟糕习惯。

有些考生在语言表述中总是"嗯""啊"不断,严重影响了语言的流畅度;有些考生总是用自己的口头禅,比如"我觉得……""那么,就是……";有些考生根本不管实际的逻辑关系是怎样,"然而""因此"满天飞,乱用关联词;还有些考生总是习惯不断重复前一个分句,甚至一个词语……这些问题看似是准备仓促而导致的,其实它是一种思维与语言脱节的习惯性表达。如果在平时训练中不注意克服,即使将来在考场上拿到"很对味"的题目依然会出现这些问题。这样的坏习惯一定要在日常练习中就注意克服,可以把自己说的话录下来再回听去发现自己的语言习惯,进而尝试通过刻意控制来改善。

一、练习试题

第1题:请根据下列材料进行改编,做一档模拟主持小栏目。

江西省新余市罗坊镇退休教师蒋国珍老人,30年来倾尽所有,累计捐款20余万元,受他资助或奖励过的学生达2万多人次。他家徒四壁,却经常风雨无阻地定时上门给贫困学生送学费……

原本以为一条蒋国珍老人捐资助学的新闻足以唤醒人们沉睡的神经,并为之感动。然而,让人没有料到的是,这样的新闻竟然很大程度上遭遇了网民的怀疑,在网络论坛上,各种各样的猜忌和疑问不断呈现,不少人对新闻的真实性大胆提出了质疑,理由很简单也很直接:20万元资助2万贫困生,每人10块有什么用?30年资助2万贫困生,平均每年资助666个,真有这么多?更为震撼的质疑声是,资助2万多名贫困生,这么庞大的数字,难道蒋国珍老人全都记录下来,记得如此清楚,不为出名又为什么?不是炒作又是什么?

(摘自2011年6月11日大河网《"爱心不等式"拷问我们的良知》)

第2题:请根据下列材料进行改编,做一档模拟主持小栏目。

六月是毕业季,大学校园里随处可见拍学位服照片、举办散伙宴的学子们。如今,连幼儿园的小朋友也要像模像样地参与了:大班毕业照要穿着小博士服、小西服照毕业艺术照,和好朋友在亲子餐厅、小游乐园、儿童乐园一起举办幼儿园告别派对,去租礼堂或公园相关场地来场毕业典礼等,五花八门的毕业活动,价格不菲的毕业消费,从场面到精细度都丝毫不亚于大学生。

也有一些幼儿园的"毕业典礼"格外有意义。比如陈先生的儿子,就由幼儿园统一组织,去国子监参加了一次"开笔礼",正式告别了大班生涯。工作人员将桌案和文房四宝摆放整齐,孩子们在老师和家长的帮助下穿好汉服,正衣冠后,接受了"朱砂开智"的小仪式,就是老师用朱砂笔在学生的额头上点朱砂红印,然后学生和老师一起诵读《弟子规》,共同感受中华优秀传统文化。老师还教了孩子们毛笔正确的握笔手势和运笔方式,孩子们在指导下书写'人'字,还学习了古时候向老师施礼的规矩。孩子们都非常喜欢这个仪式。

(摘自2017年6月27日北京晚报《幼儿园"毕业"该花多少钱?》)

第3题:请根据下列资料进行改编,模拟主持一档电视栏目。

父亲,是男人最温柔的名字。他是第一个抱你的男人,他是第一个听见你哭看见你笑的男人,他是第一个叫你宝贝的男人,他是第一个你相信他说的承诺都会做到的男人,因为他的名字叫做——父亲。又到父亲节,在这个每年感恩老爸的时刻,用一份最贴心的礼物让老爸们度过一个完美的父亲节,报答他们大爱希音的至臻关怀。

然而,在当今社会,对父亲的理解平添几多愁。

一愁:父爱如山,这座山成为"钱山"。"子承父业",坐享父辈的财富,有人自然而然成为"富二代",很多私营企业主正在更新换代,但不少新生代挥金如土,炫富,斗富,飙富。"飙富"不刹车,后果很严重——极有可能把财富引向沉沦的悬崖。

二愁:父爱如山,这座山成为"靠山"。"父母的社会地位越高,拥有的权力越大,社会关系越多,动员和利用这些资源为其子女求学和就业服务的能力越强。"北大教育经济研究所副教授文东茅认为,家长们甚至可以"直接通过关系和权力决定子女的就业"。瞧,"萝卜招聘"成为权力招聘的典型代表,其频现源于"只拔萝卜不见泥"。权力招聘之所以根深叶茂,关键在于有着赖以生存的土壤——制定招聘规则,确定招聘程序,集运动员与裁判员于一身,融执行者与监督者为一体。

三愁:父爱如山,这座山成为"吃山",社会出现"蹭老族""啃老族"。据有关专家统计,在城市里,有30%的年轻人靠"啃老"过活,65%的家庭存在"啃老"问题。蹭老、啃老成为一种社会现象。拒绝"啃老",更要《就业促进法》给力。

(摘自2011年6月20日华西都市报《"拼爹"盛行就是"父亲劫"》)

第4题:请根据下列材料,模拟主持一档新闻评论类栏目。

河南省政府日前出台《城市环境空气质量生态补偿暂行办法》,正式实施生态补偿制度。未来,每月都将把空气质量优良天数与考核基数相比较。对省辖市来说,比考核基数每多一个"好天"可获奖励20万元,每少一个扣收资金20万元。

第5题:请根据下列材料,模拟主持一档新闻评论类栏目。

孩子上小学前应该学多少知识?据报道,天津一位刚带孩子参加小学入学面试的家长给出的答案是,英语词汇量4000左右,能写300字左右的英语作文;心算1万以内加减法;背诵约50首唐诗,学完拼音,认识1000多个汉字……在很多家长眼中,知识教育的起跑线已经提前,必须抢跑。

第6题:请根据以下材料,模拟主持一档电视节目。

"广东孝子,南粤骄傲!""你的孝心让我感动得泪流满面,你是全国少年的好榜样。""这样有责任心有孝心的孩子,可以影响和教育一大批人。""顶天立地的男子汉,加油!"……连日来,河源13岁少年骆伟科为救病母徒步300公里到广州擦鞋筹款一事,经当地媒体报道后,感动了无数人,收到的捐款已经超过30万元。目前,骆妈妈成功进行了脑肿瘤切除手术,而关于骆伟科和姐姐的读书问题,也有人表示愿做他们的"爱心妈妈",资助他们的生活和学习直到他们能够独立生活。

第7题:请根据以下资料,模拟主持一档新闻评论类节目。

作为跟随互联网发展而成长起来的一代人,95后在尝试由互联网所催生的各种新鲜职业。报告显示,在95后最向往的新兴职业排行榜中,绝大多数人选择了主播职业,其次排名为网红、声优、化妆师、coser等。如果说,70后最看重"铁饭碗",80后最看重"稳定",那么95后在就业选择上,则以"兴趣为先",愿意从事自己感兴趣的一门职业。

第8题:请根据以下资料,模拟主持一档社教服务类节目。

如今,各种价位的自助餐遍布全国,人均价位看起来不低,但由于有上百种美食的诱惑,吃者还是络绎不绝。"扶墙进(饿得双腿发软),扶墙出(撑得直不起腰)"这最具代表性的口号让不少人感同身受。

虽然很多人抱着"吃够本"的心态去吃自助餐,但出于健康考虑,吃时还是应讲究些学问。据专家介绍,吃自助餐时在菜品选择上,不能一味挑海鲜等贵的食物。

这类食物往往蛋白质脂肪含量偏高,容易给肠胃带来负担,也会使肾脏超负荷运转。尤其是一些人,专挑里面的生鱼片吃,这也存在卫生隐患。自助餐的生鱼片往往会在室温下放置较长时间,容易滋生细菌。

正确的用餐顺序应该是:汤、蔬菜、面类、鱼虾类、肉禽,最后吃水果。先吃容易消化的汤、菜、饭;然后是高蛋白的鱼、虾、禽肉,最好选择白灼、清蒸等做法;最后可选些味酸的水果,帮助消化还可清除口腔异味。

第9题:请根据下列材料进行改编,模拟主持一档电视节目。

保持镇静在地震中十分重要,有人观察到,不少无辜者并不是因房屋倒塌而被砸伤或挤压伤致死,而是由于精神崩溃,从而失去生存的希望,乱喊、乱叫,在极度恐惧中"扼杀"了自己。这是因为乱喊乱叫会加速新陈代谢,增加氧的消耗,使体力下降,耐受力降低;同时,大喊大叫,必定会吸入大量烟尘,易造成窒息,增加不必要的伤亡。正确态度是在任何恶劣的环境,始终要保持镇静,分析所处环境,寻找出路,等待救援。

家庭避震秘籍:

(1)抓紧时间紧急避险。如果感觉晃动很轻,说明震源比较远,只需躲在坚实的家具旁边就可以。大地震从开始到振动过程结束,时间不过十几秒到几十秒,因此抓紧时间进行避震最为关键。

(2)选择合适避震空间。室内较安全的避震空间有:承重墙墙根、墙角,有水管和暖气管道等处。屋内最不利避震的场所是:没有支撑物的床上,吊顶,吊灯下,周围无支撑的地板上,玻璃(包括镜子)和大窗户旁。

(3)做好自我保护。首先要镇静,选择好躲避处后应蹲下或坐下,脸朝下,额头枕在两臂上;或抓住桌腿等身边牢固的物体,以免震时摔倒或因身体失控移位而受伤;保护头颈部,低头,用手护住头部或后颈;保护眼睛,低头、闭眼,以防异物伤害;保护口、鼻,有可能时,可用湿毛巾捂住口、鼻,以防灰土、毒气。

第 10 题：请根据下列材料组织语言，模拟进行一次现场报道。

2011年12月20日，山西太原一处废品收购站内举行了一场浪漫、简朴的婚礼，武警战士小高与相恋多年的家乡女友喜结连理。小高的老家在河南，他父母在太原靠收废品为生。此次他们将新婚洞房选在收购站内一间约8平方米的活动板房里，浪漫的婚礼简朴且令人感动（如图5-6）。

图 5-6　废品收购站里的婚礼

废品回收站处立着一个金黄色的拱门，拱门背后正是婚礼现场。门外的地上摆放着两串鞭炮，进门左手处立着一个写有"收废品"的牌子，右手边有一间约七八平方米的活动板房，板房上面贴着喜字。院子里站着不少过来帮忙的亲戚朋友，而他们的身后，还堆放着各种垃圾，有啤酒瓶、纸片等，犹如小山一样高。

在贴有"喜"字的活动板房里，挂着这对新人的结婚照。新郎的父亲高师傅说，这间房暂时当了儿子的新房，家里经济条件不太好，好在儿子、儿媳妇都很懂事，不嫌弃。

11时左右，随着鞭炮声响起，缓缓驶来了两辆婚车。新郎高华（化名）将新娘李琳（化名）抱下车，走上了红地毯，英俊的新郎和漂亮的新娘一下子让这个简陋的小院变得明媚起来，温馨喜庆。婚礼的司仪金海一直热情地张罗着，他告诉记者："我主持婚礼已经十多年了，像这样简朴的婚礼还是头一回见，但感觉很好、很真实，发自内心地想主持好，让婚礼更热闹、更温情。"

第 11 题：请根据下列材料组织语言，模拟进行一次现场报道。

记者先后在十来家重庆老堂客火锅店的门店里用餐，他们的火锅底料都是15元一份，菜可以打包带走，而红油却不能出堂。有的说，这火锅油是一次性使用，有的说是要回收再利用。这么一大锅油亮亮的火锅油他们究竟是怎么处理的？是不是像有些服务员所说的那样全部倒掉了？如果是倒掉了，倒入了什么地方？如果是继续使用，他们又是怎样加工这些火锅油呢？记者决定进入一家重庆老堂客火锅店的后厨一探究竟。

我们再次来到重庆老堂客火锅人民公园店，此时已经过了晚饭时间，但这家火锅店里的人依然是越来越多，走了一桌客人马上又补上了一批新客人。我们发现，每当有客人用完餐，一位服务员就迅速整理桌面，而另一个服务员马上就把客人吃剩下的火锅底料盖上端进了厨房。这些被端进厨房的火锅底料究竟去了哪里？他们又是怎么处理这些火锅底料的呢？

一条狭小的走廊后面就是重庆老堂客火锅店的后厨，厨房里是一派繁忙的景象，切菜的、配菜的、切肉的，大家都在忙着手里的工作，在厨房的一角摆放着几十个白色塑料大桶，打开桶盖可以看到，里面装着一袋袋包装好的火锅油，上面写着"重庆老堂客火锅专用"。

在厨房另一个房间，记者发现地下摆放着三个高约 50 厘米、直径 30 厘米的不锈钢的大桶，桶的四周满是污垢。一个服务员从前厅端着一锅客人吃剩下的火锅底料走进厨房，他们并没有将锅底直接倒入下水道，而是倒进了这三个不锈钢的大桶中，其中两个大桶里已经装满了火锅底料。用勺一捞，全是客人吃剩下的各种杂物，什么豆芽、黄瓜以及一些吃剩下的肉片，另一只大桶内已经聚积了大半桶油。

此时正是火锅店生意火爆的时候，只见服务员不断地从前厅端着客人吃剩的锅底倒入大桶中，没用多久三个大桶就装满了。这些装满吃剩的火锅底料的大桶，会怎么处理呢？很快，几个工人将装满吃剩底料的大桶抬到了隔壁的空地上，一个厨师正在用铁勺过滤端回来的火锅油，旁边的桶上放着一个筛子，不一会的工夫筛子装满了客人吃剩下的残渣。

也就几分钟，不锈钢桶里就装满了经过简单过滤的火锅油，接下来这些火锅油还要再经过一遍仔细的过滤。当确认火锅油里不会再有客人吃剩下的残羹剩饭之后，这些火锅油才能被抬上灶台，用大火熬制。烧油的时候，一个厨师一手端着盆子一手用筛子不断打捞着不锈钢桶里剩余的杂物。

经过一段时间的熬制，火锅油基本处理完成了。油晾凉后，又被重新倒入另一个不锈钢的大桶中，被抬到隔壁房间。为了让火锅底油看起来既新鲜又卫生，他们还有一道最关键的步骤就是"包装"。

在隔壁的一个操作间的台子上摆放着一台封塑机，一个工作人员将烧好晾凉的火锅油抬了过来，准备将回收的油进行包装。

就这样，客人吃剩下的火锅底油经过过滤、提炼、烧油、包装之后就又被端上了我们的餐桌。

火锅店的员工都知道店里吃过的油在重复使用的秘密,但这些火锅油被重新端到客人面前时,他们却说是一次性使用、干净的火锅油。

在这家餐饮公司的网页上,我们赫然看到了这样的字眼——四川名火锅,成都火锅总评榜"最佳味道奖"。同时还标榜为了将绿色健康、崇尚自然的饮食理念发挥到极致,公司引进了现代化的生产设备,实施了火锅底料袋装化,并取得了国家食品安全QS认证以及全国绿色餐饮企业称号。

据记者了解,成都市要求火锅行业公示原料来源,我们不知道,这家重庆老堂客火锅店是怎么公示的?这家店又是怎样拿到了"绿色餐饮企业"的名号?

我们不知道,还有多少类似的餐馆、火锅店也在这样重复利用着潲水油、口水油?

我们不知道,熙熙攘攘客来客往,到底有多少顾客的身体在遭受口水油带来的威胁?

我们不知道,面对千千万万消费者,面对神圣的法律,面对自己本应该扛起来的那份职责,食品安全监管部门到底守住了哪些口、把住了哪些关?

(改编自 2011 年 7 月 26 日 CCTV-[消费主张]诚信是金——火锅"老油"的秘密)

第 12 题:根据以下资料进行改编,进行一次模拟现场报道。

杭州,城南的一处空地上,上万辆共享单车被弃之荒野。绵延上千平方米的露天荒地上,各品牌的各色单车密密麻麻(如图 5-7)。据悉,截至今年 6 月,杭州城管在主城区范围内暂扣的违规共享单车数量已超过 2 万余辆,多数单车公司对这些车辆的处置问题仍无回应。全国范围内,共享单车的"野蛮生长",已经影响到各大城市的交通秩序和市容市貌。对于乱停乱放的共享单车,相关管理部门只好将它们暂时集中起来,然后通知各家公司前来处理,可目前效果并不理想。

图 5-7 杭州:上万共享单车弃之荒野

第 13 题：请设计一场校园"跳蚤市场"二手商品拍卖会的主持词，并进行即兴主持。

第 14 题：请选取自己家乡的一处旅游景点，模拟进行一次旅游节目的外景主持。

第 15 题：请以"好读书、读好书、书读好"为主题，模拟主持一次主题班会。

二、要点提示

第 1 题提示：

（1）确定栏目类型。新闻评论类栏目主持，确定栏目名称和庄重、说理的栏目风格。

（2）确定主题。"质疑好人好事"这个矛盾是节目论述的核心，本应推崇的好人好事为何会遭到质疑？可以选用"爱心不等式"作为切入点。不要陷入具体的算术。

（3）结尾注重引导。在面对别人做的善事时，无论是真是假，我们自己能否扪心自问，我们究竟做了多少好事，资助过几个学生？提出问题从而达到比较理想的舆论引导作用，而非就事论事的批判性评论。

第 2 题提示：

（1）材料为关于幼儿园毕业仪式的两组对比案例，在评论中先从材料出发，提炼出两方面的核心内容，找到对比的要点。

（2）分析两组案例的利弊，从中析出自己的观点。结尾处可以有针对性地给出建议。

（3）语言表达可亲切，可幽默，减少说教。

第 3 题提示：

（1）这则材料内容丰富，条理清晰，关键是确定栏目形式——新闻评论，而非社教服务。不要看到父亲节，马上就想到选购礼物，等等。一定要认真阅读材料。

（2）可以巧妙借用"父亲节"和"父亲劫"的谐音，切入话题。

（3）以述后点评的方式分析三种社会现象"富二代""官二代""啃老族"出现的原因：既有父亲自身教育方式的问题也有孩子的错误观念。点评要精辟到位。

第 4 题提示：

（1）这是一档以评为主的新闻评论类栏目主持，要确定评论的核心在于奖罚并举的"双向激励"机制，而不是要偏题或惯性思维去讨论环保问题的严重性。

（2）针对该项激励和约束并重的生态补偿机制进行利弊分析，比如：不但能为生态保护筹措资金，调动各方积极性，也有助于实现经济发展与保护生态平衡协调，形成保护生态环境的良性循环。

第 5 题提示：

（1）这是一则以评为主的模拟主持。稍许夸张的材料，折射的却是深刻的社会现实。可在节目开始处以幽默夸张的语言形式做引子，也可以结合自身当年的体验进行对比。

（2）分析"起跑线焦虑"产生的社会现实，如父母心理因素、幼儿园实际教学情况以及辅导班乱象，等等。

（3）结尾处可以做策略建议式评论进行引导，如：相关部门除了在观念上对家长多加引导，还应该做好两项更务实的工作：其一，在小学入学、课程设置等方面确保公平，要让那些没上过辅导班的孩子也能享受平等的教育机会；其二，对于课外辅导班乱象，要进行必要的规范和治理。

第 6 题提示：

（1）根据材料确定栏目定位。如果单纯只是歌颂孩子的孝心、好心人的善行，呼吁更多的人关注这个河源少年并提供帮助，就显得过于简单，审题不够深入。

（2）透过现象看本质，可以采用新闻评论的方式，叩问社会救助的缺陷。

第 7 题提示：

（1）根据材料确定栏目定位。在关注 95 后就业现状的背景下，分析调查结果产生的原因以及利弊，也可以结合自身的态度和体验，增强同在感。

（2）语言表述要灵活巧妙，有时代感。

第 8 题提示：

（1）设置具有浓郁生活气息的栏目名称和开始语、结束语，主持样态亲切自然。

（2）从生活品位和健康礼仪方面切入话题，也可以适当运用画面描述的方式，让节目在轻松有趣的氛围里进行。

（3）可以加入一些例子，使语言更生动可感。

第 9 题提示：

（1）根据材料，可以设计一档科普类电视节目，可以用日本大地震等重大新闻事件引入。

（2）讲解具体内容时，应注意将一些专业术语转化为生活化口语，使受众能轻松易懂。

（3）讲解时语言样态要真诚可信，不要一味追求亲切而矫揉造作，影响知识性信息的传递。

第 10 题提示：

（1）根据材料首先确定好现场报道的时间、地点。同时，结合图片与文字内容对现场的情境进行详细而有序的描述，合理运用材料中给出的人物语言。

(2)确定报道主题,发表适当点评。这则文字材料并非仅是一场普通的婚礼,要抓住新闻报道的"新闻眼"——"废品收购站里的婚礼"。可以结合当下年轻人结婚物质当先的实例与这场简朴的婚礼做对比;结合某些年轻人为了面子甚至要求父母倾家荡产为小两口置办新房的负面现象与材料中这场感人的婚礼做对比。"简朴"与"奢华","父母在哪里,家便在哪里","爱情是两人相守还是物质先行"等角度,都可以作为点评报道的节点。

(3)注意现场报道的情绪恰切,以温馨、感人又喜庆、热烈为主。

第 11 题提示:

(1)根据材料首先确定好现场报道的时间、地点,以较为严肃客观的表达样态进行报道。

(2)这则材料比较庞杂,关键是理清记者探访的过程,并用较为简练的语言进行条理清晰的报道,同时把握好现场感。

(3)现场报道结尾处可以加入适当评论,从火锅企业的诚信到对消费者的警示,再到监管部门的失职,加以三言两语的点评即可,要精辟、到位。

第 12 题提示:

(1)结合文字材料和图片完成现场报道,利用描述的手法和生动的语言,让受众有身临其境之感。

(2)边述边评,理清逻辑关系,用好材料给出的亮点。

(3)点评可从共享经济需要多方共治管理,以及主动发挥企业主体责任,从产品质量、性能和后期维护等方面下大力气等方面入手。

第 13 题提示:

(1)首先确定情境主持的场境和意向。题目当中的关键词"校园""二手商品""拍卖会",是最基本的提示。同时,确定基本的主持样态和方向——自然大方、紧张热烈、倡导节约环保。

(2)其次确定层次结构。在开场白中需要介绍活动的意义、参与的方式和规则,可以采用清晰而又幽默的方式,符合学生的心理。

(3)还可以设计一些特殊的拍卖商品,用一些别具匠心的小故事来渲染情绪。

第 14 题提示:

(1)首先要选取熟悉的、有特点的、自己印象深刻、有话说的景点,根据景点的特点确定表达的语言风格。例如少数民族地区的民族风情就可以载歌载舞地来展现;充满历史文化内涵的景点,表达时要有历史的厚重感;而时尚都市的看点,在语言表达和身姿动作上都要体现时代气息。

(2)根据不同内容确定表达结构,例如由古老传说开始,由一部电影开始,由风味小吃开始,由生动回忆开始,等等。

第 15 题提示:

(1)首先确定主题班会的环境特征:室内居多,参与人员都是同学、老师;主题是题目中规定的,以"读书"为核心。这就决定了语言表达的基本样态要平实生动,有一定的文化气息,情绪的核心点是号召大家热爱读书。

(2)理清结构。可以沿用主题中的"好读书、读好书、书读好"进行不同对象的表述,也可以用一些小故事或名人案例来串起整段主持词。

第六章　才艺展示

第一节　解读才艺展示

一、考查目的

播音与主持艺术专业的面试一般都少不了才艺展示。考官可以通过这个环节考查考生在本专业基础知识以外的艺术天赋和能力，而这些艺术天赋和能力体现了考生的综合素质，还有考生在艺术学习道路上的潜力。

除了播音与主持艺术专业外，其他艺术类考试也多有才艺展示。考官是想从这个环节考查什么能力呢？有些苦于没有什么才艺的同学会抱怨说："我就是要当播音员、主持人，谁规定播音员、主持人就必须要能歌善舞或者会弹琴、吹笛子呢？"

在这里，我们要告诉同学们，其实才艺展示考查的并不仅仅是才艺本身，而是要通过才艺全面考查学生的艺术感受力和表现力。"播音与主持艺术专业，以新闻性为根本属性，以艺术性为重要属性。"播音与主持艺术专业是一个既需要较强的理性思维能力，又需要丰富、细腻的内心情感外化能力的专业。声乐、舞蹈、小品等艺术形式是把内心情感通过高超的艺术技巧外化，让观众产生强烈情感共鸣。一个考生如果能够掌握其中一门艺术形式的基本技巧，以此培养自己更加丰富的内心情感和艺术气质，那么在本专业学习中就能够做到举一反三、融会贯通，获得较强的领悟力。

可见，艺术是相通的，不管是做播音员还是主持人，不管是演播文艺作品还是主持一台晚会，播音员、主持人的艺术修养与感染力都是不可或缺的。才艺展示考查的就是这方面的素质。

二、考查形式

所谓才艺展示（也叫艺术特长展示）是指在艺术的范围内，将自己经过多年的学习与练习,所精通或者达到一定高度的技巧和能力,在有限的时间内(3分钟左右)进行充分的展示。

考生的才艺展示要想获得较高的分数和考官的认可,必须经过较长时间准备和系统学习,没有几年的训练是很难做到的。有些同学从小就学习乐器、舞蹈,陶冶艺术情操,这很好。一般来讲,如果进入高中后就有考艺术类专业的打算,大家可以根据爱好学习一门艺术特长。高中学习紧张枯燥,学习艺术特长还能放松身心、缓解压力。

才艺展示的内容主要是表演性质的,比如声乐、舞蹈、器乐、小品、戏曲、武术、魔术等。

有些同学有书画类的才艺,可以通过两种方式展示,一是呈示获奖证书原件及作品原件;二是当场展示,考生可以在现场写几个字或者画个简单的素描。如果画画需要十几分钟或者更长,可以提前和考官沟通,考官会在你现场作画的时候安排其他同学继续考试,以免影响考试进度。

第二节　实战技巧

一、题材内容,健康向上

一旦确定了表演的形式,就要好好选择表演的题材内容。选择什么样题材内容的作品往往能够反映出考生的审美水平和艺术鉴赏力。

题材上,考生的选择要十分用心。不要为了突出自己,过于标新立异,比如表演太过消极、阴暗的内容。选材新颖、主题健康向上的作品更容易获得考官的青睐。

内容上,考生应选择具有很强表现力的艺术形式和内容,不要太过平淡冗长。要合理安排表演的内容和时长的关系,不要把最精彩的部分放在最后,除非你的表演真的非常短。比如有些同学表演小品,铺垫很长,演了很久也没有出现戏剧冲突和高潮,考官只能在规定时间用完后打断表演,而实际上整个表演最出彩的部分还没来得及展示。

二、情感第一,技巧第二

才艺展示的核心是情感和技巧的结合。两者相比,情感应放在比技巧更重要的位置上。

对于播音主持的才艺展示,考官并不强求考生的表现要达到专业级别的标准。考官更关注考生是否具有艺术表现力和感染力,是不是多才多艺。因此,考生要特别注意表演中情感和技术的结合,只有这样才能让观众感受到表演者所要传达出的情绪、情感、美感和精神内涵,获得情感的沟通和共鸣。

有些同学学过声乐或乐器,有的甚至学了很多年,有较高的水平。按理说,这样的才艺应该是名副其实,肯定能拿高分了吧?这也不一定。我们发现在考场上,有些同学过分地注重技巧的展示或是追求难度,反而把自己搞得压力很大很紧张,表演也没有感染力。

比如有的考生在演唱声乐作品时,技巧完成得不错,但是不懂得在歌声中倾注感情;歌声缺乏强弱力度的变化,既不注重体会歌曲的风格内涵,也不懂得用表情和肢体动作来增强歌曲的表现力。有的考生舞蹈跳得很好,基本功扎实,但是在表演时面部表情缺乏变化,没有随着舞蹈的喜怒哀乐而变换情绪,考官看到的就只是一系列的动作而已。

才艺展示的过程,是表演的过程,是充分利用情感和技术的手段与考官进行艺术的沟通、交流,使考官获得情感共鸣的过程。通过这个环节的展示,目的是让考官对考生的艺术创作能力产生赞赏和认可,考生最终才能获得较理想的分数。不论什么样的才艺,真情投入地表演,才能拥有感动人心的力量。这一点,考生一定要切记!

三、态度认真,心态放松

考官都喜欢态度端正认真的学生。考生在表演的过程中要认真对待每一个细节,以非常认真的态度投入到表演中去,这样即使有些小的差错也会获得考官的理解。例如,要精心选取适合自己的才艺,认真准备才艺展示所需的服装、道具等。

不论是学习了几年的艺术特长,还是临时抱佛脚的才艺,同学们都要调整好心态,在表演的时候充满信心,不要思前想后、患得患失。其实才艺展示时,考官不像在进行其他专业考试项目,要竖着耳朵听你的语音面貌,思考你的语言表达逻辑,考官们在这个环节心态也是比较放松的,大家会抱着欣赏的态度观看同学们的表演,毕竟同学们都不是专业的演出者,考官对考生的要求并不会十分苛刻。同学们只要投入表演,发挥正常水平就可以,没有必要过于紧张。

四、服装道具,得体到位

考生所表演的内容要有合适的外在包装,内容和形式要一致。适宜而又精美的道具和服装,能增强表演的真实感,能帮助表演者自然地进入一种真实的情境中去。比如考生表演民族舞蹈,如果能够穿上民族服饰,就能够先从外形上达到神似,更生动地展现民族舞蹈的风格和神韵,从而起到锦上添花的作用。

在出发去考场前,一定要检查好所用的服装、道具。比如,乐器的音是否调准,弹古筝的假指甲是否带好,唱歌或跳舞用的伴奏能不能播放,小品的道具是否带齐。不要等到了考场才发现缺了这样少了那样,有些表演没有道具就无法进行,准备不充分会干扰考试情绪不说,严重的还会耽误考试,所以一定要确保服装、道具万无一失。

第三节 问题与解答

才艺展示属于自选自备的考试环节,因此这一节不再出模拟练习题供考生训练。不过我们发现考生对于"才艺展示"的理解有不少迷惑和误区,我们将其整理成下列有代表性的问题,并为同学们详细解答。

才艺展示中要注意以下几个方面:

一是,服装不得体

才艺展示如果没有条件借到合适的演出服也没有关系,考官不会因为这个给你扣分。但这不代表可以随便乱穿。例如,有的考生穿着运动鞋跳傣族舞,穿着背心唱美声,实在让表演的整体效果大打折扣。即使没有演出服,表演时的穿着也要得体。

二是,不要忽视考试空间的限制

在准备表演内容时,不要选择受场地空间条件限制的内容。比如,舞蹈或武术表演中大范围的翻腾和跳跃等动作,这些都不适合在场地空间比较小的考场中进行。考生在准备才艺时,应该考虑到这些因素,并能够在看到考场的环境后,根据场地情况及时地调整表演的动作和内容。

三是,不要选择危险性才艺

例如用火的杂技、武术等。曾经有考生表演双节棍,道具突然脱手,差点儿砸到考官。所以大家尽量不要选择此类展示,以免发生危险。

问题一:到底什么算"才艺"呢?

我们先来看看网上的一段问答,具有典型性,很能说明问题:

问:不会唱歌跳舞,也没学过乐器,还有什么算"才艺"啊?朗诵行不行,变个魔术呢?急!

答:第一个,对于语言类的才艺,尽量不要使用,除非你有很厉害的口技才能,模仿乐器等"非人类"的声音,不然分数不会太高……

第二个,魔术在几年以前是不允许表演的,因为很多人的魔术实际上是依靠道具,并不是才艺。这几年我身边的人没有听说表演魔术的,所以具体情况不是很了解,如果真想表演魔术的话,注重两个方面,一个是要选择手法类魔术(即通过特殊的手法技巧来完成),二是注意在表演魔术的时候,不能光是魔术,还要注意加强魔术的表演性(可以学习一下刘谦)。

对于院校单独招考,第一种语言类的情况和联考差不多,魔术类的会稍微有所放宽,曾经有学生就因为魔术表演得好而被招进了学校(具体情况是老师问他怎么表演的,他对考官说,想知道?把我录入你们学校我告诉你……)。

这位网友的回答比较详细,谈出了一些情况,也反映了一些问题。

第一,才艺是不是非得是"非语言类"的,答案是否定的。并不是像这位网友所说,要发出"非人类"的声音才算才艺。单口相声、说段评书、来个快板都是可以的。不过,像朗诵、讲故事这些和本专业考试内容十分接近的表演,就不如其他表演更能展现考生更多的侧面和不同的才能。

第二,网友的回答有一点说得非常好,就是"在表演魔术的时候,不能光是魔术,还要注意加强魔术的表演性"。这句话可谓一语中的。考官关注技术技巧,但技术技巧并不能打动人,真正吸引人的是真情实感的"表演"。为什么刘谦变魔术大家就爱看?他对现场的把控,对镜头的捕捉,眼神、语言与节奏的精准配合,都使他的魔术充满表演性和观赏性。从这个角度说,才艺展示的环节,是才艺,更是"展示"。

第三,一般而言,才艺展示在面试环节中所占分值并不多,说它是个"锦上添花"的环节也许过于轻言了它的地位,但它在考试中不是重点和核心环节却是事实。所以,因为才艺表现好被招进学校的情况,在本专业发生的几率很小。像网友所说的那位表演魔术的仁兄,我更倾向于考官欣赏他是因为他机智幽默的对答。因此,才艺展示要好好准备,但不要耗费大量时间,更不能把宝都押在这个环节上。

问题二:没有艺术特长,可以"速成"吗?

有些同学实在没有什么艺术特长,面对才艺展示的环节又该怎么办呢?我们在考试的时候遇到过直接放弃才艺展示的学生,理由是"没有艺术特长"。这样的做法有点太过"实在"了。如果你什么都不表演,考官只能给你零分;哪怕你的才艺展示不那么精彩,只要有所准备、态度认真,也是可以得到分数的。

我们再来看一段网络上的问答:

问:播音主持艺考才艺展示,怎样能速成一项才艺,出奇制胜打动评委老师?

答:古筝,学好容易学通难。我当时艺考之前就学了四节课学了四级的曲子《渔舟唱晚》,下去就自己天天练,也去考试了。你认真学就行了。

这段对话反映了很多考生的心态——想速成一项才艺。该如何看待这种速成的才艺呢?作为考官,我们在这几年的艺考中发现了不少这样的学生,弹钢琴、唱美声,其实都是考前报班集中突击的。甚至还有连着七八个考生唱同样的一首美声歌曲,一问才知道——是在同一个辅导班速成的。其实,速成的才艺一眼就能看出来,对于这样的考生,我们通常会问:"那你换个曲子怎么样?"考生一下就傻眼了。

我们想给大家的建议是,准备才艺展示要"量力而行"。没有摸过乐器就不要强迫自己弹钢琴,没有唱过美声唱首通俗歌曲也可以,哪怕是朗诵一段诗词散文。只要是下了工夫认真准备,表演的时候全身心地投入、充满激情,一样能有艺术感染力,一样可以打动评委老师。

问题三:才艺展示就是表演自己的艺术爱好,是吗?

才艺与爱好这两个概念看起来很好区别,但在实际考试中,有很多同学把它们搞混淆。才艺不同于个人爱好,是需要具备较高技术能力和艺术水准的。

才艺可以是自己的爱好,但并不是所有爱好都可以作为才艺展示。拿唱歌来说,有些同学很喜欢唱歌,可唱的水平让人不敢恭维,却一定要作为才艺来展示。你的表现有艺术性、可看性,能够显示一技之长或带给人美的享受吗?所以考生要认识到才艺与爱好的区别,选择合适的才艺进行展示。

第七章　形象设计与形体要求

第一节　解读形象设计与形体要求

除了语言,在人与人的交往中,非言语信息所传达的信息量占65%左右。在播音主持艺考面试中,形象与形体虽然不是单独的考试项目,但也在考查范围内。所以在面试时同学们需要遵守一些礼仪,以期给考官留下好印象,为面试加分。

一、怎么穿——整洁得体

参加播音主持面试时到底应该穿什么是困扰很多考生的问题,具体的内容我们会在形象设计的部分介绍。不管穿什么,最起码的要求是整洁、得体。

面试前,首先要搞好个人卫生,洗澡、洗头、剪指甲。男生应理发剃须。鞋子要擦亮、刷干净,衣服裤子都要干干净净、平平整整。如果是坐飞机火车赶来考场,实在来不及梳洗打扮,也应该用一两句话简单地说明情况(当然,最好规划好时间,避免这样的事情发生)。

穿着是否得体要视场合而定。有些考生,尤其是男生穿运动服来面试,就不合礼仪了。穿装得体体现了你对考官的尊重,也体现了你对面试的重视。

二、怎么说——真诚有礼

考生在考场中要与考官交流,比如回答考官的问题等。通过交流,考官能够了解更多你的信息,包括学习状况、特长、性格、心理状态等等。在回答考官问题的时候一定要真诚坦率。

在聆听考虑问题时,应专注有礼,有所反应。一定要听清问题,实在没听明白可以微笑着要求考官再重复一遍。回答问题前可以转移视线两三秒钟作思考,回答问题时则应把视线收回来,看着考官作答,视线切忌飘忽不定。对那些不太容易回答、自己没有把握的问题,可以稍微思考一下,不要着急作答,但思考的时间也不要太长,否则会让人觉得你的反应不够敏捷。

回答问题要简明扼要、重点突出。如果遇到实在不会回答的问题,可以实话实说,表示歉意,然后可以请考官再出一个问题,以显示你的诚意。切忌夸夸其谈、胡吹乱侃。

说话时可以做一些手势,但不要太过频繁,也不要使用流露消极意义的手势。言谈必须要有礼貌,在面试过程中,不要与考官争辩,不要抢话或插话,不要开玩笑或试图与其攀关系。这种过于社会化的表现只能增加考官的反感。

三、怎么做——眼明心细

一般参加艺考面试很少有考生迟到,这很好。但如果迫不得已迟到了,也不要太着急,以免影响考试情绪。进入考场后,应该诚恳道歉,略作解释,但不要长时间说个不停,浪费更多的时间。

进入考场要轻推门、轻关门。如果需要先就座依序考试,也要轻手轻脚。考生进入考场最好不要携带书包、水杯、伞具等与考试无关的物品,如果这些物品无人看管必须带入考场,应轻轻放在门边或座位下,以不影响自己和其他同学进行考试为宜。

如果是一组同学一起进入考场,考试开始前,考官会提些要求,比如流程如何,是否要报姓名、考号,在哪里拿稿件,然后放在哪里,怎么样抽签,按什么顺序作答,等等。这时候考生一定要听仔细,因为考官的语速一般比较快(因为他这一天可能要重复同样的话几十遍),而且不会说第二遍。如果实在没听清可以举手示意,不要偷偷问其他同学,以免影响考场秩序。其实只要自己不是这一组第一个考试,也可以留心观察前面考试的同学是怎么做的,避免自己出错。

考试结束后可以向考官行礼致谢,出门前记得带齐自己的随身物品,特别是准考证,千万不要遗失。

第二节 实战技巧

一、形象设计

每一个面试的同学都希望把自己最好的形象在面试时展现出来。可是到底什么是"最好"的呢?穿什么合适?梳什么发型?要不要化妆?是要打扮得像个学生的样子,还是要像个主持人?男生是不是要穿西装,女生要不要穿高跟鞋呢?这些都是困扰考生的问题。为了参加播音与主持艺术专业面试，不少考生还专门请人给自己化妆。其实，同学们大可以放松心态，不要这样如临大敌。大家需要了解考官对考生形象的关注点在哪里，然后才能有的放矢地做好准备。

1.出镜

在面试的环节，很多学校都有上镜录像的要求。对于没有上镜经验的同学来说，大家在准备时会觉得无从下手。其实，我们首先要了解一个问题：考官主要想从上镜的环节考查什么内容？

简言之，上镜主要是为了看考生在镜头里的形象。选拔播音员、主持人有一个标准——"德才兼备、声形俱佳"。这个"形"就是指形象。好的形象也是观众对播音员、主持人的要求。众所周知，电视台的播音员、主持人的工作是要面对镜头的，我们看到他们是通过镜头展现给我们的形象而不是他们本人。然而镜头是具有"魔力"的，于是有了某人"很上镜"（在镜头中比平时生活中好看）或"不上镜"（在镜头中不如平时生活中好看）的说法。所以，考官也需要看看同学们上镜后的效果。

有些考生本人的形象看上去并没有什么问题，可是通过镜头后毛病会显露出来，比如斜视、三角眼、五官比例不协调等；也有些考生本人看上去样貌平平，上镜后却显得端庄秀丽、气质高雅。所以，考生可以在考前利用家用录像设备看看自己上镜后的形象，可以通过化妆对五官进行修饰，也可以看看自己面对镜头有没有什么不良习惯，比如目光游离、喜欢仰视等，应尽早改变。

上镜还有一个重要目的，就是考查考生在镜头前的状态。播音员、主持人在面对镜头时需要保持一种兴奋、积极的播讲状态，考生也应该如此。要做到面对镜头自信从容、有精神、有朝气，对于话题有积极的表达愿望。好的状态能带给人一种正面的、积极向上的信息。这时，哪怕你的语言表达不怎么出众，也一样能给考官留下不错的印象。

因此，同学们在镜头前首先要消除紧张心理。有些同学一看到黑洞洞的镜头，脑海中就一片空白，话都不会说了。要克服这个问题，大家可以提前做一些模拟练习。比如用DV机来录像，模拟考试的情景；现在的照相机或手机也都有录像功能，都可以拿来练习，总之，就是提前熟悉对着机器而不是人说话的感觉，避免考试时过分紧张影响发挥。

2.服装

面试时的服装选择也很重要。服饰能反映一个人的品位、修养、生活环境等多方面的信息，也是重要的"第一印象"。

艺术类面试时间一般都安排在春节前后，不论北方还是南方天气都很寒冷。所以，着装不宜太单薄，一方面与季节不符，另一方面也容易感冒。下面我们分别谈谈女生和男生可以选择的服饰。

(1)女生服装

女生可以选择的衣服款式非常多。上身可以穿衬衫、针织衫、西装外套,下身穿牛仔裤、休闲裤、裙子都可以。需要注意的是衣服要合体,不要太肥大,否则会显得人不精神。有些同学专门准备了比较职业的套裙或小西装,看上去"主播范"十足,这样的服装也可以接受。但要注意款式、颜色别太老气,黑色或藏青色都给人"装成熟"的感觉。同学们可以选择红色、粉蓝色、淡绿色等鲜艳明亮的色彩,显得既大方干练又充满青春朝气。

鞋子的颜色和款式要和衣服相配,如果穿高跟鞋则注意鞋跟不要太高(不超过5cm),太高太细的高跟鞋和学生气质不符。

配饰部分,小胸针或丝巾可以和服装搭配选用。其他的饰品如耳环、手链等尽量避免。切忌佩戴过多装饰品。

注意:

①看清招生简章中对服装的要求,比如要求女生不可以穿裙子(必须着裤装)或不可以穿高跟鞋,就不要"以身试法",造成考试时的被动。

②如果面试时你穿的是新衣新鞋,需要提前演练,不要在考试当天才发现裙子太短、新鞋磨脚、穿着高跟鞋不会走路等。

③不要穿着奇装异服,打扮过于另类。

④避免穿着暴露。

(2)男生服装

男生的服装选择没有女生那么多。我们推荐大家穿衬衫或西装。衬衫最好选择纯色,避免花里胡哨;式样要简单,不需讲究名牌;衬衫领子要挺括,不要软绵绵、皱巴巴;穿衬衫打不打领带都可以。

大部分男生会选择休闲西装,不那么随意又很帅气。如果你对自己的身材和气质非常有信心,也可以穿较正式的西装,打领带。西装一定要剪裁合适、随体修身。不过我们发现,现在的考生较少有穿正装的经历,所以,穿着为考试准备的新西装来面试,总是透着不自在。如果因为穿了不舒适的衣服而影响了考试,那可就得不偿失了。

男士西装的颜色应衣裤统一。裤子除了色调方面要与上身西装保持一致外,还要保留一定的宽松度和长度,以恰好盖住皮鞋的鞋面为好。领带的花色要与西装相配,一般不要使用领带夹,因为使用领带夹只是部分国家的习惯。领带的长度以及袜子的颜色要合乎礼仪要求。

注意:

①如果要穿牛仔裤,则要选择"经典款",不要吊裆、破洞,不要有奇怪的图案。

②不要为了图舒服穿一些不适合面试场合的衣服。

③在条件允许的情况下,尽量选择比较新的服装。

(3) 上镜服装

具体到上镜时的着装,不论男生女生都要特别注意上衣领部环节的设计。大部分学校的录像都只录上半身。这里首先提醒大家要注意避免穿比较厚的高领毛衣,它会使人上镜后显得臃肿而且脖子短。更不要穿厚外套甚至羽绒服,这些衣服要在上镜前脱掉。同时注意不要选择横条纹的服装,横条纹在镜头里会呈现抖动的"水波纹",影响录制效果。

上镜的服装质地要比较硬挺,不要软、皱、透。为了确保服装的平整挺括,考生可以带着要穿的衣服,等候考的时候再换上(当然,如果你的面试被安排在早上的第一组,就还是穿好了再来,以免耽误时间)。

还有一点需要说明的是,同一个学校的面试分两次或三次,你需要准备至少两套服装。当然,如果三次面试都穿同样的服装也不是不可以。如果条件允许,还是多准备一套,以备不时之需。

3. 化妆

(1) 要不要化妆

要不要化妆的问题不仅仅是考生自己的决定,也要按照学校的要求来办。每所学校对面试是否需要化妆要求不同。同学们要仔细阅读招生简章和相关说明,对于没有特别说明的学校,同学们可以自行决定是否化妆;对于有特别说明的学校,就一定要按照要求来。不要造成到了现场临时卸妆的狼狈,或是要求化妆自己却没有化。

一般来讲,女生可以化淡妆,用一点粉底、BB 霜,涂一些腮红、唇彩,再刷刷睫毛就可以了,这样会显得精神、气色都比较好。男生最好不要化妆,如果上镜的话,男生只要用一些润唇膏,不要让嘴唇看上去太干就可以了。因为妆化得不好反而弄巧成拙。男生的造型还是在发型和服装上多下些工夫就可以了。

(2) 上镜怎么化妆

在美妆资讯如此发达的今天,普通的生活妆,大部分女生都已经掌握了。这里主要讲讲上镜该如何化妆。

电视台播音员、主持人的上镜妆,由于演播室灯光环境要求的特殊性,需要进行专门的学习。同学们参加面试时,一般不会在演播室中进行,所以妆面要求更加自然。所以,我们认为同学们不必请专人来化妆,费钱也费时。一般来讲,只需要注意以下几个步骤,同学们自己也能搞定上镜妆。

①粉底。化妆前洗净面部,涂上平时使用的护肤品,避免皮肤过干或过油。粉底的颜色要接近肤色,并不是越白越好(上镜时脸白反而会显得脸很大)。打底是为了

调整肤色,使皮肤看上去肤色一致、健康。这就要求粉底要遮盖均匀,尤其是眼部周围、唇部周围、额头、鼻翼,都要涂到,颈部也要自然过渡,不要脸和脖子颜色反差太大。粉底不宜过厚,否则容易脱妆、也很不自然。

②眉毛。画眉毛前最好先修眉。修眉时可以用修眉刀或者小镊子拔去眉毛周围多余的杂毛,如果自己不会修也可以提前在美发或美容店请人修剪。画眉最好不要用纯黑色的眉笔,因为黑色会显得色彩很重很不自然,可以选择深咖啡色的眉粉。画眉时眉尾的长度刚好在由鼻翼到同侧眼角这两点的延长线上。眉尾不要有明显的下垂趋势。

③眼部。眼部是整个妆面的重点。而眼妆的关键在眼线。最简单地画上眼线的方法就是用黑色眼线笔紧挨睫毛生长的部位画一条线,这条线一定要平滑,不能感觉粗粗细细、磕磕绊绊。同时,眼线一般是在靠近眼角的部位较细,越到眼尾逐渐加粗。好的眼线能让人感觉眼睛很有神,更有助于用眼神表情达意。

除了眼线笔还有眼线膏、眼线液等工具,大家可以依据各人习惯选择。眼线画完后要看看两眼的眼形是否一致,不要一大一小、一高一低,这在镜头上会变得更明显。

有的同学喜欢使用眼影。在这里,我们不建议大家使用眼影。因为眼影的画法并不是很好掌握,而且眼影的色彩繁多,如果选择了不适合自己的眼影色彩,会使整个妆面前功尽弃。所以,保险的做法就是干脆不用眼影。只要将眼部用粉底打底,画好眼线即可。

还有些同学喜欢贴假睫毛,这里也不推荐大家使用。因为在面试上镜时基本都是正面面对镜头,假睫毛最突出的效果是从侧面看,而正面上镜时很难看出假睫毛的效果。而且,对于从没用过假睫毛的同学,很有可能会感觉不舒服;粘假睫毛的胶水,还可能会引起过敏。

眼妆完成后,整个眼部应该显得干净明亮而且炯炯有神。妆面不能给人妖里妖气的感觉,也不能是黑乎乎的一团。

④唇部。唇部的妆比较简单。女生可以用口红(不要太红)或唇彩,红润的唇部会给人身体健康的感觉。

是否使用腮红也视个人情况而定。不过,照以往经验看,大部分同学在面试时会因为紧张或兴奋而脸部发红。所以,如果画腮红,也只要点到为止即可,避免上台后变成大红脸。

总之,上镜的妆面必须本着干净、清爽的原则。切忌太花哨或太浓重,更不能是"婚纱影楼妆"的效果,失去了青年人该有的自然、健康气质。

4.发型

上镜时什么发型好看呢?在考虑这个问题前,同学们首先要看好招生简章的要求。因为有些学校对上镜的发型做了明确规定，比如要露出额头、露出两耳等。这是为了方便考官更清楚地看到考生的脸型。

上镜发型和平时很不同。目前比较流行的发型，比如厚重的刘海、梨花头，平时看着好看，但不一定适合上镜。女生的披肩长发很飘逸，但是如果这样完全披散着头发上镜会显得太随意、不端庄。最好还是用发夹收一下或是扎起来。刘海的部分大家要特别注意，有的同学刘海很长，还有些同学的刘海"动感十足"，考试的时候说着说着就耷拉下来挡住了眼睛，既不美观又分散注意力，很不可取。前额的头发最好吹起来或者用卡子固定住。

男生的发型以短而清爽为佳，不要过于另类，也不要染成其他颜色。具体什么发型适合自己，要根据脸型、服装等因素来决定。同时，也可以留意一下电视播音员或主持人的发型，也许会给你一些启示。

二、形体训练

1.形体要求

将形体要求单列一部分进行介绍，原因有二：一是我们在面试时发现很多同学进入考场后手足无措，在考官和同学的注视下，不知道如何在考场中站、坐、走；二是在进行面试准备的时候，形体训练这一项往往被忽略。而事实是，从进入面试场所到就座这段时间是考生给考官留下第一印象的时刻，有时，举手投足比语言更能传达真实的信息，更能反映人的气质修养，所以，考试时的形体表现应该引起考生足够的重视。

我先给大家讲一个真实的案例，这是我在某年做艺考面试考官时的经历。

当时的面试是五个同学一组进入考场，然后就座，轮到哪位同学上场哪位同学就站起来进行面试，其他四位同学则坐在座位上等候。有一个男生面试的时候表现还不错，面试完就回去坐下了。可是我发现在下一个同学面试的时候，我身边的考官总斜过头看他，并且在打分表上改改画画。我顺着这位老师的目光看去，发现这位同学正大大咧咧地歪靠在椅背上，一会儿粗重地叹气，一会儿双手抱肩，一会儿两腿大开地抖腿，一会儿又张着大嘴打呵欠……等他离开考场的那一刻，我发现身边这位老师的打分表"形体"这一栏的分数已经连改三次，最后变成了零分。其实这个同学的专业表现还可以，声音洪亮，普通话也不错，通过初试基本上是没有问题的，但是，我并没有在复试的时候再看见他……

看了这个例子同学们也许能够悟出一些道理，考官对考生的考查是全方位的，不仅仅是你面试的那几分钟，而是从你踏入考场的那一刻起，一直到你离开考场关上身后的门，整个考试才算结束。做到"站有站相、坐有坐相"可能并不能给你加分，但做不到这一点却是要给面试减分的。姿态是一个人教养和修养的表现,切不可马虎大意。

(1)坐姿

同学们在考场里会采用两种身姿,即坐姿和站姿。由于面试的时候时间有限、人数较多,为了节省每个人单独进出考场的时间,很多学校是分组进入考场,就是一组几个同学一起进。考场内一侧放有一排空椅子,大家可以按顺序就座。

坐的时候要保持上身正直,不要弓腰驼背。以坐满椅子的三分之二为宜,不要坐满,坐姿要规范。这样的坐姿既比较舒适,又能使身体保持一定的紧张度,不至于太过松弛。男女生就坐时都不能跷二郎腿,女生坐时膝盖一定要并拢。男生也要注意不要伸着腿或大叉着腿坐,这样的坐姿很不雅观也不礼貌,容易引起考官的反感。

自己的面试结束后回到座位上,可以稍微放松一点,微靠椅背。别的同学面试时要保持安静、仔细聆听,不要发出响动干扰他人。

(2)站姿

面试是站着进行的,轮到自己时要走到考场中央。一般来讲,只要身姿挺拔、抬头挺胸、站直即可。站好后要调整呼吸,放松肩、颈、喉部的肌肉,不要因为紧张而影响声音表现。女生要双腿并拢,尤其是穿裙子的女生一定要特别注意这点。男生可以微微分开双腿,不要站成丁字步或八字步,看上去很不自然。

面试的时候很多同学觉得两条胳膊很多余,完全不知道该往哪里摆。其实双臂自然下垂就可以。手上不要有小动作,比如摸裤缝、抠指甲。同学们注意不要把手插在裤兜里,也不要把手背在身后。

在进行表述的时候可以根据内容自然地做些手势,这样有助于表达,也能消除紧张情绪。但动作不要忸怩做作或幅度过大。

(3)走姿

多数考场都设在教室里,空间不会很大,同学们排队进入考场时要注意步子幅度,和前后同学保持一致,不要踩到前面的同学。

轮到自己面试时,要快步走到考场中央,不要慢条斯理、浪费时间。走路时抬头挺胸、面带微笑、目视前方,双臂自然摆动。有些同学因为紧张而动作僵硬机械,其实在考场里走路也和我们平时走路差不多,只不过要拿出精气神,显得精神、自信一些就行了。

穿裙子和高跟鞋的女生特别注意,站起后可以先整理一下裙子,避免褶皱翘起。确定自己站稳站实了再迈步走。在考场中,不止一次有穿高跟鞋的女生一走路就崴脚,很狼狈也很不安全。

2.训练方法

看了前面的要求,大家可以发现,其实面试中对于形体的要求并没有那么苛刻。

在准备艺考面试的时候，大家可以按照前面提出的要求，有意识地进行形体训练。

对于站不直的同学，大家可以用"靠墙站"的方式训练，非常简单有效。就是背靠墙站好，头、肩、臀、脚跟都要尽量靠在墙体上。只要有墙的地方就可以训练。如果觉得枯燥，可以靠着墙背书、聊天、听音乐。

如果没有墙的话，可以在头上顶一本书训练，注意两眼平视、下巴微收。坐着、站着、走着都可以用这个方法练习。训练一段时间后自然就抬头挺胸了，整个人显得更有气质，而且看上去更高。

大家在练习自备稿件等内容时，不要总是坐着练，也可以站着练，这样自然就会注意到站姿，而且考试的时候也是站姿播读的，如果从来没有站着播读过，考生在考场上会很不适应。

大家在练习的时候要多对着镜子练。找一面能照出全身的大镜子，不管是站、坐、走，都看看镜子中的自己姿态是否得体。因为有时自己觉得很舒服的姿势别人看着其实是很别扭的，所以对着镜子练习显得尤为重要。

主要参考书目

吴弘毅.实用播音教程:普通话语音和播音发声[M].北京:中国传媒大学出版社,2001.
王峥.语音发声科学训练[M].北京:中国传媒大学出版社,2009.
吴洁茹,王璐.播音员主持人语音发声教程[M].北京:中国传媒大学出版社,2006.
付程.实用播音教程:语言表达[M].北京:中国传媒大学出版社,2001.
张颂.中国播音学[M].北京:中国传媒大学出版社,2003.
应天常,王婷.主持人即兴口语训练[M].北京:中国传媒大学出版社,2009.
赵忠祥,白谦诚.主持人训练技巧教程[M].武汉:武汉大学出版社,2003.
仲梓源.口头评述·模拟主持[M].北京:中国传媒大学出版社,2011.
吴郁.当代广播电视播音主持[M].上海:复旦大学出版社,2008.
李丰,宋丽萍.主持人场景应对技巧[M].北京:中国广播电视出版社,2003.
宋晓阳.出镜记者现场报道指南[M].北京:中国广播电视出版社,2008.
雷跃捷.新闻理论[M].北京:北京广播学院出版社,1997.

图书在版编目(CIP)数据

播音主持艺考培训教程/贾毅等编著. -- 2 版. -- 北京:中国传媒大学出版社,2018.3(2025.6重印)
(播音与主持艺术专业考前辅导丛书)
ISBN 978-7-5657-2183-0

Ⅰ.①播… Ⅱ.①贾… Ⅲ.①播音—语言艺术—高等学校—入学考试—教材
②主持人—语言艺术—高等学校—入学考试—教材 Ⅳ.①G222.2

中国版本图书馆 CIP 数据核字（2017）第 327008 号

播音主持艺考培训教程（第2版）
BOYIN ZHUCHI YIKAO PEIXUN JIAOCHENG (DI-ER BAN)

编　　著	贾　毅　张　琦　田　丰
	叔翼健　钟　妍
策划编辑	赵　欣
责任编辑	赵　欣
责任印制	李志鹏
封面设计	拓美设计
出版发行	中国传媒大学出版社
社　　址	北京市朝阳区定福庄东街 1 号　　邮　编　100024
电　　话	86-10-65450528　65450532　　传　真　65779405
网　　址	http://cucp.cuc.edu.cn
经　　销	全国新华书店
印　　刷	唐山玺诚印务有限公司
开　　本	787mm×1092mm　1/16
印　　张	16
字　　数	340 千字
版　　次	2018 年 3 月第 2 版
印　　次	2025 年 6 月第 7 次印刷
书　　号	ISBN 978-7-5657-2183-0　　　　定　价　45.00 元

本社法律顾问：北京嘉润律师事务所　　郭建平